中国政法大学互联网金融法律研究院文库
专著系列—01
李爱君 主编

MORDERN FINANCIAL INVESTOR PROTECTION

现代金融投资者保护

葛小松 著

法律出版社
LAW PRESS·CHINA

前 言

随着互联网信息技术的发展，人类正在以前所未有的速度进入金融全球化时代。但随之而来的是经济发展的不确定性、市场泡沫的风险性以及人类社会的复杂性等诸多问题。互联网如催化剂一般，加快了金融行业的发展，同时，也让各种“恶性肿瘤”毫无阻拦地野蛮生长。投资者在法律、法规尚未完善的情况下进入投资领域，如同裸身立于寒风之中，财产无法得到应有保障。

互联网在中国兴起已有十几年，但互联网金融从2013年起才刚刚进入快速发展期，并大力推动了直接融资和间接融资的体制改革，以及产业资本市场的发展。必须明确一点，我国既有的金融体系和财政体系并没有一个清晰的界限，长久以来的金融秩序是依靠政府信用为担保才得以维持。在金融业务的垄断性下，霸王条款和过度盈利层出不穷。为此，有关部门严格把关、步步审批，只为防止因为权力的滥用而引发金融动荡。但是，这种等级森严的结构也妨碍了金融服务效率的提高，形成了故步自封的局面。近几年，互联网金融依靠平面化、网络化、信息技术化的革新模式，对原有金融体制的垄断和僵化形成了冲击，从根本上提高了金融服务效率，并拓展了融资渠道以及民间资本市场的发展空间。

从机构角度来看，网络上庞大的用户数据，为机构的战略部署提供了有力支持；而对一般用户来说，在自由的网络空间中，可以没有任何壁垒地接触以前高高在上的金融领域。移动互联网的普及加快了这一趋势，让信息和资源的传递变得更加便捷和广泛，也使交易成本大幅下降，由此出现了网上银行、电子货币、网上支付、网络小微企业贷款、网络众筹、网络金融平台等一系列的新生事物，让中国经济得以依靠网络快车实现迅猛发展。

但是，在互联网金融和传统金融快速发展时，各种问题也越来越明显。一方面，行业的经营者与融资者对法律普遍缺少敬畏，甚至突破了已有的法律制度。另一方面，投资者缺乏对互联网金融结构创新的认知和基础的金融与法律常识。此外，无论是金融企业、融资者、投资者，都普遍存在对行业法律边界把握不准、法律关系认知不清等问题。因此，针对现代金融投资者的保护和教育已迫在眉睫。

2016 年 3 月李克强总理在会见中外记者并回答记者提问时着重强调：守土有责，绝不能有任何的松懈，要保护好金融消费者和投资者合法权益。在我看来，金融已成为社会经济运行必不可少的一环，没有人可以置身事外。因此，金融知识的宣传不仅是教育机构，而且是全社会共同的任务；同样，完善法律法规，也不仅是政府部门的工作，行业中的每一个人都有义务为中国金融业的健康发展出谋划策。

为此，我希望通过此书，为投资者、投资机构提供防范风险的可行性建议，对网络互动中产生的违法行为进行有序化处理，并从理论角度，与各位读者共同探讨现代金融监管的现在与未来。

2016 年 11 月 12 日于华兴控股总部

Contents

目录

第一篇　现代金融基本理论

第二篇 现代金融投资者保护路径

第一篇　现代金融基本理论

第一章　现代金融概述及特征

第一节　现代金融概述

从现象观察，“现代金融”更多地体现为金融机构与非金融机构依托电子网络化的金融行为，进而探索新的金融业务的服务模式，是电子商务经济对金融服务提出的适应性需求。

一、现代金融基本概述

（一）网络的概述

根据著名科学哲学家卡尔·波普尔(Popper, K. R)曾把现有的可见宇宙系统地划分为“三个世界”，即“世界 1”——物质的自然界，包括一切物理的对象和状态；“世界 2”——主观精神世界，包括人的心理素质、意识状态和主观经验；“世界 3”——客观知识世界，主要指人类精神活动的产物，即思想内容的世界或客观意义的客观世界，或可能的思想客体世界，包括客观知识和艺术作品。作为信息传输过程中的信源和信宿——计算机，它是客观存在的实在，毫无疑问是网络世界中的“世界 1”，但计算机同时又是信息处理机，可以通过其自身软件程序对信息的加工、处理产生很多的知识，因而又是网络世界中“世界 3”

的生产者。① 因此“现代金融”是“世界3”客观知识世界。

网络大致包括三种形式:内部网、外部网和互联网。网络就是试图将全球的计算机连接在一起的网络,以方便在世界各地以无国界的形式达到信息的畅通和即时沟通。内部网(intranet)是指一个相对独立的社会组织内部的信息网络,其目的是达到组织体内部的信息共享。外部网(extranet)是指一个组织体通过数据专线的方式与处于其外部的分支机构间组成的网络。② 互联网(internetwork,简称internet),始于1969年的美国,又称因特网,是一个由各种不同类型和规模、独立运行和管理的计算机网络组成的世界范围的巨大计算机网络——全球性计算机网络。按照1995年10月24日“联合网络委员会”(The Federal Networking Council, FNC)通过的关于“互联网定义”的决议,“互联网”指的是全球性的信息系统:(1)通过全球性的唯一的地址逻辑地链接在一起。这个地址是建立在“间接间协议”(IP)或今后其他协议基础之上的;(2)可以通过“传输控制协议”和“网络间协议”(TCP/IP),或者今后其他接替的协议或与“网络间协议”(IP)兼容的协议来进行通信;(3)可以让公共用户或者私人用户使用高水平的服务。这种服务是由一系列标准化协议连接起来的全球性的提供信息服务的系统,既是一种公用信息的载体,也是一种比以往任何一种通信媒体都要快的大众传媒。

世界上最大的信息网络“internet”,根据全国科学技术名词审定委员会1997年7月发布的推荐名,“internet”的推荐中文译名为“因特网”。internet是由全球许许多多相同或不同的网络链接而生成的巨大网络集合体,它集中了各个国家、各个领域的各种信息资源,供网络用户共享,并为用户提供信息交流的服务。目前internet已覆盖全球绝大部分国家和地区,连接1000万个不同的计算机网络,入网主机则达1亿台,网络用户也数以亿计。我国于1994年正式接入因特网。

(二)金融的概述

“金融是指在不确定性环境中对资源的时间配置。”③黄达教授认为,“凡

① [英]卡尔·波普尔著:《客观知识——一个进化论的研究》,舒炜光等译,上海译文出版社1987年版,第163页。

② 齐爱民、冯兴俊、周平、崔聪聪著:《网上证券交易法律问题研究》,武汉大学出版社2004年版,第2页。

③ [美]兹维·博迪、罗伯特·莫顿著:《金融学》,伊志宏译,中国人民大学出版社2000年版,第17页。

是既涉及货币，又涉及信用，以及货币与信用结合为一体的形式生成、运作的所有交易行为的集合、银行金融机构金融业务机构与非银行金融机构金融业务机构信用，以及证券交易为操作特征的投资、商业保险以及类似形式进行运作的所有交易行为的集合”。[①] 金融本身是动态的，任何时代、任何国家的理论研究者也不可能给出一个适合于各时代和各个经济体的定义。金融发展到今天对金融的本质的认识主要分为两类：一是从产权的角度；二是从资源的角度。从产权或索取权角度看，有的学者认为：“给金融定义，需要从实际出发。现代金融从表现形式说有：货币的借贷、兑换、买卖、款项的支付、票据的流通、证券的买卖，衍生工具的交换，实物的租赁、事务的保险，贵金属的交换等，尽管不同的形式有各自的特点，但他们都是一种资产，其价值都是以货币计量，其增值状况都以利息为尺度。并且，它们的活动形成了一个市场，进入市场的主体，既有企业又有个人，还有政府，活动的目的绝不仅是调剂货币资金的余缺，而是为了求得资产的流动、安全性和营利性的最佳组合。所以，现代金融是以货币或货币索取权形式存在的资产的流通。这样定义金融，强调金融是市场行为，是人们资产的变换，是以利息为尺度的权利与义务的承诺。”[②]从资源的角度来看，最典型的就是白钦先教授对金融的定义为“金融是人类社会财富的索取权，是货币化的社会资产；金融是以货币形态表现的、具有存量形态的既联系现在与过去，也联系现在与未来的金融存量的投入、消耗过程及相应的体制转变；金融是一种资源，是有限或稀缺的资源，是社会战略性资源”。[③] 在世界金融业务机构的报告中给出了一个较为综合的金融概念。报告认为金融应包括“一般层面”和“更高层次”两个方面，并且认为尽管不甚明显，但金融发展对于经济增长十分重要的原因主要体现在金融业务机构的职能上。在“一般层面”上，金融主要涉及商品、服务贸易向未来收益的资金转移；在“更高层次”上，构成了某一经济体中金融安排的金融业务机构主要履行下述基本经济职能：动员储蓄、配置资本、监督经理人员和转移风险等。[④] 在《新帕尔格雷夫经济学大辞典》中，“金融”的定义在某种程度上也就反映了金融是不断发展的这一思想。金融被界定为“资本市场的运营，资本资产的

---

① 黄达著：《金融——词义、学科、形式、方法及其他》，中国金融出版社 2001 年版，第 44 页。

② 曾康霖：“论金融理论的创新”，载《金融理论与实践》2001 年第 6 期。

③ 白钦先等著：《金融可持续发展研究导论》，中国金融出版社 2001 年版，第 126 页。

④ 世界银行报告小组著：《金融与增长：动荡条件下的政策选择》，社会科学文献出版社 1998 年版，第 85 页。

供给与定价”，[①]金融的基本内容有五个方面，即有效率的市场、风险与收益、替代与套利、期权定价以及公司金融。这样给金融定义是由融资活动的发展变化推进的：金融工具的多样化和融资方式的发展使融资活动与投资活动呈现统一的趋势，资本市场是实现二者统一的系统。总之，金融含义取决于金融活动的发展、运作和评价，而金融活动的发展又取决于经济金融化的程度。美国经济学家罗伯特·希勒对金融的定义为：“金融是一门研究目标构建的科学，也就是如何通过必要的经济手段实现一系列目标的学问，以及如何管理实现目标所需的资产的学问。所要实现的目标可以使家庭、小企业、大公司、民权组织、政府乃至整个社会提出。”[②]罗伯特·希勒还指出了“有一个通常被人们忽视且令人费解的事实”就是金融的英语单词“finance”源自拉丁语当中一个常见词，其意义就是“目标”。词典中的条目告诉我们，这个单词源于拉丁语“finis”，通常被译为“终点”或“完结”。有一本词典还特意指出，“finis”之所以演化成为“finance”，原因在于金融的原始形态之一就是债务的终止或完全偿付。金融并非“为了赚钱而赚钱”，金融的存在是为了帮助实现其他的目标，即社会的目标。罗伯特·希勒对金融本质的描述恰恰符合金融产生的社会需求的背景。

（三）网络金融概述

1. 全新的金融模式说

该全新的金融模式说认为，金融是一种全新的金融模式，它不同于银行与证券市场，对传统的金融有着颠覆的作用。在网络金融这种模式下，支付便捷、市场信息不对称程度非常低；资金供需双方直接交易，银行、券商和交易所等金融中介都不起作用；可以达到与现在直接和间接融资一样的资源配置效率，并在促进经济增长的同时，大幅减少交易成本。网络金融之所以跟银行融资和证券市场融资不一样，是因为网络金融是更民主化的，大众化的金融模式，不懂金融的人也会用。网络金融既不是银行模式，也不是资本市场上交所模式，它是所有的存款人和所有的借款人，通过网络平台直接交易。主张网络金融是可以跟银行金融、资本市场融资并列的第三种金融模式，并且相信人类未来通过网络直接金融的模式，不需要资本市场，也不需要银行。

---

① 《新帕尔格雷夫经济学大辞典》，经济科学出版社1992年版，第345页。

② ［美］罗伯特·希勒著：《金融与好的社会》，束宇译，中信出版社2012年版，第10页。

2. 传统金融的网络形态说

该观点认为，网络金融是传统金融机构利用网络技术为消费者提供金融服务的金融形式，其实质是传统的金融服务在网络上的延伸，它是采用因特网数字通信技术，以因特网作为基础的交易平台和服务渠道，在线为公众提供办理结算、信贷服务等金融服务，认为网络为银行提供了新的结算、支付通道，使支付工具的革命更为迅猛。但是网络金融远未成熟，成功的网络金融必然是网络功能与银行产品的成功结合与组合，并不具备网络商人企图通过网络技术而成为网上的银行家的条件。

网络金融不能离开传统金融，其认为网络金融是资金需求方和供给方通过网络实现信息交换，从而实现资金融通，而传统金融通过银行、证券、资本市场实现资金融通。网络金融本质是进行金融服务和金融发展的手段、渠道、媒介和平台，而真正实现资金的转移，就离不开现有的传统金融，因此金融才是基础。

3. 非金融业务机构的金融说

目前我国非金融机构从事的金融业务基本可以划分为支付结算类、融资类、资产管理类、服务渠道类等几大类。一是在支付结算领域。目前，中国人民银行共发放了 250 张第三方支付牌照。2012 年中国第三方支付市场整体交易规模达 12.9 万亿元，同比增长 54.2%。其中银联支付渠道占比超过 60%（主要是线下交易），支付宝支付渠道占比达到 14%。值得注意的是，在第三方支付交易中，快捷支付因极大地满足了客户的小额消费需求，其业务增长速度较快，交易量占比已超过银行网银 B2C 与 B2B 渠道之和。网络支付迅速发展，增速远超银行网上支付，对商业银行金融服务渠道创新提出了严峻挑战。二是在融资领域。一些网络金融企业基于对电商平台的交易数据、社交网络的用户信息和行为习惯的分析处理，形成网络信用评级体系和风险计算模型，并据此向网络商户发放订单贷款或信用贷款。这类基于信息的搜集和处理能力而形成的融资模式，能够在短时间内形成信贷规模的大幅扩张。网络信贷规模不断放大，将威胁到银行的信贷业务，形成金融脱媒。三是在客户资产管理领域，网络金融促使既有的金融产品与网络特点相结合，从而形成投资理财产品或保险产品。例如，余额宝的规模已突破 1000 亿元，投资者近 3000 万户。网络搜索巨头百度也联手华夏基金推出百发理财计划，以高预期收益率为宣传亮点快速加入网络金融市场的争夺。此外，部分投资、理财、保险类网站也为金融机构发布贷款、基金产品或保险产品信息，承担信息中介或从事基金和保险代销业务。四是在服务渠道方面,新兴的网络公司为客户不断推出信用卡还款、水电煤缴费、交通罚款、线上充值等基础民生服务,冲击商业银行传统的代收代缴、汇款等业务,给商业银行手续费收入增长带来压力;此外,第三方支付的线下 POS 收单一旦发展成熟,它们将凭借其已积累的大量客户资源对银行的 POS 刷卡手续费收入形成强大冲击,蚕食商业银行的基金、保险代销业务,降低银行的代理收费、服务收费,使银行中间业务发展受阻,甚至还会吸引更多的银行存款涌向互联网渠道。

该观点认为,网络金融是非金融机构借助网络技术从事金融活动的渠道。近年来,移动支付、网上银行、手机银行、云金融等新型业务悄悄走进了人们的生活,非金融机构纷纷借道网络逐步涉入金融界,这令传统金融版图发生了变化。在网络平台上,各类个性化的需求被不断地挖掘和激发,对于金融服务的需求也不例外,加之网络的独特优势令许多原本无法实现或者需要高成本才能实现的功能高效完成,由于兼具网络和金融的特性,网络金融实际上成为非金融机构进入金融领域的新途径。

二、现代金融的特征

现代金融的网络化是信息网络技术发展和应用的产物和结果。没有现代信息网络技术,现代金融的网络化就难以产生甚至不可能产生。计算机技术、网络技术和电信技术的飞速发展,为现代金融的出现及其发展提供了技术基础和市场需求条件,同时也给金融服务带来了更加激烈的竞争。从这个意义上说,现代金融的产生离不开信息技术,二者是相辅相成的。现代金融的产生和发展,除了需要前述的技术基础之外,也需要有相应的金融资本作为支撑,尽管其所需要的资本比传统金融少了许多,但其仍然需要一定数额的资本。没有相应的金融资本作后盾,现代金融的产生与发展过程中遇到的困难甚至是不可想象的。

现代金融的网络化就是网络技术与金融的相互结合,是金融业务机构运用现代化的信息技术和网络技术为客户提供的新型金融服务。从狭义上理解,现代金融的网络化是指以金融服务提供者的主机为基础,以因特网或者通信网络为媒介,通过内嵌金融数据和业务流程的软件平台,以用户终端为操作界面的新型金融运作模式;从广义上理解,现代金融的概念还包括与其运作模式相配套的网络金融业务机构、网络金融市场以及相关的监管等外部环境。长期以来,我国商业金融业务机构一直在行业信息化建设方面走在前列,商业金融业务机构自20世纪90年代起就将金融业务与网络技术相结合,开展以网上金融业务机构为代表的金融服务创新。例如,工商金融业务机构已经建立了包括网上金融业务机构、电话金融业务机构、手机金融业务机构、自助金融业务机构等多渠道相互联动的电子网络金融业务机构服务体系,渠道业务量占全部业务量的78%。同时,依托全行信贷集中管理和网上金融业务机构、银企互联等电子服务渠道优势,进行网络融资,结合网络创新服务特点,进一步丰富拓展金融业务机构金融服务渠道。基于庞大的客户规模和牢固的客户关系基础,金融业务机构通过电商平台可以进一步发挥信息流、资金流、物流与金融业务机构的互补与协同作用,促进网络金融与电子商务的有机和有效结合。

(一)协议性

网络金融的核心在于一系列连接网络的基础性(标准化)协议,而不是有形的硬件或个性化的应用软件。这些协议实际上就是网络中的基本行为规则,离开了这种开放性、公有化的标准,全球化就不可能产生。事实上,网络金融也是通过一系列基础或标准化协议进行相应的运行、经营与管理的。这是因为网络是一系列协议进行运行的,金融也是协议于制度的产物,所以网络金融是一系列协议的产物。没有这样的协议,网络的自治性很强,非政府组织的功能和作用相对较强,市场主体的独立性相对较高,规则的内生性明显。[①]

(二)平台性

国内一些学者认为网络是一种媒体,网络是一种商业平台。如果从网络体现于传播的内容或场所来看,网络金融具有平台的性质和功能。如2013年6月13日由天弘基金和支付宝联袂打造的余额增值服务——余额宝正式上线,短短几个月内用户数突破3000万户,并成为中国基金史上第一个规模破千亿元的基金,巨大的规模体量和惊人的规模增速成为市场关注的焦点。在此过程中,网络为交易双方提供了平台,可以说没有网络的存在与移动终端的应用,如此大规模的迅速融资是难以实现的。

(三)信息服务性

任何网络都必须提供充分、有效的信息服务。网络平台所体现与传播的是信息,所提供的是服务。其网络是以信息为内容,以提供相应的服务为纽带。网络革命使我们能非常快地将信息与知识向世界各地传播。事实上,网

---

① 王远均著:《网络金融业务机构监管法律制度研究》,法律出版社2008年版,第17页。

络的主要好处是,它打破了专业信息和数据的“孤岛”,使它们可被每一个上网的人共享和使用。

(四)金融服务全球化

传统的金融市场,受技术条件和法律制度的限制,金融消费者只能在国内的金融市场上购买服务,因此金融交易和服务具有明显的地域性特征。网络空间是一个无领域疆界的空间,在网络空间中,地理上的国界已经消失。传播体系和信息新技术的发展模式正造成从空间地域到流动和渠道的转变,这就等于消除了地域对生产消费过程的影响。金融在网络化时代将全球计算机联结起来后就使全球金融融为一体,实现了金融业全球化。在全球化的金融市场,一切信息、交易都可以利用网络来传输与实现。金融消费者只要能够上网,就可以在任何时间、任何地点、购买在任何区域金融市场的金融商品和服务。

(五)交易成本低

网络金融不需要庞大的办公地点和众多的营业网点、雇用大量的员工,因此它比传统金融的营业和管理的费用成本大大降低。降低成本的基本方式是规模经济,从网络的特点来看,它具备规模经济的特征。网络金融降低市场交易成本和摩擦性的不对称。金融业务机构直接融资以及股票和债券市场间接融资尽管对资源配置和经济增长有重要的推动作用,但也产生很大的市场交易成本和信息不对称,包括贷款信息收集成本、金融业务机构与客户签约成本、客户信用等级评价成本、贷后风险管理成本以及坏账处理成本及客户与经营主体的信息不对称等。

在网络金融模式下,资金供求方运行完全依赖于网络和移动通信网络进行联系和沟通,并可以实现多方对多方同时交易,客户信用等级的评价以及风险管理也主要通过数据分析来完成,交易双方在信息收集成本、借贷双方信用等级评价成本、双边签约成本以及贷后风险管理成本等极小。

(六)技术性

网络金融是计算机网络技术在金融业的活动中的应用和具体表现,是网络技术和金融产品、金融交易与金融服务相互作用、相互渗透的结果。在网络金融交易与服务中,网络技术构成了业务与服务的平台,因此许多交易风险往往是电子设备的故障造成的,这些故障有时连提供设备的网络券商都无法控制,因此网络金融具有技术上的风险和操作风险,必须规定合理的风险分担制度。由于网络技术渗入了证券交易的各个环节,由此产生的各种社会关系往往是建立在计算机网络技术的应用基础之上或者是与之相关的,因此在对网上交易进行规范时,无论是内部管理和内部控制都要对网络技术产生的风险进行防范。

(七)虚拟性

1. 主体虚拟性

与传统金融相比,网络金融交易的主体有明显的虚拟性。传统金融交易中,交易者之间虽未曾谋面,但在证券交易委托、保险合同的签定或金融业务机构贷款与存款等方面,无论是面对面,还是通过传统通信手段下达委托指令,当事人双方均能清楚地感受到对方的实际存在以及所接收到的信息的真实性。但在网上进行上述交易,其交易主体不是在一个具体的物理性存在,而是建立在网络空间上的虚拟性存在,主体身份以数码为识别标志。交易主体面对的不再是活生生的人而是数据或字符,委托、获取实时行情、投资咨询、清算和交割等行为表现为"数据或字符"的行为。

2. 客体虚拟性

网络交易在客体方面呈现出明显的虚拟性,如电子证券、电子合同。证券发行与交易、交割实行了无纸化和电子化,金融业务机构等机构在签署贷款与存款合同也实现了无纸化和电子化,保险业、基金公司等也如此。电子证券与电子合同的出现,虽然提高了效率、节约了成本,但同时也增加了风险和监管难度。

3. 营业场所虚拟化与服务渠道多元化

网上证券、网上金融业务机构、网上保险等不再是有形的营业部,而是以网站的形式出现,通过计算机软硬件构筑的一个网络交易平台,是一个开放的、自动化的虚拟营业场所,咨询、查询、询价、审核、议价、交割、签订合同等都在网上进行。

4. 货币虚拟性与金融脱媒

虚拟金融资产或者是虚拟网络货币不是法定货币的升级版的形态,它是一个新的货币形态。虚拟货币金融资产是社区发行的,是一种消费引导或为客户提供服务的模式,虚拟货币与现代货币之间并不存在汇率和牌价,虚拟货币在社区与社区之间的互动更强一些。虚拟金融资产可以在三个层面进行交易:同一个社区内虚拟金融资产的发行与交换,在这一个层面交换更能体现虚拟金融资产交易的特点;不同社区之间虚拟货币的交换;虚拟货币与现代货币之间的交易。虚拟金融资产将会不可阻挡地与现实货币产生互动和交换,事实上“真实的”货币以一个确立的转换率来购买它，随后，也可以用来购买真正的货币和服务。相对于其他货币，它的汇率是由供求关系以及几个现存的交易平台决定的。

在上述过程中，基于网络的储存和数据传输功能，传统价值符号的载体——纸面的功能被电脑数据所取代，交易和结算直接借助计算机进行，无须再经过纸面进行记载。

（八）风险放大

网络金融出现后，第三方支付机构、电信运营商、电商企业和金融业务机构等借助网络，从各自擅长的支付网关、手机支付、供应链服务、资金清算等领域向传统的金融业务机构业务全面渗透。部分电商企业还依托对其掌握的庞大客户信息以及大量客户网上交易和资金支付信息的分析，从交易服务提供平台走向信息服务提供商，进入交易撮合、支付代理、融资保险、资产管理等金融领域。网络时代金融业出现综合化、全能化趋势。从需求方来看，客户的金融活动、理财、消费等都越来越集中到一个账户。从供给方来看，金融业务机构顺应这种需求，力图打造一站式的金融业务平台服务。在上述情况下，金融风险与网络各自本身的风险相互交错，并且会产生相互影响和传导，使风险通过网络在金融的传递过程中被放大。

我国网络证券、网络银行与网络支付的发展有一定的制度基础、实践与监管经验，但网络金融整体仍处于初级阶段，尤其目前非金融机构借助网络与信息技术提供的金融服务均处于初级阶段，如网络小额贷款、网络借贷信息中介机构、网络基金销售、网络信托、网络消费金融等创新方式。因此，无论金融机构还是非金融机构从事的网络金融风险都更隐蔽、更具有传染性及突发性。

（九）跨界问题

首先，从业务跨界，业务创新引起业态的变革。

其次，传统金融和新金融的跨界。金融领域出现金融的业务产品化、金融产品标准化的趋势。金融企业与非金融企业，已经呈相互交错的发展态势。

再次，金融跨界引起金融业态的变化。传统金融业务机构开始转型，金融脱媒由资本市场扩展至金融业务领域，金融业务产品化推进金融业务机构的平台化、电商化，出现了金融网上商城、善融商务等。新金融、泛金融业务机构开始兴起，如资产管理、财富管理、第三方支付等。

最后，传统金融业务机构与第三方支付、电子商务企业融合发展，各家金融业务机构合作的兴起，使各金融业呈现出跨界趋势。

(十)降低信息不对称

信息不对称是商业金融业务机构存在的重要基础之一。在网络金融模式下,交易双方之间信息沟通充分、交易透明,定价完全市场化,风险管理和信任评级完全数据化。例如,一位上海客户需要申请一笔贷款期限为 12 个月、金额为 10 万元消费贷款,当通过平台进行融资时,可以在 10 个商业金融业务机构以及 9 个非银行业金融业务机构所提供的 27 个贷款产品中进行选择,并且每个产品都有独特的产品特点。平台在承担资金借贷中介功能时,首先,会参照该借款人在信用评级机构信用评分的基础上对借款人进行风险评级;其次,录入借款人的家庭情况、借款用途、借款金额、愿意支付的最高借款利率及信用评级,并将其安排进入相应等级的细分市场;再次,网络金融可以通过现代技术对数据的处理解决信息部对称;最后,特定信用评级的贷款人参考借款人的信用评级,结合贷款期限,以自身贷款利率参与竞标,利率低者胜出。

第二节　现代金融的内容、标准和种类

一、现代金融的内容

现代金融是金融与网络技术全面结合、创新与发展的产物,网络金融主要包括传统银行金融业务机构、保险及证券利用网络技术而进行的服务方式及金融工具的创新,包含网络银行金融业务机构、网络证券、网络保险及新型的网络金融创新等。

(一)网络银行金融业务机构

网络银行金融业务机构是借助国际网络技术作为传输渠道向客户提供金融业金融业务机构服务方式。其包含两层含义:一是非金融机构,通过信息网络开办金融业务的网络企业金融业务机构;二是传统的金融机构,通过信息网络提供的金融服务,包括传统金融企业金融业务机构业务和网络技术运用而带来的新兴金融业务。

(二)网络证券

网络证券是指投资者利用证券业的网络资源,包括公用证券网络、局域网、专业网、无线网络等各种电子方式与手段,传送交易信息和数据资料并进行证券交易相关的活动,包括获取实时行情、相关市场资讯、投资咨询以及网上委托等一系列金融服务。

(三)网络保险

网络保险是指金融业务机构和保险中介机构以信息技术为基础,以网络为载体来支持保险业务开展活动的总称。

网络保险主要包括两个层次的具体内容:一是保险人利用网络进行内部管理,如利用网络对公司员工和代理人进行培训,利用网络与公司股东、代理人、被保险人进行信息交流和开展网络营销活动;二是指金融业务机构通过网络开展网上保险,即利用网络与客户交流信息,提供保险产品咨询和网上保险服务,其中网上投保和网上理赔是两项特色网络保险业务。

(四)非金融机构借助网络技术与信息技术的金融创新

非金融业务机构利用网络技术开展了金融服务、金融业务及金融工具,如民间网络借贷平台、互联网融资、第三方支付等。

二、现代金融的判定标准

现代金融的特征是网络化,其表现形式也是网络金融,因此现代金融的判定标准即网络金融的判定标准。

网络金融的判断标准是对网络金融的界定,其所要解决的问题是确定什么样的标准以及如何确定标准来判断什么样的主体才是网络金融业务机构。它既是一个重要的理论问题,又是一个重要的实践性问题。这个问题的解决,不仅对认识和理解网络金融具有理论上的意义,而且对规范、引导和监管网络金融具有重要的现实意义。

网络金融的判断标准可以借鉴美国《在线银行的报告》和 Gomez 网站的观点。美国《在线银行的报告》的标准是,只有利用银行网站,客户可以查询账户、划拨资金和支付账单的,才能算是标准的网络银行。① 借鉴这个标准,只有客户能够利用网站实现查询投资、融资等信息,划拨资金和支付账单等功能的,才是网络银行。美国 Gomez 网站认为,只有提供以下 5 种业务中的任何一种以上业务,才可以称为网络银行。这五种业务分别是网上支付账户、网上支票异地结算、网上货币数据传输、网上互动服务和网上个人信贷。② 借鉴这一标准,可以认为只要利用网络进行与金融相关的支付、结算、货币数据传

① "True Internet Banks : Online Banking Report", http://www. Onlinebankingreport. com/top100banks2. shtml.

② 徐昕等:"西方网络银行的发展模式及启示",载《国际金融研究》2000 年第 5 期。

输、互动服务和借贷相关的活动，都属于网络金融的范畴。

三、现代金融的种类

现代金融是基于网络技术与精神，其所做金融都属于“网络金融”。对现代金融的分类就是对网络金融分类，同时有利于更好地认识和把握现代金融——网络金融。现代金融分类可以从不同角度进行分类。

(一)以公司业务类型划分

1. 网络金融技术类公司

网络金融技术类公司主要提供基于网络的金融技术服务。此类公司又可以分为以下几类：(1)第三方支付公司，这些公司通过技术手段接入各大金融业务机构的支付端口，并为用户提供“综合 + 个性”的结算服务。目前已有 250 多家支付公司，该行业门槛较低，由于支付是基础，因此，支付公司后续商业模式的定位将决定此类公司的机会与风险。(2)软件开发技术公司，也就是为网络金融提供建网站开发与软件开发的软件公司。目前出现一类专门为 P2P 公司提供软件开发服务的第三方软件公司。对于一些不愿意在技术开发投入太多资金的网络金融公司，它们一般购买通用网站软件与域名，进行域名解析与服务器等部署后，一个简单的 P2P 网站即投入运作。

2. 网络金融电子商务类公司

网络金融电子商务类公司主要提供基于网络的金融电子商务服务，应将其视为宽泛的网络金融。按服务模式不同可以分为以下几类：(1)金融的网络化模式或网络的金融化，目前已有电商企业在积极申请民营金融业务机构牌照；(2)第三方的金融产品销售渠道模式，这个模式在原来第三方基金销售的基础上，又增加了贷款产品销售等多种形式，体现在商业模式上有贷款等金融产品搜索比价与信息服务等，体现在产品类型上有基金销售平台与贷款产品销售平台；(3)综合型的网络金融公司，这个模式的是专业的“一站式”网络融资服务，用户不但可以找到贷款，也可以以股权方式进行融资；(4)网络借贷信息中介机构模式，目前，中国网络金融的 95% 都属于这个模式，但通过多年的发展，已演变成多种模式，如不提供担保的模式，提供担保的模式等，由于过多的网络借贷信息中介机构已涉及担保与资金池，因此这个行业存在较大的道德和非法集资的风险；(5)众筹模式也属于真正意义上的网络金融。众筹作为国内引进的网络金融模式的一种，将网络金融的特点进一步放大。当创业者可以通过众筹的方式进行融资，创业标准和难度也开始大大降低。同时资金之外,众筹本身所具备的“团购 + 预购 + SNS”的属性也给初期创业者带来了资源、初期用户等多方面的支撑。

3. 网络金融管理工具类公司

网络金融管理工具类公司为用户提供便利与具有个性的管理工具,如理财工具或信用卡管理工具,体现了自动管理、自动匹配、自动投资等功能。这类公司也不属于真正意义上的网络金融,但这类公司的发展将大大推动网络金融的发展。

4. 网络货币公司

目前被承认的网络货币如比特币,QQ 币等虚拟币也具备一定的金融属性。但是网络货币的真正走向应当是法定货币的电子化,即法定货币的“去纸币化”。

(二)金融主体网络金融、非金融主体网络金融与混合类网络金融

1. 金融主体类的网络金融

传统金融主体类的网络金融是指传统的金融业务机构利用网络技术从事金融活动。由于传统的金融主体有多种,因此传统金融主体类网络金融又可分为银行金融业务机构的网络金融、证券公司的网络金融、保险业务的网络金融、网络销售基金的网络金融、金融资产管理公司类的网络金融、信托投资公司类网络金融、财务公司类网络金融、金融租赁公司类的网络金融以及其他金融主体类网络金融。

2. 非金融主体类的网络金融

非金融主体类的网络金融是指一般企业、个人等非金融主体投资办的网络金融,如第三方支付、P2P、众筹等。

3. 混合类的网络金融

混合类的网络金融是指由金融类主体与非金融类主体投资,或互为持股、控股等筹办的网络金融。

(三)法人型网络金融与非法人型网络金融

从网络金融的法律地位的角度,可以将网络金融分为法人型网络金融与非法人型网络金融。法人型网络金融是指具有法人地位的网络金融。非法人网络金融是指隶属于传统金融业务机构等主体而不具有法人地位的网络金融。目前,金融主体类的网络金融大多数是非法人的网络金融,但也不排除具有独立地位的法人型网络金融的存在与发展。无论是法人型还是非法人型网络金融,他们都是网络金融的组成部分。

第三节　现代金融发展阶段

金融发展是指金融结构的变化,美国耶鲁大学名誉教授雷蒙·W. 戈德史密斯对金融结构和金融发展进行了研究。他早在1969年出版的《金融结构与金融发展》一书中首次给出了金融结构和金融发展的定义:"各种金融工具机构的形式、性质及其相对规模共同构成一国金融结构的特征。"[①]戈德史密斯认为,金融结构是一国经济运行中金融工具、金融市场和金融业务机构的综合。金融结构的变化就代表了金融发展水平的变动,并且从八个方面给出了衡量金融结构和金融发展水平的基本指标。[②] 金融工具衍生了各种形态,从而在每一个现代经济单位社会里都形成了由金融工具构成的上层结构,与国民财富构成的基础结构并存;金融业务机构可以看成资产和负债主要由金融工具构成的企业,而金融结构与金融发展之间的关系集中表现为,金融发展是金融结构的变化。戈德史密斯以金融相关率(Financial Interrelations Ratio,FIR)为核心,建立起一套衡量金融结构的指标体系,并认为进入结构的变化就意味着金融发展。

从金融历史演进,网络金融是金融满足社会需求发展的一个历史阶段。金融发展是金融功能不断扩展和提升的历程。金融的发展不能忽视历史因素而视其为静态,这是违反客观规律和缺乏科学性的,因为任何事物都有一个从低级到高级,由简单到复杂的发展过程。金融的发展同样遵循这一发展规律。金融功能演进史表明金融本身是由简单到复杂的发展过程。人类的金融业发展历程,最早可以追溯到古代巴比伦和一些世界文明的发祥地。在古罗马,曾出现最古老的金融业务机构。现代金融业务机构业的奠基始于文艺复兴时代的意大利。13世纪出现了汇票。16世纪法国政府最早发行长期债券。这些早期的金融业态的萌芽,无一不是根据社会的需求而发展演变的结果。网络金融之所以从2013年在我国发展迅速,是与我国的金融需求紧密相关的,长久以来,由于《贷款通则》对非金融业务机构从事信贷活

① 戈德史密斯著:《金融结构与金融发展》(中译本),周朔译,中国社会科学出版社1993年版,第3页。

② 同上。

动的限制，[①]我国信贷市场曾由商业金融业务机构长期占据着垄断地位。信贷市场因缺乏层次性导致的供需结构失衡，使中小客户缺乏商业金融业务机构的信贷支持，再加上其本身存在旺盛的贷款需求，于是促成了网络金融的兴起和发展，它是金融发展的一个历史阶段。金融的发展经历了以下几个阶段。

一、金融电子化阶段

随着在20世纪60年代以计算机联机应用系统为代表的信息技术的诞生，使金融业务机构得以在内部开展总部与分支机构、营业站点之间的相关存、贷、汇等联机业务，并得以在外部开展通存通贷等联行业务。在20世纪80年代以后，以水平式金融信息传输网络，电子资金转账（Electronic Funds Transfer，EFT）系统为代表的信息技术的使用得以使传统金融业务的票据处理速度、支付效率和资金管理质量得到了很大的提高，并且提高了安全性，节约了开支，这是网络金融早期发展的主要作用。

20世纪40年代世界上第一台电子计算机的产生预示着一个崭新的信息时代的来临。这个崭新的信息时代，网络渗透人类生产和生活的各个领域，包括电子购物、虚拟旅游、远程教育、远程医疗、金融电子化等。有关资料表明，1995年以来，发达国家和地区的金融业务机构、证券公司和金融业务机构等金融服务企业纷纷在因特网上建立网站，形成从自动柜员机（Automatic Teller Machine，ATM）、销售终端系统（point of sale，POS）到无人金融业务机构、电话金融业务机构，从家庭金融业务机构到网络金融业务机构，全方位进入电子化服务。

从20世纪80年代的后期到90年代后期，以金融业务机构为主体的金融行业逐步实现了业务的电子化操作阶段，并不断研发出了与电子业务相适应的终端服务体系。以在线金融业务机构服务、ATM、POS、企业金融业务机构、家庭金融业务机构为代表的网络金融服务为更多的客户提供了多样化的服务模式，大大简化了传统人工业务的烦琐性，也给客户带来了更加便捷的体验。

---

① 参见《贷款通则》第2条规定：本通则所称贷款人，系指在中国境内依法设立的经营贷款业务的中资金融业务机构。

二、金融网络化阶段

从20世纪90年代开始，传统金融业开始向网络金融业转变。仍然以金融业务机构这一金融主体举例来说，在1995年10月18日世界上首家网络金融业务机构——美国安全第一网络金融业务机构（Security First Network Bank）成立。而在1999年年末具有网络性质的金融业务机构已达到100多家，到目前为止，不仅在欧美发达国家，而且在亚洲的新加坡、日本、中国等国家也相继兴起了网络金融服务。随着信息网络技术在金融领域的日益成熟、网络金融服务商的日益增多和强大，传统金融服务向网络金融转移必将是金融创新发展的主要趋势。

网络金融早在1995年就以润物细无声的方式进入了我们的生活，如招商金融业务机构的网上金融业务机构、易保在线的网络投保等。1999年9月招商金融业务机构率先在国内全面启动"一网通"网上金融业务机构服务，建立了由网上企业金融业务机构、网上个人金融业务机构、网上支付、网上证券及网上商城为核心的网络金融业务机构服务体系，并经中国人民金融业务机构批准开展网上个人金融业务机构业务，成为国内首家实现全国联通"网上金融业务机构"的商业金融业务机构。

（一）网上证券

我国上海证券交易所在1989年年底就已实现了全电子化网络交易，在交易、结算、交割、成交回报、信息发布、登记托管等业务完全通过电脑与网络运行。[①] 1997年3月中国华融信托投资公司湛江营业部推出视聆通多媒体公众信息网网上交易系统，率先在我国开展网上委托业务，这标志着我国网上证券交易的开始。2000年3月30日证监会发布了《网上证券委托暂行办法》，规定只有获得中国证监会颁布的《经营证券业务许可证》的证券公司，才可以向中国证监会申请开展网上委托业务。2000年至今是我国网上交易的高速发展的阶段。

金融领域的电子化是这种变革的集中反映，如网上证券交易、网上金融业务机构、网上保险等。美国的传统金融网络化是在1985年嘉信理财推出的与电脑交易相关的服务，但当时还没有形成主流市场。随着网络的兴起，网络开始进入了美国的证券市场，初期网络只是传统券商用来做广告或拓展业务的

① 徐志坚著：《网络证券》，贵州人民出版社2001年版，第9页。

工具,E-Trade 从 1992 年起开始以在线的方式为投资者提供证券交易服务,1994 年 Ameritrade 首先成功开展网上委托业务后,1997 年美国最大的折扣券商嘉信理财也加入网上证券交易的行列,网上证券交易开始在美国获得初步的发展。韩国的传统金融网络化始于 1997 年政府对《证券交易条例》相关内容的修订,该条例把网上交易定义为通过电子通信系统,如网络、个人电脑、自动回复系统等无证券公司职员直接参与协助的证券买卖。日本的传统金融网络化于 1996 年 4 月开始实施网上证券交易。

(二)金融业务机构网络银行

从世界范围来看,网络银行是在银行电子化基础上产生的,而银行电子化又是在银行使用电脑进行辅助管理的基础上逐渐出现的。

20 世纪 50 年代到 80 年代,为银行使用电脑进行辅助管理阶段。在这个阶段,从 50 年代的单机处理发展到 60 年代的联机管理、电子资金转账系统,再到 70 年代、80 年代的电话银行。20 世纪 80 年代后期到 90 年代中后期,银行逐渐出现了电子化,主要表现为:自助方式为主的 PC 银行(在线银行服务)、ATM、POS、企业银行、家庭银行、移动银行、自助银行、无人银行、电子钱包等电子银行服务方式。"1995 年 5 月威尔士·法戈(WellsFargo)银行成为美国第一家可以向客户提供网上查询账户余额的银行,并逐步实现了网上查询交易记录、转账、支付票据、申请新账户、签发旅行支票和本票等业务。"①1995 年 10 月资产超过 2000 亿美元的美国花旗银行率先在因特网上设立站点,形成了虚拟银行的雏形。1995 年 10 月 18 日在美国亚特兰大开业的美国安全第一网络银行(Security First Network Bank, SFNB)是世界上第一家网络银行,②此网络银行标志着网络银行在世界上的正式产生。在日本,1965 ~ 1975 年间进行第一次联机,主要是银行内部连接,处理存贷汇业务,建立"全银行系统";1975 ~ 1985 年第二次联机,联机业务范围扩大,实现银行间及银行和大企业间联网、发展 ATM、POS;1985 ~ 1990 年第三次联机,企业银行、家庭银行实现企业和客户之间的连接,开始建立自身完善的管理信息系统;1990 年至今第四次联机,全面提升网络通信的速度和质量,重建数据库,提供金融信息服务。

---

① "U. S. Department of Commerce: The Emerging Digital Economy", http://www.ecommerce. Gov.

② 王远均著:《网络银行监管法律制度研究》,法律出版社 2008 年版,第 47 页。

在我国，计算机应用在银行是在20世纪50年代开始，起初主要是应用于后台业务的核对和监督。到20世纪80年代计算机开始于单个银行业务的辅助管理，90年代初期全国银行系统初步电子化，如1993年中国政府宣布将“金卡”工程作为重要的国民经济信息化工程阶段。1996年招商银行率先推出“一卡通”网上支付金融服务业务，1998年中国银行进行了第一笔电子交易业务。这标志着我国网络银行是在20世纪90年代中期产生的。1998年交通银行上海分行与闽发证券有限公司合作在上海推出“网上证券交易经纪系统”，这标志着网上银行与证券业务的融合。到2004年年底我国网络银行个人客户已达到1758万户，企业用户已达60万户，网络银行交易量达到49亿元。

20世纪60年代以来的金融创新使金融领域发生了巨大变革。特别是20世纪70年代以来，新技术的运用促使新的金融市场不断形成，层出不穷的新的金融资产、新的交易方式和新的金融服务不断被创造出来，不仅革新了传统的金融业务活动和经营管理方式，而且模糊了金融机构之间的界限，加剧了金融机构之间的竞争，缩小了金融活动的国界界限，突出了金融部门在经济发展中的重要地位。它是互联网与金融的结合，但不是简单的嫁接，而是金融发展的一个历史阶段。

三、货币电子化阶段

从货币发展史来看，会更为清楚地说明金融是动态的而不是静止的。有学者也提出“货币过程本身就是一种金融过程，所以，金融制度的成熟和完善就是货币制度的成熟和完善”。①

货币发展到今天，其形态是由低级向高级不断演进。货币发展的第一阶段是以特定商品充当一般等价物货币的阶段。在自然经济社会中是以实体货币为支付媒介，通常是一些朴素的商品充当，如贝壳、粮食、牲畜等，这是货币的初级阶段。马克思有一句名言“金银天然不是货币，但货币天然是金银”，②贵重金属的发现和铸金技术的发展，促使货币从朴素的商品发展为金、银等贵金属作为一般等价物进行交换，也推动了货币发展到以贵金属为货币的第二

---

① 孙杰著：《货币与金融——金融制度的国际比较》，社会科学文献出版社1998年版。

② 《马克思恩格斯全集》（第13卷），人民出版社1962年版，第145页。

阶段阶段。贵金属货币的出现是货币发展史上的第一次革命。[①] 货币发展的第三阶段是以纸制货币作为货币的阶段,纸币到货币的发展是货币发展史上的第二次革命。[②] 货币发展的第四阶段是电子货币的产生和流通阶段。电子货币的产生,为人们提供了快捷和方便,它所具备的特性更能体现货币的职能,是货币的高级阶段,是货币史上的第三次革命。

2000 年 9 月 18 日欧洲议会和欧盟理事会颁布的《关于电子货币机构业务开办、经营与审慎监管的 2000/46/EC 指令》中对电子货币的解释是,“其货币价值(表现为对发行人的求偿权):(a)通过电子设备进行存储;(b)收到资金后开始发行;(c)被发行人以外的人当作一种支付手段”。

在支付体系不断演变的过程中,货币形态也在不断变化。电子货币是随着电子计算机、金融电子化的发展而发展起来的。电子货币是货币层面的电子支付,是一种金融创新。它是信息革命的产物,电子货币的产生和流通使实体货币与观念货币发生分离,真实货币演变为虚拟货币,是新技术革命和网络经济发展的必然结果。电子货币的出现,有效解决了市场全球化的大背景下,如何降低“信息成本”和“交易费用”的问题。由于电子货币极大地突破了现实世界的时空限制,信息交流、资金流在网上传送十分迅速、便捷,使电子货币在使用和结算过程中,不仅简化了使用传统货币的复杂程序,而且电子货币的使用和结算不受时间、地点、服务对象等限制。[③] 同时电子货币还减少了货币印钞、发行、现金流通、运输等费用。

电子货币的形态是以电子设备进行存储和作为交易媒介,电子货币是一种“信息处理”的货币。如同黄金货币改为纸质货币一样,在技术变革中诞生的电子货币,支付体系实现了交易效率、低成本和营利性的目的。商业金融业务机构和其他金融业务机构建立电子支票账户和发放电子货币贷款,电子货币同样能够实现存款创造。

电子货币是指以计算机或其他存储设备为存在介质、以数据或卡片形式履行货币支付流通职能的“货币符号”,其具体形式包括三种:第一种形态是以存款形式存在的电子货币,如活期存款、活期储蓄,证券期货交的保证金等;第二种形态的电子货币是单用途的预付卡,主要是第三方支付企业以及商业

---

① 王蜀黔著:《电子支付法律问题研究》,武汉大学出版社 2005 年版,第 7 页。
② 同上。
③ 同上。

企业发放的一些预付卡；第三种形态就到达了虚拟货币的阶段，即虚拟货币在某种意义上具有了货币的特点。

第四节　现代金融网络化

网络技术促使了现代金融的创新，金融创新就是变更现有的金融体制和增加新的金融工具，以获取现有的金融体制和金融工具所无法取得的潜在的利润，它是一个为盈利动机推动、缓慢进行、持续不断的发展过程。金融发展主要依靠社会经济机体的内部力量——金融创新来推动。

一、金融创新的分类

金融创新是指金融内部通过各种要素的重新组合和创造性变革所创造或引进的新事物。金融创新大致可归为七类：(1)金融制度创新；(2)金融市场创新；(3)金融产品创新；(4)金融机构创新；(5)金融资源创新；(6)金融科技创新；(7)金融管理创新。

(一)金融制度创新

一国的金融制度总是随着金融环境的变化，如政治、经济、信用制度、金融政策等的变化而逐渐演变的，这种演变不仅是结构性的变化，从某种意义上说，也是一种本质上的变化。金融制度创新包括金融组织体系、调控体系、市场体系的变革及发展。它影响和决定着金融产权、信用制度、各金融主体的行为及金融市场机制等方面的状况和运作质量。

(二)金融市场创新

金融市场创新主要是指银行经营者根据一定时期的经营环境所提供的机会开发出新的市场。现代金融市场大致包括：(1)差异性市场，如按不同的内容划分的货币市场、外汇市场、资本市场、黄金市场、证券市场、抵押市场、保险市场等。(2)时间性市场，按期限长短划分，短期的有资金拆借市场、票据贴现市场、短期借贷市场、短期债券市场等；长期的有资本市场，如长期债券市场、股票市场等。(3)地区性市场，如国内金融市场、国际金融市场等。金融市场创新主要指的是微观经济主体开辟新的金融市场或宏观经济主体建立新型的金融市场。由金融市场向更高级金融市场的过渡和转化，由封闭型金融市场向开放金融市场进入和拓展。

(三)金融产品创新

金融产品的核心是满足需求的功能,它包括金融工具和银行服务。金融产品的形式是客户所要求的产品种类、特色、方式、质量和信誉,使客户方便、安全、盈利。在国际金融市场上,金融创新的大部分属于金融产品的创新。

(四)金融机构创新

金融机构创新,是从金融创新经营的内容和特征出发,以创造出新型的经营机构为目的,建立完整的机构体系。

(五)金融资源创新

金融资源是指人才、资金、财务、信息等,它是保证银行正常经营的必要前提,金融资源创新主要包括以下几个方面的内容:(1)金融资源的来源创新。首先,金融业经营的正常进行必须有专门的人才,人才来源包括自己培养、吸收其他机构高级人才和引进国外高级专业人才;其次,必须有资金来源的充分保证,它要求金融机构经营者随时掌握资金供应市场的动态,挖掘和寻求新的资金供应渠道,开辟新的负债业务。(2)金融资源的结构创新。金融资源结构包括及时、准确地掌握各种信息,高级专业人才比重大,负债结构合理,财务管理先进。它能创造出比同行领先的经营效率和方法。(3)金融资源聚集方式创新。对不同的金融资源有不同的吸引和聚集方式,银行经营者要不断创造新的手段,用最经济、最有效的方法去聚集自己所需的金融经营资源,合理地配置这些资源,以求得经营上的最大效益。

(六)金融科技创新

进入20世纪70年代以来的金融技术革新和金融自由化,主要体现在银行和非银行金融机构,以及科学技术在金融领域的应用,对金融业务产生了划时代的影响;它一方面使金融市场在时间和空间上的距离缩小;另一方面又使金融服务多元化、国际化。

(七)金融管理创新

金融业管理创新机制包括两个方面:一方面,国家通过立法间接对金融业进行管理,目标是稳定通货和发展经济;另一方面,金融机构内部的管理,建立完善的内控机制,包括机构管理、信贷资金管理、投资风险管理、财务管理、劳动人事管理等方面。目前,金融机构管理的着眼点都是通过资金来源制约资金运用,实现银行资产和负债双方总量和结构的动态平衡,不断创造新的管理方法。

二、网络化是金融创新的结果

金融发展史充分证明，金融本身是由简单到复杂的发展过程，其金融结构一直伴随着社会的经济及技术发展而不断发展变化。从20世纪50年代开始，网络金融就是网络技术在金融业应用的一种创新。当代金融变革的本质是以人类社会经济形态转型、亦即由工业社会向信息社会过渡为主要背景，以信息技术为核心的高科技为直接动力，以数字化为基因，以网络建设、系统集成、信息化和智能化建设为主要手段，把适应工业时代的从事传统金融支付业务的物理金融体系，建设成适应信息时代的提供全能型金融支付和信息增值服务的智能化金融体系。

网络金融是典型的金融创新。作为金融创新的网络金融是金融与网络技术有机结合的产物。从20世纪50年代开始的金融业务机构电子化建设，使整个金融业进入革命性的变革过程。70年代以后，新技术被广泛运用于金融业，新型的金融市场不断形成，新的金融工具、新的金融交易和新型金融服务层出不穷。进入20世纪90年代后，全球金融业开始以明晰的理论为指导，有选择地把新技术纳入金融系统，加大了理论牵引实践的力度，创造了一批新概念和新理论，如系统集成、综合业务服务、集约化混业经营、扁平式管理模式、个性化金融产品、理财服务、网上支付和网上金融服务及网络金融。

首先，网络金融创新具有新型化的特点，网络金融创新推出了大量具有现代意义的新业务、新工具、新交易、新服务，开辟了新型的金融市场，创立了新型的金融业务机构。其次，网络金融的创新主要是利用电子化、信息技术与网络技术的创新。网络金融充分运用了以微电子技术为核心的现代科技成果，将电子计算机和高科技通信技术引入金融业，通过业务操作、支付结算、融资技术、信息处理的电子化，成倍地提高了金融业的行为能力，降低了交易成本，扩大了业务和市场容量，加快了资金流动和信息传递的速度，实现了金融业务的自动化、管理手段现代化和全球化。金融业发展到今天所有的新业务、新技术、新工具、新市场、新机构、新管理都离不开电子计算机和电讯技术。因此，电子化是当代金融创新的一个突出特征。再次，网络金融创新具有全方位性。网络金融创新从金融结构的各个层面都进行了创新。最后，网络金融创新带来了创新高潮。金融创新已有漫长的历史过程，但以往的创新活动并非均匀分布于各个年代，而是在条件成熟时集中出现于某些年份并形成一个高潮，各次高潮之间都存在间隔期，目前进行的金融创新是金融创新史上最活跃、速度最快、成果最多的阶段。

三、网络金融创新的表现形式

真正的网络金融,并不是简单地把金融产品平移到网络平台。其最大意义在于用先进的网络技术手段降低金融服务成本,改进服务效率,提高金融服务的覆盖面和可获得性,使边远贫困地区、小微企业和社会低收入人群能够获得价格合理、方便快捷的金融服务,使人人享有平等融资权。

(一)金融业务的网络化创新

首先,网络技术在金融业的广泛运用。网络技术广泛运用到金融业,为金融业业务创新开辟了一个新的领域,如改变了传统的业务处理手段和程序,存、贷、取、汇、证券买卖、市场分析、行情预测乃至金融业务机构的内部管理,均通过计算机处理。电子化资金转移系统、电子化清算系统、自动付款系统等金融电子系统的创造,形成了国内外纵横交错的电子化资金流转网络,资金的调拨、转账、清算、支付等都可以通过电子计算机完成。其次,金融工具的创新。各类金融业务机构一方面通过对原有金融工具特性的分解和组合不断推出新型的金融工具,另一方面在新的金融结构和条件下创造出全新特征的新工具。再次,金融市场的创新。金融市场的创新主要表现在两个方面:其一,金融市场的国际化。其二,金融衍生工具市场的产生。最后,新业务和新交易的大量出现。金融业务机构、证券、保险、信托、租赁等各类金融业务机构一方面在传统基础上推陈出新;另一方面积极开拓全新的业务与交易。

(二)现代金融组织结构网络化创新

首先,金融业务机构创新。20 世纪 50 年代以来在金融创新中涌现出与传统金融业务机构有别的新型化金融业务机构,其中有以计算机网络为主体而无具体营业点的电子金融业务机构,例如,1995 年 10 月在美国开业的全球第一家网络金融业务机构——“安全第一网络金融业务机构”。该行没有建筑物,营业厅就是计算机首页页面,没有地址,只有网址,所有交易和服务都是通过网络进行,员工只有 10 人;还有家庭金融业务机构、企业金融业务机构、机器人受理的无人金融业务机构,[①]及 21 世纪以来产生的非金融机构借助网络技术与信息技术而提供金融服务的业务模式。

其次,金融业务机构经营管理的创新。20 世纪 50 年代以来,金融业务机

---

① 美国 1972 年 3 月创立的享其顿国民金融业务机构总行。

构通过管理创新不断调整业务结构，开发出多种新型负债业务，如中间业务、资产业务、表外业务。

四、网络金融创新的利弊

理论与实践证明任何金融创新都有其两面性，即有利有弊。网络金融借助网络技术的创新也同样具有利弊两面性。

（一）网络金融创新的有利影响

1. 提高了现代金融市场的运作效率

首先，提高了市场价格对信息反应的灵敏度。网络金融创新通过提高市场组织与设备的现代化程度，使现代国际金融市场的价格能够对所有可得到的信息作出迅速灵敏的反应，提高了现代金融市场价格变动的灵敏度，使价格快速及时对所获信息作出反应，从而提高价格的合理性和价格机制的作用力。其次，增加了可供选择的金融商品种类。现代网络金融创新中大量新型金融工具的出现，使金融市场所能提供的金融商品种类繁多，投资者选择性增大。面对各具特色的众多金融商品，各类投资者很容易实现他们自己满意的效率组合。再次，增强了剔除个别风险的能力。现代金融创新通过提供大量的新型金融工具的融资方式、交易技术，增强了剔除个别风险的能力。投资者能进行多元化的资产组合，还能够及时调整其组合，在保持效率组合的过程中，投资者可以通过分散或转移法，把个别风险减到较小程度。最后，降低交易成本，使投资收益相对上升，吸引了更多的投资者和筹资者进入市场，提高交易的活跃程度。

2. 提高了现代金融业务机构的运作效率

首先，网络金融创新通过大量提供具有特定内涵与特性的金融工具、金融服务、交易方式或融资技术等成果，从数量和质量两方面同时提高需求者的满足程度，增加了现代金融商品和服务的效用，从而增强了现代金融业务机构的基本功能，提高了现代金融业务机构的运作效率。其次，提高了支付清算能力和速度。把计算机引入支付清算系统后，使金融机构的支付清算能力和效率上了一个新台阶，提高了资金周转速度和使用效率，节约大量流通费用。最后，大幅度增加现代金融业务机构的资产和盈利率。现代金融创新涌现出来的大量新工具、新技术、新交易、新服务，使金融机构积聚资金的能力大大增强，信用创造的功能得到发挥，使现代金融业务机构拥有的资金流量的资产存量急速增长，提高了金融机构经营活动的规模报酬，降低成本，加之经营管理上的创新,金融机构的盈利能力增强。

3. 金融作用力大为加强

金融作用力主要是指金融对于整体经济运作的经济发展的作用能力,一般是通过对总体经济活动和经济总量的影响及其作用程度体现出来的。首先,提高了金融资源的开发利用与再配置效率。现代金融创新使发达国家从经济货币化推进到金融化的高级阶段和大幅度提高发展中国家的经济货币化程度,导致金融总量的快速增长,扩大了金融资源的可利用程度并优化了配置资源效果。其次,社会融资和投资的满足度及便利度上升。主要表现为:一是融资成本降低,有力地促进了储蓄向投资的转化;二是金融机构和金融市场能够提供更多更灵活的投资和融资安排,从总体上满足不同的投资者的筹资者的各种需求,使全社会的资金融通更为便利;三是各种投资与融资的限制逐渐被消除,金融创新后各类投资融资者实际上都进入市场参与活动,金融业对社会投资和融资需求的满足力大为增强。再次,金融业产值的迅速增长,直接增加了经济总量,加大了金融对经济发展的贡献度。最后,增加了货币作用效率。创新后用较少的货币就可以实现较多的经济总量,意味着货币作用对经济的推动力增大。

总之,网络金融创新提高了金融业务机构的运作效率。增强了金融商品和服务的效用从而增强了金融业务机构的基本职能,提高了支付清算的能力与速度,提高了金融业务机构的运作效率,大幅度增加和提高了金融业务机构的资产和盈利率,提高了金融市场的运作效率。网络金融创新提高了市场价格对信息反应的敏感度,增加了可选择的金融商品种类,并且增强了剔除个别风险的能力,增强了金融业的发展能力。改善了开拓新业务和新市场的能力、资本增长的能力、设备配置或更新能力、经营管理水平和人员素质的提高能力等。以上影响相互作用,使金融作用力和影响力大为增强。

(二)网络金融创新的不利影响

金融创新对经济发展和金融发展发挥了巨大的推动和促进作用,但同样不容忽视的是,金融创新在繁荣金融、促进经济发展的同时,也带来了许多新的矛盾和问题,对金融和经济发展产生了诸多不利影响。网络金融也是如此。

1. 金融创新使货币供求机制、总量和结构发生了深刻变化,影响了金融运作和宏观调控。在货币需求方面引起的一个明显变化是货币需求的减弱,并由此引起货币结构改变,降低了货币需求的稳定性。在货币供给方面,金融机构创造存款货币的功能增强,增加了货币供给的主体。同时由于通货存款比率、法定存款准备金率、超额存款准备金率下降,增强了货币供应的内生性,削弱了中央银行对货币供给的控制能力与效果,易导致货币政策失效和金融监管困难。

2. 金融风险有增无减,金融业的稳定性下降。现代金融创新在提高金融微观和宏观效率的同时,增加了金融业的系统风险。一是创新加大了原有的系统风险(利率风险、市场风险、信用风险、购买力风险等),如授信范围的扩大与条件的降低无疑会增加信用风险;二是创新中产生了新的金融风险,如大规模的金融电子化创新所产生的电子风险、金融业务管理创新中出现的伙伴风险、与金融国际化相随的国际风险等。各种金融机构的业务创新和管理创新在带来高收益和高效率的同时也产生了高风险,导致了金融业的稳定性下降。20 世纪 80 年代以来,金融机构的亏损、破产、兼并、重组等事件频繁发生。

3. 金融市场出现过度投机和泡沫膨胀的不良倾向。现代金融创新中,金融市场上出现了许多高收益和高风险并存的新型金融工具和金融交易,尤其是从虚拟资本中衍生出的新奇的种类,如股票指数期货交易、股票指数期权交易等。一些避险性金融创新本身又成了高风险的载体,如外汇掉期、利率或货币掉期等,这些金融工具和金融交易以其高利率诱导和冒险刺激,吸引了大批的投资者和大量的资金。在交易量放大的过程中,价格被推到不切实际的程度,拉大了与其真实价值的差距,表现为其市场价大大超过其净值,虚拟资本急剧膨胀,由此吹出了大量的泡沫,产生过度投机,极易发生金融危机。

有效利用和充分发挥网络金融创新对金融发展和经济发展的积极推动作用,对创新带来的弊病可以采取不同的政策措施予以克服或减轻。

第五节　现代金融——金融功能进一步提升

一、金融功能的概述

英国哲学家休谟认为,功能研究更倾向于"事实判断",而非"价值判断"。[①] 而迪尔凯认为,应当从社会现象对社会环境的关系来评价社会现象的有用价值,即我们所说的社会现象的功能。在社会环境引起的变化中,只有适合社会环境所处的状况的变化才是有用的,因为社会环境是集体生存的根本

---

① 刘星著:《法律是什么?》,中国政法大学出版社 1998 年版,第 37 ~ 38 页。

条件。① 还有人认为,功能概念是指属于总体活动一部分的某种活动对总体活动所作的贡献。一种活动之所以持续下来,是因为它对整体生存是必要的。② 社会人类学家布朗(Adicliffe-Brown)认为,对任何一种活动来说,它的功能就是指在整个社会生活中它应承担的角色,因而也是对维持结构的连续性上所起的作用。③ 有人认为,功能即功效、效能、效用,是指事物或方法所能够发挥的有利作用,也有人解释为事物或方法所蕴藏的有利的作用。④

由此看来,尽管人们对功能概念的认识或表述不同,然而可以看出功能这个概念是重要的方法论,其所要表达的是事物之间的关系,是事物对事物的积极(或消极)的、正面(或负面)的、有利(或不利)的作用或活动。网络金融的功能一般是指网络金融所具有的积极的、正面的、有利的作用或活动。

二、现代金融提升了传统金融功能

现代金融则使传统金融体系的功能实现了进一步提升,出现了更多新的模式、金融工具、服务模式、服务场景、服务市场。通常认为,金融体系的功能可以归纳为支付清算、资金的配置、风险的管理、信息的管理几个方面。

首先,在资源配置方面的变化。网络技术、信息技术等对金融业在功能、产品、服务模式的创新上提供了一些低成本的金融创新和应用,抵销了主流金融业务机构在资金规模和网点上的优势,迫使传统金融业务机构进一步的通过新技术来改革,也使所谓的直接金融业务机构和间接金融业务机构的概念越来越模糊。从根本上看,现代金融主要是使传统的金融行业之间的投融资加速,信息传播速度快、资金的快速收集与拨付,而且在网络金融模式下,金融的功能从过去求大做强,转向重视以小为美,更关注小企业的金融诉求、私人定制和普惠性。

其次,在风险管理方面。现代金融的网络性带来的风险变化是多方面的,既有弱化风险的方面,又有增加和创造风险的一面,这给监管带来的新挑战。现代金融带来的风险的增加不一定都是负面效应,因为风险是金融交易最大的财富和对象。通过新的风险的出现,它会引发新的一些金融创新,新的一些

---

① [法]E. 迪尔凯姆著:《社会学方法的准则》,商务印书馆1995年版,第133页。

② [美]J. 威尔逊著:“功能分析介绍”,载《国外社会科学》1986年第10期。

③ Brown,“On the Concept of Function in Science”, *American Anthropologist*, No. 37, pp. 395 - 396.

④ 《现代汉语词典》,商务印书馆1985年版,第272页、第382页。

应对手段。也就是说,金融创新有了新的"风险资源"。

再次,在现代金融的支付清算方面。过去往往把支付作为金融体系的后台环节,但是在网络与信息技术引领下,支付环节对于金融稳定和货币政策的影响日益凸显,而且也对资金配置、风险管理功能的实现带来不可忽视地冲击。

最后,在信息管理方面。无论是电子商务还是社交网络,都能够帮助金融业务机构进一步挖掘更多信息。小微企业因为缺乏信用评估和抵押物,往往难以获得传统的融资支持。但是在新的电子商务环境下,通过现代技术的数据发掘,可以找到很多小企业的信用轨迹,从这当中能够挖掘一些信用信息,这就是现代金融信息管理的基础。

三、现代金融的功能

(一)现代金融基本功能与辅助功能

所谓基本功能,是指直接满足一定的主要目标要求的功能,而辅助功能则是保证实现基本功能所附加的功能。网络金融是金融的重要组成部分,因此它要具有金融的基本功能外,还要具有相应的辅助功能。

(二)现代金融的显性功能与隐性功能

显性功能和隐性功能是最早由默顿提出的一种功能划分。默顿认为,显性功能是有助于系统的调节或适应的客观结果,这些调解或适应结果是系统的参与者所希求并知道的;相应地,隐性功能则是那些既未被希求也未被认识到的结果。[①] 对于现代金融来说,其显性功能包括融资、投资、理财、支付、结算等功能,其隐性功能主要指那些因意识、技术、法律等因素还未被希求也未被认识到功能。隐性功能在一定条件下可以转化为显性功能。由此,在充分运用网络金融显性而有利的作用之外,还有待进一步挖掘和发展其隐性功能。

(三)现代金融的正效应、负效应和无效应

默顿提出:"一个社会文化要素相对于某一社会文化体系而言,可能有正功能、反功能和无功能。正功能即有助于一体系之顺应或适应,而为我们所观

① Robert K. Merton, "Manifest and Latent Function" in *Social Theory and Social Structure*, N. Y.: Free Press, 1968, pp. 74 - 91, 105.

察到的后果。反功能即削弱一体系之顺应或适应,而为我们所观察到的结果。”①

从经济学上讲,这里的正功能相当于正效应,反功能相当于负效应,非功能相当于无效应。因此,对于现代金融来说,其正效应是指正常的金融服务,其负效应是指风险性后果。

① 黄瑞琪编译:《现代社会学结构功能论选读》,台北,台湾巨流出版公司 1984 年版,第 67 页。

第二章　现代金融风险特征

第一节　现代金融风险概述

金融风险是指经济主体在金融活动中遭受损失的不确定性或可能性。[①] 金融风险是金融活动的内在属性。只要存在金融活动,就必然存在金融风险,或者说,金融风险与金融活动是不可分离的。金融风险的存在是金融市场的一个重要特征。

金融风险具有隐蔽性、加速性、扩散性、可控性的特点。按照金融风险的形态,可分为违约风险、流动性风险、利率风险、汇率风险、操作风险、政策风险、法律风险、国家风险。

金融风险由多种因素产生,大体包括信息的不对称性、脆弱的金融体系、金融创新造成的金融监管难度增大、金融业务机构经营环境缺陷、金融投机,等等。

世界上最早对风险(risk)进行理论探讨的是美国经济学家威雷特,1901 年他在其博士学位论文中对风险进行了如下定义:“风险是关于不愿发生的事件发

---

① 金融活动中的不确定性是金融风险产生的根源。金融活动的不确定性越大,金融风险就越大;反之,金融活动的不确定性越小,金融风险也越小。金融活动的不确定性包括外在不确定性和内在不确定性两种,内在不确定性导致的金融风险即为非系统性风险,外在不确定性导致的金融风险称为系统性风险。

生不确定性的客观体现。”该定义揭示了风险的三层含义:(1)风险是一种不确定性;(2)风险是客观存在的;(3)风险是被人们厌恶的。最早对风险问题有专著论述的经济学家是弗兰克·奈特,他把概率分为先验概率、统计概率和估计,并把前两种概率造成的不确定性称为“可度量的不确定性”,即“风险”,把后一种概率造成的不确定性称为“真正的不确定性”,并认为真正的不确定性是利润产生的基础。① 但是由于奈特并非金融学家,他界定的风险与不确定性的区别并没有在此后的金融学领域得到广泛认可。

在现实生活中,风险的概念被广泛的运用于指示:(1)可测定的不确定性;(2)各种不确定性因素导致行为主体发生某一经济损失的可能性;(3)对特定情况下未来结果的客观疑虑;(4)一种无法预料的、实际后果可能与预测后果存在差异的倾向;(5)损失出现的机会或概率;等等。在这些含义中,用得最多的是“发生损失的可能性”,这也是在风险管理界中普遍采用的风险定义。该定义包含了两个要素:不确定性和损失,排除了损失不可能存在和损失必然发生的情况。通常有两种情况:一是预期不确定性可能带来意外收益,即风险收益;二是预期不确定性可能带来意外损失,即风险损失。综合起来考察,笔者认为,风险是指人们依据对未来的判断而做出的决策和行为与客观条件变化的不确定性产生的冲突,以及由此可能引起的后果与预定目标发生多种负偏离的综合。

我国现代金融随着科学技术的发展,无论金融机构,还是非金融机构利用网络与信息技术所进行的创新,使现代金融风险与传统金融风险呈现出更多的自身的特征,如金融风险的隐蔽性、传染性、突发性、技术性及金融基础设施的缺失带来的风险等。

尤其我国的信用体系不完善的问题,例如,由于民间金融网络化是以网络为平台撮合资金出借方和需求方的方式,这种方式从原有的民间金融的熟人社会到陌生人社会,之所以民间金融是在熟人社会里进行,主要是靠熟人来解决没有外在监管的情况下投融资的信息不对称;但是民间金融通过网络平台从熟人社会到了陌生人社会,而我们的金融信用基础设施还没有建立起来的情况下会使信用风险放大。美国网络金融信息平台的发展依托完善的社会信用体系,风险约束的核心是平台不承担资金风险。但由于我国社会信用体系有待完善,网络金融信息平台自行建立的信用模型很难被投资者认可,因此各

---

① [美]奈特著:《风险、不确定性和利润》,安佳译,商务印书馆2006年版,第204~210页。

家平台或多或少地融合了担保模式和债权转让模式,这使平台自身被卷入交易之中。同时,金融网络化信息平台较高的收益率受到大量民间资金追捧,部分平台用庞氏骗局式资金池吸纳资金,造成了我国网络金融信息平台的乱象。

一、金融风险的表现与特征

(一)金融风险的表现

风险在理论上表现为因信息不完全或不对称使决策者无法确知价格的当前和未来水平,从而导致的获利或损失的可能性。在可观测的经济现象中则主要表现为以下四个层次:社会个体金融行为趋于投机和加剧动荡模式;金融业务机构具有内在脆弱性;金融资产价格具有过度波动倾向;金融危机的爆发。个体的信息不完全及机会主义行为模式往往导致金融资产价格的过度波动,市场稳定预期难于形成,这一方面减小了风险厌恶者的交易愿望;另一方面增大了风险爱好者的交易欲望,从而使市场表现为越来越强烈的投机倾向,金融市场于是经常处于动荡之中。马科维茨的投资组合理论是对金融市场起到重大影响的理论,并因此获得1990年诺贝尔经济学奖。诺贝尔奖委员会对他的评价是"他揭示了在特定条件下,投资者可以在预期收益率和方差两个维度限制资产组合的选择,通过方差表示的资产组合风险不仅取决于资产组合中单独资产的方差,而且取决于资产之间的协方差"。[①] 马科维茨使用回报率的方差衡量风险的传统被此后的金融学家广泛接受,从此不仅单一资产的风险可以被量化,资产组合的风险也可以被量化,因此可以互相比较。不过,在马科维茨的体系中,预期回报率和风险是单独计算的,没有一个公式把两者联系起来。

夏普的资本资产定价模型解决了上述问题,因此也获得了1990年诺贝尔经济学奖,诺贝尔奖委员会认为他研究的重要结果是"资产的预期回报率由资产的贝他系数决定,而资产的贝他系数通过资产和市场组合的收益的协方差决定"。[②] 这样,风险和收益率之间建立起了直接的函数关系。我们不仅可以判定风险的大小,还可以直接对风险的价值进行计算。从上述经济、金融学家对风险的研究演变可以看出,金融风险是一个逐渐量化的过程,而且金融风险与预期回报率有着密切关系,而预期回报率是一个效益或者效率问题。

---

① 资料来源:http://www.macrochina.com.cn/zhzt/000083/003/20010730014763.shtml。

② 同上。

（二）金融风险的特征

(1)潜在性和累积性。金融业务机构和其融资者间存在极大的信息不对称，而微观金融主体对金融资产价格变化的信息又是极不完全的，因此金融风险具有很大的潜在性，并在各金融业务机构中不断累积。

(2)突发性和加速性。由于微观金融主体的投机化行为模式，金融风险具有加速累积的特点，金融泡沫越积越大。而一旦风险累积超过一定的临界值，随着某一具体金融事件的发生，社会个体的“信用幻觉”被打破，潜在风险遂突发为现实风险。个体的投机化行为模式再次起到加速器的作用，金融经济危机最终形成。

(3)扩散性和传染性。在一个统一的金融市场上，各种金融资产、各类金融业务机构密切联系，相互交织成一个复杂的体系，金融资产价格波动固然相互影响传递，不同种类的金融业务机构也基本上呈现出一荣俱荣、一损俱损的网络系统特性。特定的金融资产价格或金融业务机构运营出现纰漏引发的局部挤兑风潮往往会扩散到整个金融体系中去。此外，由于国际金融交往日益频繁，一国的金融风险往往会通过各种渠道实现跨国“传染”，一旦一国风险突发酿成金融危机，很快就会传染给其他国家，于是形成所谓的“多米诺骨牌”效应。这一特征在全球金融一体化成为趋势的今天显得尤其突出。

二、金融风险的分类

从金融风险产生的原因来看，一般可分为宏观层面的金融风险和微观层面的金融风险两种。

宏观层面的金融风险可以分为调控偏差型和制度缺陷型两类。调控偏差型金融风险是由于宏观调控部门，尤其是金融调控当局在进行经济、金融调控运作过程中，因调控目标、调控时机、调控力度以及调控手段等选择偏差造成的金融风险。如墨西哥金融危机就是因在不适宜的时机，在政局动荡、外国投资者信心减弱、经济严重依赖进口、贸易连年逆差、外资流入、中短期投机性资金比重过高等情况下，宣布比索贬值引发的。制度缺陷型金融风险则是由于宏观调控部门，特别是金融调控当局对经济、金融制度建设、安排的缺陷导致的金融风险。如日本金融危机的产生，一是政府任由股票、房地产等资产价格飞涨，没有安排相应的约束制度，以致经济泡沫不断膨胀；二是金融监管当局对金融业务机构大量资金进入房地产领域对泡沫经济推波助澜，没有建立有效监管和控制制度。又如，一国外债结构币种搭配不合理或缺乏及时调整机制,造成对外偿债负担加重的风险等。

微观层面的金融风险。对于一家金融业务机构而言,它所面临的风险是多重的,具体可以划分为以下类别:①

(1)资产风险,从某种意义来说,资产风险是金融业务机构的根本性风险,这是由于金融业务机构运用资金,如对客户进行贷款、借款人不能按期归还贷款人贷款本息,如贷款逾期、发生呆滞、呆账等所形成的风险。与资产风险相关联的还有抵押品风险和第三方信用风险。前者是指对贷款抵押品进行处置、需要变现时其价值降低所形成的风险;后者是指对债务进行担保的第三方信用的不确定性。

(2)市场风险(利率风险),是一种由于市场价格变化(利率变化)引起金融业务机构持有的资产价格变动,或金融业务机构及其他金融业务机构协定利率跟不上市场利率变化而带来的风险。在此值得一提的是,金融衍生产品交易风险,这是指金融业务机构从事期货、期权等金融衍生工具交易时对市场行情错误预计而发生损失的风险,这种风险如果不能很好地控制,对于金融业务机构而言往往是致命的风险。

(3)汇率风险,也称外汇风险,这是由于汇率变动而出现的风险。主要包括:一是买卖风险,即外汇买卖后所持头寸(多头或空头)在汇率升降时出现损失的可能性。对于外汇金融业务机构来说,这是主要的风险。二是交易结算风险,即以外币约定交易时所发生的风险。三是汇价风险,即会计处理中某些项目需要在本币和外币之间换算时因所用的汇率不同而承受的风险,主要是交易发生日汇率同财务决算日汇率之间的差异,会造成现金债权债务及其损益和分配上利益的不确定性。这种风险通常包含了上述两种风险,但范围更广些。

(4)流动性风险,是指存款人按照正当理由要求提款时金融业务机构或其他金融业务机构不能支付的风险,一是现金支付能力不足,不能保证存款者提现需求;二是金融业务机构不能满足企业、单位等存款者转账支付需求。严重的流动性风险会触发金融业务机构信用风险,即存款者挤提存款而金融业务机构无法支付的风险。即使很有盈利前景的金融业务机构,一旦发生支付困难,不了解内情的存款人往往将其看作金融业务机构经营不善的标志而发生挤兑,造成金融业务机构破产,甚至于发生连锁反应,危及整个金融业务机

① 冯中圣:"金融风险:内涵、分类和防范",载《宏观经济管理》1997年第9期。

构体系的安全。

(5)系统风险,总的来说,是金融系统如金融业务机构系统内部软硬件发生错误、损坏而危害金融业务机构经营管理的风险。例如,火灾、地震、雷电等自然灾害,软硬件错误、电脑病毒侵袭或不正当使用对金融业务机构电子清算系统、管理信息系统等造成的破坏,如数据丢失、被盗用、更改、自动存取款机无法工作等。

(6)管理风险,是指金融业务机构管理层在管理程序、管理机制或管理环节中出现纰漏对金融业务机构带来的风险,如内部稽核监管制度、力度不到位或疏于执行以及金融业务机构经营管理人员风险意识淡薄、不遵循谨慎经营原则造成的风险损失。

(7)犯罪风险,是指金融业务机构要时刻面对来自外部和内部或内外勾结针对其犯罪活动而带来的风险。如暴力抢劫金融业务机构、诈骗金融业务机构资金,篡改、伪造、隐瞒交易记录,撰写虚假报告、通过电脑开立非法账户、转移资金等。

(8)国家、政策和法规风险,是指一国政府更迭或首脑更替带来的政策变化的风险,抑或一个国家政策、法规的调整给金融业务机构带来的各种各样风险。

第二节　现代金融风险的特征

现代技术在给金融业的发展带来机遇的同时,又给金融业和客户带来空前的负面效应。它使自己处于“开放”和“虚拟”的状态,任何人都可以任何身份进行访问,这就使网络化金融的风险不仅比传统金融业的风险更大,而且还面临着各种不同类型网络安全的全面和适时考验。从现代金融实践考察,现代金融是传统金融与现代网络技术相结合的产物,因此它既有与传统金融相似之处,又有不同于传统金融的特征。其风险也与传统金融的风险有所区别。

现代金融具有与传统金融相似的风险,如流动性风险、信用风险、市场风险和利率风险等一般风险,而且还具有与现代技术结合带来的新的风险,并且在某种程度上加剧了传统金融的风险。如现代金融采用与传统金融不同的方式拓展和创新金融服务业务与工具,这种虚拟金融服务业务形成了突破地理国界限制的无边界金融服务的特征,因而上述风险的表现及特点有不同于传统金融之处。

由此,网络化金融风险既包括金融业务方面的风险,如操作风险、市场选择风险、信誉风险和法律风险等,而且还包括网络技术方面的各种风险,对于监督管理当局和金融从业人员而言,网络技术安全所存在的风险及其监督管理问题尤其难以准确把握和有效进行。

一、经营风险增大

现代金融是一种经营风险更大的金融。现代金融网络化的金融体系使金融风险陡然增大。网络化金融除了传统金融具有的金融风险外,还存在基于虚拟金融而形成的业务风险以及基于网络运行所形成的技术风险。早期网络化金融活动中,舞弊和犯罪活动将变得更加隐蔽,比如,非法入侵金融业务机构的网络系统,攻击金融组织的数据库,通过网络改动数据盗取他人钱财的行为将使金融系统面临巨大的潜在风险。

网络化金融风险产生的原因众多,主要有以下方面:

一是网络金融业务机构自身的原因,网络金融业务机构经营管理缺乏经验是产生网络金融风险的主要原因之一。

二是客户方面的原因。主要是由于社会信用体系不够健全。如果一个社会的成员不讲信用,并不必为失信支付相应代价或只需支付很小代价时,整个社会将要为此付出高昂的代价,即人际关系紧张、组织关系松弛、经济发展受阻、民族凝聚力下降,并最终波及整个社会的发展进步,危及国家民族的竞争力。

三是网络系统的原因。网络化金融的货币以电子货币的形式出现,电子货币的活动在网络中主要表现为数据的存储和传输。无论是存储还是传输,任何一个环节产生的问题,都会影响数据的真实性和正确性,进而影响到电子货币活动的准确性,并造成难以估量的损失。网络化金融面临的最棘手的问题就是网络金融业务交易的安全性。从技术层面进行分析,如何通过网络真实表达交易双方的意愿,就是如何确保数据的真实性、保密性和可靠性问题。而网络本身的脆弱性和隐秘性又使网络金融在处理安全问题时更加棘手。

二、网络技术风险特征

现代金融是金融创新的结果,依赖于科学技术的发展,技术的进步使新的金融业态产生,制度的发展或推动或阻碍新的金融业态的发展。

现有制度对现代金融的监管已经滞后和缺失,在制度和创新的发展过程中现代金融行为模式形成的法律关系已经和制度远远不同,制度存在滞后性。同时,技术专业性非常强,而且变化快,科学技术在创新过程中容易触发技术性风险。

(一)技术风险成因及存在形式分析

技术风险是针对现代金融的安全而言的,基于因特网的金融业务机构面临着与传统金融完全不同的案情性挑战,这是现代金融最重要的系统性风险。不同的现代技术全性能不一样,潜在的技术风险也不相同。一般而言,金融业务机构提供电子化服务的网络分成内联网、外联网和因特网,内联网是金融业务机构内部的网络,只有内部职工可以进入,外部人员无法进入;外联网是连接金融业务机构和一些经常跟金融业务机构打交道的机构的网络,具有一定的开放性;但比不上因特网,因特网是目前最为开放的网络,任何一个客户或非客户只要具备一定的设备、满足一定的基础性条件都可以进入因特网进行浏览。金融网络化机构直接对外部的各类网络连接,提供大量的查询和金融交易服务,其本身无论是数据还是系统都存在高度风险;另外,由于因特网系统与业务主机应用系统与业务主机应用系统之间存在大量的数据通信,加大了内联网和外联网系统的风险。因特网完成的金融业务,由于通过一系列的技术设备将封闭的网络相连,客户可以使用进入金融业务机构内部的网络,技术安全性相对而言就降低了。

病毒攻击。现代金融的网络容易受到来自网络内部和外部的病毒攻击。因此网络金融业务机构一般都设计有多层安全系统,以保护网络金融虚拟金融柜台的平衡运行。据美国报纸的报道,SFNB(Security First National Bank)挫败1.5万起企图破坏其金融系统的网络攻击,以至于如果SFNB担心如果还继续大量发生这类欺诈行为,那么将会有损于社会公众对网络金融的信心。病毒的侵入往往会造成网络主机的系统崩溃、数据丢失等严重后果。对病毒不能有效防范,将会毁坏所有数据,给网络金融带来致命威胁。

另外,因特网上向客户提供更新软件的网站经常被黑客侵入,软件被非法修改,从而存在客户私人信息泄露。此外,网络金融业务机构的计算机系统停机、磁盘被破坏、病毒侵入等不确定性因素,也会形成网络金融的技术风险。

(二)技术风险主要表现

现代金融的技术风险主要表现在三个方面:

一是计算机系统、认证系统或者网络金融软件存在缺陷。如果网络金融软件没有足够的防火墙和防御体系,比较容易被病毒或者其他不良分子所攻击而造成技术性风险。此外,计算机硬件也容易受自然灾害和人为破坏,软件和数据信息易受计算机病毒的侵扰以及非授权用户的复制、篡改和毁坏。

二是伪造交易客户身份。虽然现代金融软件和硬件足够强大,没有漏洞和缺陷,但现代金融时代突出的特点就是计算机的硬件和软件的技术是在不断的发展变化过程中的,尤其是现代金融面临的伪造者的技术性风险时,即攻击者盗用合法用户身份信息,以假冒的身份交易,实施金融诈骗。如果客户身份信息在客户操作使用环节或通过传输时安全保密措施不力,或身份认证体系存在安全漏洞可能导致不法分子伪造身份进入系统进行金融欺诈或恶意攻击。

三是未经授权的访问。现代金融的技术性风险还包括未经授权的访问。主要是指黑客和病毒程序对网上金融业务机构的攻击。特别是目前针对网上金融业务机构的木马程序、密码嗅探程序等病毒不断翻新,通过盗取客户资料,直接威胁网银安全。

(三)网络技术风险特征

现代金融具有高科技技术和金融双重属性,如网络支付、网络信贷、网络保险、网络基金、网络信托、网络消费金融等。网络化金融核心还是金融,网络技术仅仅是手段和方法,因此网络化金融也将面临传统金融所面临的风险:系统性风险、流动性风险、信用风险、技术风险、可操作性风险等,同时由于网络金融是技术与业务都较传统金融模式更为超前的金融模式,所以其也具备网络化金融自身的风险特点。网络技术特点决定了现代金融风险的特征:

一是金融风险扩散速度较快。无论是第三方支付、移动支付,还是信息化金融等在内的现代金融,都具备高科技的网络技术所具有的快速远程处理功能,为便捷快速的金融服务提供了强大的IT技术支持,反过来看,现代金融的高科技也可能会加快支付、清算及金融风险的扩散速度。在传统的纸质支付交易结算当中,对于出现的偶然性差错或失误还有一定的时间进行纠正,而在现代金融的网络环境中这种回旋余地就大为减小,因为网络或者移动网络内流动的并不仅仅是现实货币资金,而更多的是数字化信息,当金融风险在短时间内突然爆发时进行预防和化解就比较困难,这也加大了金融风险的扩散面积和补救的成本。

二是金融风险监管难度较高。对应的较高的技术含量的现代金融,通过科学技术创新真可谓“道高一尺,魔高一丈”,这对于现代金融的风险防控和金融监管提出了更高的要求。现代金融当中的网络金融业务机构、手机金融业务机构等的交易和支付过程均在网络或者移动网络上完成,交易的虚拟化使金融业务失去了时间和地理限制，交易对象变得模糊，交易过程更加不透明，金融风险形式更加多样化。由于被监管者和监管者之间信息不对称，金融监管机构难以准确了解金融业务机构资产负债实际情况，难以针对可能的金融风险采取切实有效的金融监管手段。

三是金融风险交叉传染的可能性增加。传统金融监管可以通过分业经营、设置市场屏障或特许经营等各种方式，将金融风险隔离在相对独立的领域。而现代金融中的这种物理隔离的有效性相对减弱，尤其是防火墙作用可能因网络黑客等破坏而衰减，因此“防火墙”的建设更需要加强。随着我国多家金融金融业务机构机构的综合金融业务的开展和完善，尤其网络金融业主与客户之间的相互渗入和交叉，使金融业务机构间、各金融业务种类间、国家间的风险相关性日益增强，由此网络可能引发的金融危机的突发性较大。

在以网络信息化金融业务机构等为主要模式的网络金融中，一些超级金融集团利用国际网络金融交易平台进行大范围的国际投资与投机活动，这些集团既了解金融监管法律法规，又能利用法规差异逃避金融监管，获取监管套利。这些机构本身既拥有先进的通信设施，又掌握巨额资金，并有一定的操纵市场及转嫁危机的经验和能力，需要防控这些机构加大金融风险的可能性和突发性。

三、信用风险特征

信用风险可以说是金融市场最古老也是非常重要的一类风险。如果将信用定义为在某一段限定的时间内可获得一笔钱的预期，那么，信用风险就是这一预期未能实现的可能，也即交易一方违约而无法履行合同义务时给另一方造成损失的概率。

信用风险一般是指借款人或交易对手违约而导致损失的可能性。在我国金融分业经营，利率尚未市场化，存、贷款利差收入仍是商业金融业务机构的主要收入来源的情况下，信用风险是我国商业金融业务机构面临的主要风险。对信用风险的准确度量和有效管理，既是商业金融业务机构进行贷款甄别、定价，提高风险的识别、评估、预警能力，从源头上降低不良资产的关键，也是监管当局进行风险性监管的基础。

（一）信用风险成因及存在形式分析

传统金融的信用风险在网络金融中有其自身的特殊性，以通过网络机信息技术进行的网络借贷为例，网络借贷是通过网络实现，无论是资料遭篡改，还是贷款被冒领,都必将影响客户对网络借贷业务的信心。传统金融中的借贷业务通常要求客户提供担保,而在网络借贷中,是否需要提供担保?担保的程序如何?借款人的资信怎样审查?这些问题都应当进行深入的研究。国外的网络借贷是通过远程通信手段,借助信用确认程序对借款者的信用等级进行评估,但借款人很可能不履行对电子货币的借贷应该承当的义务,或者由于借贷人网络登记所在地信用评估系统不健全等而大大提高了网络借贷的信用风险。另外,通过网络进行的借贷与传统金融的借贷的法律关系要复杂,其当事人已经不是传统金融借贷中的两方当事人,而是涉及众多当事人,除了借贷双方、网络借贷平台系统之外,还有网络平台设备的提供者,通信线路的提供者,设备的制造者等众多相关者。由于这些关系极为复杂,又缺少统一有效的法律调整与规范,一旦发生信贷风险等经济纠纷,经济责任很难划分与确认,投资者面临的信用风险也就大大增加了。

(二)信用风险度量模型类别及分析

目前国际上运用较多的现代信用风险度量模型主要有KMV公司的KMV模型、JP摩根的信用度量术模型(ceditmetrics mode1)、麦肯锡公司的宏观模拟模型(credit portfolio view)、瑞士信贷金融业务机构的信用风险附加法模型(cridetrisk +)等。在巴塞尔新资本协议即将实施的背景下,结合国有商业金融业务机构的具体情况,对这些模型进行适用性分析,对加强国有商业金融业务机构的风险管理具有重大意义。下面对现代信用风险度量模型进行分析评价。

1. KMV模型

KMV模型是由KMV公司利用默顿的期权定价理论开发的一种违约预测模型,模型的核心分析工具是预期违约频率EDF,其原理是金融业务机构贷款相当于向债务人卖出一个看跌期权,当企业资产的市场价值超过企业的负债时,企业有动力偿还贷款,当企业资产的市场价值低于债务时,企业会行使期权,选择违约。KMV模型根据借款公司的股票价格波动计算EDF,通过EDF来计算违约损失额LGD。KMV模型是一个动态模型,将借款公司的股价信息转换成信用信息,对借款公司质量的变化比较敏感,同时市场信息也被反映在模型当中,具有一定的前瞻性,模型的预测能力较强。KMV模型在实际运用中的不足有:一是着重于违约预测,忽视了企业信用等级的变化,只适于评估与企业资产价值直接联系的信贷资产(基本上只是贷款)的风险;二是该模型适用于上市公司的信用风险评估,由于我国的股市并不是一个有效的市场，上市公司的股票价格常常背离公司的实际价值，企业资产价值特别是国有企业的资产价值并不能够完全反映到股票市值中，从而影响了模型预测的精确性。但是，该模型可以运用到对跨国集团信贷资产的风险管理上，跨国企业的信贷资产很大部分以其母公司为担保人，而其母公司所在国家的股票市场是比较成熟有效的；三是模型基于资产价值服从正态分布的假设和实际不相符，模型不能够对长期债务的不同类型进行分辨。

2. 信用度量术模型

信用度量术模型由 JP 摩根公司主持开发，模型的核心思想是组合价值的变化受债务人违约的影响，还会受到债务人信用等级转移的影响。该模型通过求解信贷资产在信用品质变迁影响下的价值分布，计算信用风险的 VAR 值，即在给定的置信区间上、在给定的时间段内，信贷资产可能发生的最大价值损失。该模型属于盯市类 MTM 模型，并据此计算信用风险的 VAR 值，并首次将组合管理理念引入信用风险管理领域，适用于商业信用、债券、贷款、贷款承诺、信用证及市场工具（互换、远期等）等信贷资产组合的风险计量。局限在于：一是该模型对信用风险的评判很大程度上依赖于借款人的信用等级的变化，在我国现有的信用环境下，出现大量损失的概率可能较高。二是模型假设信用等级转移概率是一个稳定的马尔可夫过程，而实际中信用等级转移与过去的转移结果之间有很高的相关性。三是该模型假设无风险利率是事先决定的，我国债券市场尚不发达，还没有形成合理的基础利率，而基础利率是计算贷款现值的重要因素。四是在我国目前还没有比较客观、权威的信用评级公司，没有现成的企业信用等级转换概率和不同信用等级企业违约回收率数据资料。在商业金融业务机构历史贷款资料库中，某一信用级别的企业在不同时期转换成另一信用级别的概率可能是不相同的，某一信用级别的企业在各个时期违约回收率的均值可能也是不同的。这些不同时期的转换概率和企业违约回收率均值就构成了混沌时间序列。如果假设经济的宏观因素没有大的波动，就可以利用构成的混沌时间序列来预测短期未来的信用等级转换概率矩阵和企业违约回收率均值。有了这些数据，国有商业金融业务机构就可以应用信用度量术模型量化和管理信用风险。五是该模型在实际运用中需要能够做好信用等级评估工作的高素质的工作人员，另外由于该模型采用了蒙特卡罗模拟，运算量较大，以国有商业金融业务机构现有的电脑网络系统，每次计算 VAR 值都需要几个小时甚至十几个小时，这样的速度有时可能无法满足业务发展的需要。

3. 宏观模拟模型

基于经济周期的各种宏观因素会对债务人的信用等级转移产生重要的影响,麦肯锡借用 Wilson 的建模思想将宏观因素与转移概率间的关系模型化,建立了宏观模拟模型,以有条件转移矩阵取代以历史数据为基础的无条件转移矩阵,并求出对经济周期敏感的 VAR 值。宏观模拟模型将宏观经济因素对信用等级转移概率的影响引入模型之中,对所有的风险暴露都采用盯市法,弥补了信用度量术的不足。从实际应用的角度来看,模型需要国家和各个行业的违约数据作为基础。由于我国的信用风险量化处于起步阶段,还没有建立完善的数据库,因此在使用该模型时缺乏基础条件。

4. 信用风险附加法模型

该模型由瑞士信贷金融业务机构金融产品开发部开发,基本思路是运用保险经济学中的保险精算方法,将风险暴露划分成不同的频段,以提高风险度量的精确程度。该模型的主要优势体现在:易于求出债券及其组合的损失概率和边际风险分布;模型集中于违约分析,所需估计变量很少,只需要违约和风险暴露的分布即可;该模型处理能力很强,可以处理数万个不同地区、不同部门、不同时限等不同类型的风险暴露;根据组合价值的损失分布函数可以直接计算组合的预期损失和非预期损失的值,比较简便。模型劣势与 KMV 模型一样,只将违约风险纳入模型,没有考虑市场风险,而且认为违约风险与资本结构无关;没有考虑信用等级迁移,因而任意债权人的债务价值是固定不变的,它不依赖于债务发行人信用品质和远期利率的变化与波动。尽管违约概率受到一些随机因素的影响,但风险暴露并不受这些因素的影响;每一频段违约率均值的方差并不完全相同,否则会低估违约率;不能处理非线性金融产品,如期权、外币掉期。

5. 个人信用风险管理体系①

风险管理在美国大致经历了利用专家模型进行的人工审批、利用数学模型和决策软件进行预测分析、利用自适应动态管理系统的动态控制、策略优化等四个发展阶段,每个阶段风险管理方式的应用都使金融业务机构的利润大幅提升。做好风险管理不仅可以防范和控制风险以减少损失,而且能够实现利润最大化。

美国作为发达的市场经济体,其强大的金融业务机构有相应的评级机构

① 涂志云:《构建科学的个人信用风险管理体系》(公开课),2013 年。

和风险评估机构，有着完善的个人信用风险评级体系。美国的个人信用管理体系不仅能够促进金融业务机构的发展，降低金融风险，更可以促进经济增长。在消费信用管理上美国逐步发展出以三大信用局为主的个人风险信用体系，以 FICO 评分为主的个人信用评级体系在美国推出，信用局根据平时搜集的信用资料对个人信用做出客观的个人信用评分，即在个人信用资料及信用报告的基础上对借款人的还款意愿和能力进行风险评估，根据整个详尽的信用状况并根据个人不同时期的表现，实行动态管理。这种自动风险评估系统可以迅速地判断借款人信用情况，帮助金融业务机构进行快速的信贷决策。借鉴 FICO 个人信用评分体系对于我国现代金融及信用评级公司具有重要的借鉴作用。建立健全央行的个人征信及完善的个人信用评估体系，对于现代金融业务机构的风险防范具有重要辅助作用。随着我国个人征信体系逐步建立和完善，这对于现代金融业务机构的发展具有促进作用，对于个人信用风险管理也有辅助作用。

表 1　不同风险管理阶段的组织、流程、IT 系统

	人工审批	预测分析	动态控制	决策分析
风险模型	审批专家模型	数学模型和决策软件（申请与行为评分）	自适应动态管理系统	策略管理最优化（分析每项业务和贷款的资产回报）
流程	流程开始规范化效率不够高	大多数流程较为系统价格基于风险调整	针对高利润客户进行营销（基于风险）	决定最佳组合结构生产成本包括资产费用
组织	销售和风险评估分离独立风险管理部门独立的清收部门	建立风险模型是核心技能销售和业务管理部门加深对风险的理解	销售人员根据“预期”利润来判断每个贷款决定	业务部门根据资产回报率进行激励风险组合管理是核心能力
监控	集中于是否按期还款	信用系统表现和协调报告基于风险管理的 KPI	在计算预期利润时考虑现在的非信贷用户	每天对风险和回报进行分析计算每一笔贷款的资产回报率
IIT	基于审批专家模型的自动评分	存储所有有关风险评估和结果的数据监控自动产生的风险报告	内部风险评估数据很容易获得通过交叉销售管理客户利润	根据多种方法对坏账进行分类组合风险管理理系统

资料来源：涂志云：《构建科学的个人信用风险管理体系》，2013。

四、信息安全风险

信息安全风险是指客户因委托网络金融业务机构办理业务而留存的个人信息被泄露。信息安全风险存在相当广泛，可以说几乎所有存储客户信息的网络公司都有信息安全风险。

（一）信息安全风险成因及存在形式分析

现代金融是大数据的时代，客户需要通过填写个人信息来进行金融活动，如姓名、身份证信息、家庭住址、电话等数据。浏览过淘宝的人会发现，之后淘宝会经常出现推荐你感兴趣的商品的消息，你的手机经常会收到登录过的购物网站发来的优惠信息，可以看出网络后台对客户信息的收集、分析和运用是多么的强大，数据的价值可能超过金钱本身。如果这些信息被恶意泄露或被黑客入侵网站更改，将对个人隐私、客户权益、人身安全构成威胁。

近几年，网络技术、信息技术与金融相结合的发展如火如荼，但是支撑现代金融的大数据、云计算等新技术发展并不成熟，平台管理机制尚有缺陷，最近频频发生的网络平台被黑客攻击事件正说明了这一点，黑客入侵平台系统后，更改个人信息，使账户中资金流入黑客账户，造成投资人财产损失。因此，必须高度重视网络金融信息安全问题，加强现代金融信息安全风险防范。

根据中国互联网信息中心发布《第 35 次中国互联网络发展状况统计报告》显示，2014 年中国网民规模 6.49 亿人，手机网民 5.57 亿人。其中使用网上支付的用户规模达 3.04 亿人，手机支付用户规模达到 2.17 亿人，2014 年也被认为是中国互联网金融元年。作为一项金融创新，随着大家对互联网金融关注的提升和其本身规模的不断壮大，互联网金融发展形成了第三方支付、P2P 网贷、大数据金融、众筹、信息化金融机构、互联网金融门户等多种模式。据媒体报道称，中国的互联网金融市场规模已是世界第一。与此同时，国内的网络安全技术平台、安全防护机制尚不成熟，互联网金融各方参与者对于数据安全、客户信息安全的风险防患意识较弱的问题应受到更多的认识与关注。

（二）信息安全风险的种类

互联网金融中金融信息的风险和安全问题，主要来自互联网金融黑客频繁侵袭、系统漏洞、病毒木马攻击、用户信息泄露、用户安全意识薄弱，不良虚假金融信息的传播、移动金融威胁逐渐显露等 10 个方面。

1. 有组织、有目的性的金融网络犯罪集团兴起

攻击者由过去的单兵作战，无目的的攻击转为以经济利益为目的的、具有

针对性的集团化攻击。从敏感信息的收集与贩卖，到伪卡制卡，甚至网银木马的量身定制，在网络上都能找到相应的服务提供商，并且形成完整的以金融网络犯罪分子为中心的“传、取、销”的经济产业链。

2. DDOS 攻击

DDOS 攻击是目前最有效的一种网络恶意攻击形式，近期的个案显示，不同规模的银行正面临不同形式的 DDOS 攻击，这包括传统 SYN 攻击、DNS 泛洪攻击、DNS 放大攻击，以及针对更加难以防御的应用层 DDOS 攻击。

3. 互联网业务支撑系统自身安全漏洞

当今的互联网，病毒、蠕虫、僵尸网络、间谍软件、DDOS 犹如洪水般泛滥，所有的这一切都或多或少地从互联网业务支撑系统漏洞走过。如 Apache Struts 2 远程代码执行漏洞，漏洞的爆发直接导致国内的多家银行遭受恶意攻击。

4. 病毒木马

目前针对网上银行的木马程序、密码嗅探程序等病毒不断翻新，通过盗取客户资料，直接威胁网银安全，用户如果未对其计算机安装相应的木马查杀软件，就非常容易被感染。

5. 信息泄露

在互联网环境下，交易信息通过网络传输，一些交易平台并没有在传输、存储、使用、销毁等环节建立保护敏感信息的完整机制，大大加剧了信息泄露风险。

6. 网络钓鱼

虽然金融机构对钓鱼网站带来的金融信息危害极其重视，但大量钓鱼网站都建立在海外的网络空间，因而加大了安全监管的难度。

7. 移动威胁

移动金融信息风险，主要由于移动应用软件的信息安全隐患和用户的防范意识薄弱，给用户造成了严重的经济损失，同时也为移动金融的发展造成阻碍。

8. APT 攻击

由于其利益驱动特性，与交易和金钱直接相关的金融行业，成为黑客进攻“首选”，沦为 APT 攻击重灾区。

9. 外包风险

互联网金融业务外包服务管理不到位，将给服务机构带来数据泄密的风险,这种案例在国内曾发生过多起。

10. 内控风险

互联网金融服务内控风险通常与不适当的操作和内部控制程序、信息系统失败和人工失误密切相关,该风险可能在内部控制和信息系统存在缺陷时导致不可预期的损失。

(三)信息安全风险防范措施

基于互联网技术发展起来的互联网金融,其信息安全技术还有待关注与加强。传统的信息安全防护体系已经难以提供可靠的安全防护,特别是针对APT攻击、零天型漏洞攻击或者是来自企业内部的网络攻击,当前的互联网金融系统信息安全保障体系无法提供足够的保护能力。因此,安恒信息结合行业观察以及相关实践,建议互联网金融企业进行以下安全建设,以长期保证金融系统的信息安全。

1. 制定行业标准

重点防范互联网金融可能出现的系统性风险,而且要坚持线上线下一致性的原则,要注重法律法规的有效衔接,不断地完善相关的监管制度。同时政府应该有一个统一的分类,并按类别制定互联网金融信息安全行业标准,指导各企业进行相应的信息安全建设和安全运维管理,提高互联网金融企业的安全准入门槛。

2. 加大信息安全投入

互联网金融企业应加大对信息安全技术的投资力度,应结合安全开发、安全产品、安全评估、安全管理等多个方面,从整个信息系统生命周期的角度来实现互联网金融长期有效的安全保障。对于已经在线的生产系统,当务之急则是采用防火墙、数据库审计、数据容灾等多种手段提升对用户和数据的安全保障能力。

3. 增强APT防护能力

加入APT防护控制手段,加固环境,考虑双因素认证、网络限制、反垃圾邮件过滤、WEB过滤等高级限制方式。

4. 加强信息系统的审计与风险控制

对越来越庞大的金融信息系统部署运维审计与风险控制系统,通过账号管理、身份认证、自动改密、资源授权、实时阻断、同步监控、审计回放、自动化运维、流程管理等功能增强金融信息系统运维管理的安全性。

5. 采用自主可控的产品和技术

以防范阻止、检测发现、应急处置、审计追踪、集中管控等为目的,研究适合自身信息系统特点的安全保护策略和机制;开展安全审计、强制访问控制、系统结构化、多级系统安全互联访问控制、产品符合性检验等相关技术;研发用于保护重点信息系统的安全计算环境、安全区域边界、安全通信网络和安全管理中心的核心技术产品;研发自主可控的计算环境、操作系统、中间件、数据库等基础产品,实现对国外软硬件的替代;建设模拟仿真测试环境,通过可靠的测试技术和测试工具实现对信息系统的安全检测,确保降低信息系统使用过程中发生的安全事件。

6. 突出保护重点系统

对需要保护的信息资产进行详细梳理,以整体利益为出发点,确定出重要的信息资产或系统,然后将有限的资源投入到对于这些重要信息资源的保护当中。

7. 核心安全建设由可信队伍建设

对我国的金融信息系统进行核心安全建设和保障的机构,应具备专业信息安全服务能力及应急响应能力,这类团队需要权威认证、具有一定规模、具备专业扫描检测与渗透测试产品的安全服务能力。

8. 基于大数据与云计算的解决方案

以信息安全等级保护为基础,在控制风险的基础上,充分利用云计算和大数据的优势,建立适合互联网金融自身信息系统的建设规范与信息安全管理规范,丰富已有安全措施规范,完善整体信息安全保障体系,建立云计算和数据保护的标准体系,健全协调机制,提高协同发展能力。

9. 外包风险防范

实行业务外包以前,金融机构应制定外包的具体政策和标准,全面考虑业务外包的程度问题、风险集中问题,以及将多项业务外包给同一个服务商时的风险问题。同时在外包的过程中时刻对风险进行内部评估。

10. 健全内控制度

建立直接向最高级别领导汇报的风险管理部门,独立于所有业务部门进行风险的评估、分析和审核;根据自身的业务特点建立完整的工作流程体系;根据各业务环节的风险,总体评估自身的风险特征;根据工作流程各环节的风险点,设计标准的内部控制操作方案,以有效保障每个工作环节的准确执行。

五、操作风险

（一）操作风险成因及存在形式分析

我国银监会出台的《电子银行和电子货币业务的风险管理》中列举了电子银行业务操作风险的八种来源，分别是未经授权的访问、雇员欺诈、伪造电子货币、服务提供商风险、系统退化、职员及管理技能落后、客户安全性经验不足、客户对交易抵赖。操作风险通常与不适当的操作和内部控制程序、信息系统失败和人工失误密切相关，该风险可能在内部控制和信息系统存在缺陷时导致不可预期的损失，此类风险最典型的事件即光大乌龙指事件。此外，不适当的操作程序和内部控制也会使网络金融当中的电子货币系统参与机构在运作过程中陷入潜在的欺诈和伪币的困扰之中，甚至导致系统瘫痪。由于电子货币是以现金这一特定形式存在，操作程序和内控存在漏洞就会使来自员工、消费者和商家的欺诈风险特别高，伪币也极易乘虚而入。信息系统的可靠性也是电子货币系统正常运作的关键因素。信息系统失败影响防范系统运作失常和失误所必备数据必要的完整性，给机构造成巨大损失。操作风险还会引发发行机构的声誉风险，它不仅存在于网络金融的电子货币发行机构，还表现在电子货币系统的其他发行机构。

（二）操作风险分类：

按照风险来源的不同，操作风险可以分为三个部分：

1. 内部操作风险

网上金融业务机构业务目前普遍处于粗放式管理阶段，在组织保障、内部审计和管理、绩效考评机制以及审计监管等方面仍存在诸多问题，易引发内部操作风险。一是缺乏对网络金融业务机构网上金融业务的系统性管理。由于缺乏专门的部门对操作风险加以协调和统筹管理，易出现多头管理或管理的真空地带，埋下操作风险隐患。二是内控相对滞后。目前，网络、信息化金融业务机构大多将网上金融业务机构的重点战略任务放在业务拓展上，以抢占市场份额为出发点，注重产品开发和运用，但在风险防范和内部控制建设上却较为滞后。这是网络、信息化金融业务机构从事金融业必须严格防范的，这也是金融业不同于其他行业的根本点，网络、信息化金融业务机构如同金融业务机构一样，最重要的是风险管理机构。把握好风险才能保障持续稳健经营。

2. 第三方风险

操作风险还包括第三方风险。一是服务提供商风险。服务提供商作为金融业务机构与客户实施电子交易的重要渠道，对网上金融业务机构的发展起着举足轻重的作用。在我国电子商务发展的初级阶段，服务商渠道也是操作风险的易发地。由于服务提供商水平参差不齐、系统保障投入不够、安全意识淡薄及缺少相应的服务和安全技能培训，导致网上金融业务机构交易中存在诸多安全漏洞。二是网络金融业务机构与金融业务机构信息技术外包风险。尽管将金融业务机构 IT 系统全部或部分外包给专业的 IT 服务提供商，能够降低成本、获得专业的技术支持、拓展服务渠道、提高客户服务水平，但是如果管理和控制不当，就会引发新的风险——IT 外包风险，如 IT 外包商盗用金融业务机构的名义开展业务，违反保密协议泄露信息等。

3. 客户操作风险

操作风险还包括客户操作风险。网络、信息化金融的客户端的操作风险经常是网上金融业务机构操作风险中不容忽视的一部分。由于网上支付多是 B2B、B2C 的形式，特别是在公共网络操作时，若信息的加密技术不高，用户操作安全性则得不到有效保障。首先，对于客户的个人资料、网银密码、交易记录等私人信息，存在被不法分子截获的风险。其次，由于对客户身份真实性的辨别存在一定困难，即使出现他人利用客户信息进行交易操作，金融业务机构较难判断而无法对损失进行弥补。最后，新型的网络诈骗手段让客户在操作时防不胜防。最典型的例子就是近几年频繁出现的“钓鱼”网站，不法分子伪造出与网银交易时相同的界面，诱骗客户按照提示操作，造成经济损失及个人信息的泄露。

六、关联风险特征

关联风险是指因相关的企业或者产业的变化，从而导致对于未来的收益的不确定性。在市场主体紧密关联的当今社会，牵一发而动全身，很可能产生一荣俱荣一损俱损的局面，从而导致经济发展的震荡。

关联风险可以分为两大类来看，一是行业内的关联风险，如行业内某一家公司陷入危机，产生信誉危机，令公众失去信心，那么极有可能波及同领域其他公司，产生连锁反应，使利益受损。二是与该公司有法律关系的母子公司或者其他关联企业发生危机，母子公司在法律关系上属于同一偿债主体，任何一家公司面临债务危机都会牵连另一方，而其他具有关联关系的公司，一方利益受损超过一定限度也必定牵连另一方。

现代金融关联交易已经成为企业实施资本运作、资产运作与财务重组的重要载体与操作形式之一。从现实经济运作情况看,的确产生了一些较好效果,但也暴露出一些隐患,有待进一步消除。第一,现代金融业务机构与其主要股东之间发生的贷款及融资活动,现代金融业务机构出于维护股东关系的角度出发,或者股东董事单位与现代金融业务机构高级经营管理层的良好沟通关系与利益制衡因素,现代金融业务机构会发行对股东优先贷款的情况,或者对其风险审查不完全严格遵照现代金融业务机构内部规范操作程序和执行标准。同时,对股东巨额贷款及融资行为时有发生,这一点在信用社的业务中表现更为突出,不少发生问题的信用社就是由于大量贷款给股东和关系人企业,并内外勾结将资金转移出境,从而逃废金融债务。第二,现代金融业务机构对企业集团内的成员企业提供信用融资额度过大,特别是各关联企业相互担保,造成对某一集团的融资规模过量。

七、系统风险特征

系统性金融风险是指由单个或少数金融业务机构破产或巨额损失导致的整个金融系统崩溃的风险,以及对实体经济产生严重的负面效应的可能性。而各种系统性风险一般是由经济波动或制度破产等触发事件而导致的一连串金融业务机构重大损失、破产以及金融市场价格的剧烈波动等恶性经济后果,甚至出现一系列的多米诺骨牌效应。

通过对信息化金融等系统性金融风险的研究,以及传统金融系统性风险的研究,我们总结出网络金融的系统性风险主要具有四大特点:一是系统性风险是针对整个系统或者全局的功能产生影响或者破坏,而不是针对某一机构或者局部。二是系统性风险具备非常强的蔓延特性或者传染性,将风险传导给毫不相干的第三方并让其承担损失。三是系统性风险具有很强的负外部性,系统性风险对金融业务机构和整个金融市场或者实体经济产生巨大的溢出效应,这是系统性风险的本质特征。四是网络金融的基因在于其技术领先性和业务发展的高效性以及支付系统的快捷性,因此,必须要防范系统性风险快速传播的可能性。

(一)系统风险成因及存在形式分析

1. 系统性风险成因

随着金融市场脱媒(disintermediation)的趋势演进,融资方或者投资方不必通过金融业务机构、券商或其他金融中介进入货币市场或者资本市场来融资或者投资。在网络、信息化时代,由于现代金融可以提供更加便捷、物美价廉的金融服务,因此更多的金融企业直接为投融资双方提供资金融通服务的同时,跟传统金融业一样也需要防范系统性风险。系统性风险是源于在金融市场缺乏足够监管时,现代金融的参与者缺乏足够的激励与监管来减少系统性风险。

2. 系统风险存在形式

对于包括现代金融在内的系统性金融风险衡量,我们可以从横向和纵向两个维度来考虑,横向维度的风险衡量的是某一时点金融系统内累积的金融风险;时间维度的风险衡量的是隐藏在系统内部、在某一时间爆发的风险。

一是系统性金融风险的横向维度。从横向上来看,现代金融系统中的风险暴露和相互联系使一个特定的冲击在金融网络中传播并演变成系统性风险。由于金融系统在运行中存在"合成谬误"问题,即当一个机构遭受冲击而抛售资产时,能够有效抵御冲击,但当所有机构都集中抛售所持有的资产时,该种措施将无法起到抵御冲击的作用,所以当金融体系遇到外部冲击时,在"羊群效应"作用下,就极其容易引发系统性风险。

而随着IT技术和科技创新的突飞猛进,金融工程得到普遍应用,金融创新日新月异,在金融全球化背景下,网络金融使跨市交易、跨境交易、跨期交易甚至是监管套利等金融行为易如反掌,金融业务机构之间的交易日益频繁,在现代金融网络发展得越来越复杂的情况下,如果金融监管不到位,一旦有触发系统性风险的金融或者经济事件出现,通过网络金融这个巨大的金融网络,触发并传导给所有金融及经济机构,进一步将冲击迅速传播给与其有业务联系的机构,从而可能增加系统性风险发生的概率。

由于大型金融业务机构的个体风险有可能会带来很大的影响,更易引起系统性金融风险,因此在防范横向维度系统性风险方面,应注重于加强对大型金融业务机构,特别是"大而不能倒"的金融业务机构监管。这正是金融危机以来全球评选出包括中国金融业务机构在内的近30家系统重要性金融业务机构,进而加强对这些系统重要性金融业务机构的权重和系统性风险防控。

二是纵向维度风险。从纵向维度上来看,系统性风险的纵向维度与经济周期密切相关,我们主要关注金融体系的顺周期性,即金融体系的脆弱性以及风险会随着时间推移而逐步建立并不断演进甚至累积。由于金融体系和经济周期波动存在相互反馈机制,因此一定程度上金融体系可以放大经济周期,而经济周期的波动反过来也会恶化金融体系的稳定,形成系统性风险。在网络金融的系统性防控中,更要注意到这一点。

在现代金融体系中，由于纵向系统性风险更多源于金融业务机构的亲经济周期性，因此现代金融的防控与监管需要在微观审慎监管的同时，更加重视加强宏观审慎监管，更要注重逆周期金融监管，即在经济繁荣时期提高对金融业务机构净资本、拨备等方面的要求，而在经济萧条时期则适当降低净资本、拨备等要求，通过逆周期金融监管，来熨平经济周期，进而防范现代金融可能引发的系统性金融风险甚至是金融危机。

三是金融业务机构和金融市场的系统性风险。从系统性风险的来源来看，可以把系统性风险分为金融业务机构和金融市场的系统性风险。单纯的机构的系统性风险和市场的系统性风险因此不应被区分对待，而金融业务机构和金融市场是密切联系的。也有专家学者提出更好的分析系统性风险的方法或许是，系统性风险可能主要集中于一些关键的金融中介，比如，金融业务机构这种重要的企业融资机构。此外，系统性风险还可能集中于金融市场和金融业务机构，如对冲基金、投资金融业务机构等影子金融业务机构，而这些影子金融业务机构不属于传统的金融中介机构，而网络金融业务机构也有可能被监管机构划分在影子金融业务机构系统里，因此网络金融风险防控更需要这种信息披露和透明度问题。由于一些关键金融中介的破产会严重影响资本供给及其成本，因此，从网络金融业务机构与金融市场的综合性视角考虑问题，对于系统性金融风险的防范和控制是非常有益。

(二)我国系统性风险存在领域

从目前我国经济所处的美国金融危机和欧债危机之后的国际宏观经济环境以及国内经济结构调整的阶段来看，包括网络金融领域在内，我国系统性金融风险的主要体现在三个领域：

一是经济风险从微观层面迅速上升并转嫁成为金融风险。在我国经济转轨过程中各种社会经济问题对金融体系构成巨大压力，我国经济结构调整和发展方式转变面临着发展的结构性矛盾突出，金融领域长期以来累积而成的一些深层矛盾与问题尚未化解，并且在美国金融危机和欧债危机的多年冲击和影响下，在内外部环境趋紧形势下有些金融风险问题逐渐凸显，对金融稳定造成一定冲击。网络金融需要注意防控这些领域的风险。

二是信贷集中与信贷期限结构长期失衡风险。通过推进金融改革，21世纪初以来的国有金融业务机构的巨额不良贷款得以化解，但随着信贷投放力度的不断加大，新增贷款过度投向大企业、中长期和政府投资项目而形成的"贷大、贷长、贷集中"问题突出；地方政府融资平台授信存在一定的合规性风险，包括部分房地产业、产能过剩行业都存在影响贷款质量的不确定性因素，流动性风险逐渐积聚。要防范地方政府投融资平台及其债务风险，在国际金融危机和欧债危机以来，地方政府出于经济快速增长的内在冲动，运用财政及其他手段，扩大基础设施、大型项目建设等，造成部分产业和地区投资过热、政府债务负担沉重，隐藏着经济和金融风险。

三是金融创新形成的市场风险。信息技术的飞速发展使以此为基础的金融衍生品和跨市场交易快速发展，但我国分业监管的现实和监管立法的步伐滞后，对部分金融创新领域的监管可能存在监管空白。长期以金融业务机构间接融资为主的融资结构在金融危机以来发生了重大转变，10 年前以信贷为主的金融业务机构间接融资占社会融资总额占比超过 90%，近年来随着融资方式的增多，影子金融业务机构体系发展，到 2012 年以信贷为主的金融业务机构间接融资占社会融资总额的比例下降到不足 50%。以民间借贷、信托等影子金融业务机构系统获得了巨大的发展空间，也为网络金融的繁荣发展创造了良好的外部环境和内在激励。在没有明晰的风险管理既定战略情况下，各类金融市场联动效应增强而产生的交叉性和系统性风险问题越来越突出。对网络金融的金融风险也要严格防控影子金融业务机构系统可能存在的金融风险。

金融领域的市场风险还要防控币值变动和汇率风险。主要是国际货币的币值变化引起汇率变动，导致我国部分对外金融资产迅速贬值或成为坏账损失，或者对外贸易收支恶化，通过进出口企业与金融市场的融资关系将损失向金融系统转嫁。

八、道德风险

道德风险是从事经济活动的机构或个人，为了追求自身利益的最大化，做出的不利于他人的行动。

现代金融的网络、信息化金融由于其发展并不成熟，在我国的监管制度并不明确，因此面临的道德风险更加具有潜在性、隐蔽性和突发性。

1691 年施蒂格勒发表了《信息经济学》一文，推翻了完全信息假设的经济学理论。施蒂格勒从信息并非已知这一前提出发，深入研究了信息的成本和价格，以及信息对价格、工资及其他生产要素的影响。信息经济学中最为核心的问题是信息不对称，以及信息不对称对个人选择和制度安排的影响。信息经济学认为，现实世界中信息是不完全的，或者是不对称的，即当事人一方比另一方掌握的信息多。当参与人之间存在信息不对称时，任何一种有效的制度安排都必须满足“激励相容”或“自我选择”条件。信息的不完全使市场价格机制不再是使市场均衡的最有效的制度安排。信息经济学建立了委托—代理模型来分析当事人行为，进而对经济现象作出解释。该模型认为，契约达成后，当事人双方掌握的信息不对称的，掌握信息多的一方为代理人，另一方为委托人。委托人欲使代理人按自己的利益行动，但委托人无法直接观测到代理人的行为选择，只能观测到一些变量，因而具有代理人行为的不完全信息。信息不对称造成代理人的机会主义行为。机会主义行为包括事前行为和事后行为，事前机会主义行为称为“逆向选择”，即在达成协议前，代理人利用信息优势使委托人签订不利的契约。事后的机会主义行为称为“道德风险”，即在达成契约后，代理人利用信息优势不履约或“偷懒”。机会主义行为提高了交易活动中的信息成本，委托人于是有必要存取一定措施寻找最优契约安排，减少信息成本。[①] 逆向选择会导致风险偏好型的借款人将接受贷款人的出价，而风险回避型借款人将退出申请人的队伍，这就加大了金融体系的不稳定性。另外，金融业务机构不可能全面地对借款人的行为进行监控，任何借款人都倾向于改变借款的用途，投入到高风险、高收益的项目，这就是“激励效应”。

在存在信息不对称的情况下，如果放款人的期望收益过高，有可能导致没有任何人愿意借款的信贷市场崩溃。[②]

道德风险是发生在交易之后的信息不对称问题，以 P2P 网络借贷为例，借贷市场的道德风险有六种具体表现形式：

一是改变资金用途。一旦贷款发放出去，贷款人就很难对借款人进行监督，如果借款人有不偿还贷款的动机，借款人就可能去从事贷款人所不希望看到的高风险投资或投机活动，使贷款人受到道德风险的伤害。道德风险的发生正是因为借款人有从事高风险活动的动机，一旦成功，借款人享受好处，而失败则由贷款人承担大部分损失。借款人还可能将借款用于其他方面，以改善自己的福利。

二是一些有还款能力的借款人可能隐瞒自己的收入，有还款能力但却不归还金融业务机构贷款，特别是在缺乏对违约的相应制裁的情况下更是如此。

---

① 宋清华、李志辉主编：《金融风险管理》，中国金融出版社 2003 年版，第 24 页。

② Mishkin, “The Allocation of Credit and Financial Collapse”, *Quarterly Journal of Economics*, August.

三是借款人取得资金后,对于借款人资金的使用效益漠不关心,不负责任,不努力工作,致使借款融资金发生损失。

四是借贷平台、担保公司或者小贷公司为了获得利益,向客户推荐并不能通过审核的融资项目,造成客户损失。

五是平台自融或者造假标。

六是平台与借款人串通或主合同的当事人串通,骗取保证人提供保证或主合同债权人采取欺诈、胁迫等手段,使保证人在违背真实意思的情况下提供保证。

此外,还有第三方支付平台对沉淀资金的挪用。第三方支付沉淀资金,是指停留在第三方支付平台账户中的、买卖双方待结算交易货款的集合。由于第三方支付平台买卖双方的货款大量存在延时支付、延期清算的情况,从而导致该平台中出现了大量的积累下来、不参与流通的资金。如果第三方支付平台挪用该部分资金造成亏损,就会引发道德风险。

总而言之,信息不对称通过逆向选择和道德风险影响金融体系,形成金融体系内在的不稳定性,也种下了金融危机的"种子"。正因如此,著名经济学家米什金指出,"所谓金融危机就是一种逆向选择和道德风险问题变得严重,以至于金融市场不能够有效地将资源导向那些拥有最高生产率的投资项目,而导致的金融市场崩溃"。①

九、流动性风险特征

流动性风险是指金融业务机构(如商业金融业务机构)无法提供足额资金来应付资产增加需求,或履行到期债务的相关风险。流动性风险主要是由资产和负债的差额及期限的不匹配所引起的。按照风险成因划分,流动性风险可以分为两类:一类是融资流动性风险,即为获取足够的资金履行其支付义务,就会产生影响日常正常运作或基本财务状况的风险;另一类是市场流动性风险,即因市场原因导致出售资产或平仓时,可能遭遇市价大幅下跌,从而导致损失的风险。流动性风险因其具有不确定性强、冲击破坏力大等特点,被称为"商业金融业务机构最致命的风险"。由于金融业务机构追求高收益就表现在突出的高杠杆率的经营特点,流动性风险的管理就成为商业金融业务机构持续经营管理的重要内容之一。特别是美国次级债风波以及后来引发的全

① 殷孟波著:《中国金融风险问题研究》,西南财经大学出版社1999年版,第23页。

球金融危机,再次警示了稳健的流动性风险管理和监管的重要性。

与传统金融一样,网络金融也面临流动性风险管理①的新挑战。

(一)金融产品的复杂与创新

21 世纪以来,IT 技术支持了金融业的发展,金融创新与金融衍生品不断发展,金融市场不断出现各种复杂的新型金融产品,如信用违约掉期(credit default swaps,CDS)、总收益掉期(total return swaps)、中介渠道融资(conduit financing)和其他结构性产品(structrued products)。这些产品当中很多面市时间不长,缺乏历史数据,金融业务机构难以全面了解和评估其风险特性;结构复杂,信息披露和透明度较低,金融业务机构难以预测其未来的现金流,以及与其他金融产品的相关性,表外业务和嵌入式期权更会加剧这种风险;交易欠活跃,价格波动性强,流动性风险高;一般都具有高杠杆率,对金融业务机构资金头寸的影响和风险暴露往往具有放大效应。

在金融发展及其产品日趋复杂的今天,金融工程当中有更多数理模型的使用,开发应用金融工程与金融模型的专业的数理模型专家甚至涵盖了航空航天、数学物理以及计算机领域的科学家。随着现代网络、信息技术型的金融业务机构在风险管理和经营过程中大量使用数理模型,特别是依赖许多基于同样原理的计量模型,在一定程度上增加了市场变动的趋同性。这种趋同性会放大市场的波动幅度,使得流动性出现过剩或者短缺时,问题进一步恶化。另外,由于模型本身难以预测所谓的"小概率"极端市场情况,往往造成忽视极端情况下的流动性风险问题。

(二)融资渠道改变

由于近年来理财产品的兴起,金融业务机构存款大量流失,动摇了其零售存款基础,增加了波动性,改变了期限结构,许多金融业务机构开始转向资本市场寻求新的融资渠道和方式。在这一趋势背景下,全球商业金融业务机构的资金来源更加依赖批发市场工具,如商业票据、可交易存单及其他货币市场产品,更加依赖同业拆借市场。欧洲央行的统计数据表明,同业拆借市场的日交易总额从 2002～2006 年的四年间几乎翻了一番,回购和逆回购交易的年均增长率为 17%。相对于零售存款,资本市场产品更易受到风险事件传染的影响,波动性更高,周期性更强,因此增加了金融业务机构的流动性风险管理的

① 廖岷:"从全球金融危机看商业金融业务机构流动性风险管理的重要性",载《西部金融》2009 年第 1 期。

难度。

（三）支付系统的发展与变革

实时全额清算系统、证券交易的交割结算系统、外汇交易的连续联接清算系统等更为快捷和先进的支付和结算系统的发展，以及共同对手方的广泛应用，降低了同业拆借带来的信用风险，但同时对抵押品及支付时间提出了更高要求，进而增加了金融业务机构的当日流动性风险管理的压力。总之，现代金融的发展，手机金融、网络金融等业务越来越普及，网上支付与移动支付越来越普遍，对流动性风险管理提出挑战。

（四）资产证券化发展的影响

资产证券化模式下，商业金融业务机构采用发起销售的新业务模式，通过资产证券化，将流动性比较差的资产进行打包出售，从而扩大批发市场的融资渠道，缓解资产负债表的压力。资产证券化同时也存在一些弊端，如完成交易的时间较长，不能短时间内解决流动性问题；整个资产证券化运作高度依赖资本市场的有效性和稳定性。部分资产证券化产品还增加了金融业务机构或有流动性风险。

（五）跨境业务发展

受到2009年以来的欧债危机冲击，希腊、爱尔兰、葡萄牙、西班牙和意大利等欧洲五国深陷危机中，其中金融业务机构业危机、主权债务危机、经济危机及政治危机交织在一起。受到美国金融危机和欧债危机的冲击，德国的一些中型金融业务机构因持有美国资产支持商业票据而陷入困境。澳大利亚主要依赖离岸融资的金融业务机构业也受到了影响，欧债危机和美国金融危机导致全球经济下行，这也最终导致了澳本土金融业务机构无法及时获取所需的流动性。大量跨境交易还可能导致流动性问题在其他市场和清算系统间蔓延。实施流动性风险集中管理的金融业务机构可能选择外汇掉期或抵押品跨境转移的途径，从其他货币国家获取资金。但在现实操作中，资产的转移往往需要时间或受到诸多限制，而外汇掉期市场的流动性也难以预测，特别是在压力市场条件下，各国监管机构都会要求在本国运营的金融业务机构保持充足的流动性，以维护本国金融体系的利益，这会使现代金融在利用网络、信息化技术金融的金融业务机构无法及时从境外获得资金。

第二篇　现代金融投资者保护路径

第一章　完善现代金融业务公司治理的结构

第一节　现代金融业务公司治理的概述

亚当·斯密最早在1776年注意到“公司治理”这一问题,他就敏锐地注意到了股份公司可能产生的问题,他对两权分离和委托代理理论的后果深表忧虑并作了如下预言:“在钱财的处理上,股份公司的董事为他人尽力,而私人合伙公司的伙员,则纯粹是为自己打算。所以要想股份公司的董事们监视钱财的用途,像私人合伙公司伙员那样用益周到,那是很难做到的。……疏忽和浪费,常为股份公司业务经营上多少难免的弊端。”①之后,1932年美国学者伯利和米恩斯在《现代股份公司与私有财产》中也对此问题发表了看法:支配者的权益与持有者的权益不同,而且往往是对立的。内部风险控制首先应是公司的内部治理,内部治理完善是内部风险控制的基础。完善的公司内部治理是对金融机构和非金融机构从事金融业务模式的风险的事前防范,是金融风险预警机制的实现方式。同时是保护投资者权益的企业自律监管的一

---

① 亚当·斯密著:《国民财富的性质和原因的研究》,商务印书馆1972年版。

种方式。

在20世纪70年代之后,特别是80年代以来,因为内部人控制所引发的丑闻越来越突出,针对管理人员报酬增长过高的股东诉讼案件大量发生,因此完善公司内部治理对投资者权益的保护受到了重视。

金融业务公司和金融业务机构虽然可以划入一般的企业范畴,但是此"企业"非彼"企业"。不可否认,金融业务机构有其本身的特性,它与一般企业不同,因为金融业务机构本身就是在经营风险,而且这种经营风险是在用别人的钱赚取自己的利益。金融业务机构与一般企业既有联系又有区别:首先,二者的联系表现为具有共同的经营本质,都是以营利为目的的企业,也具有从事业务经营所需要的自有资本,依法经营,照章纳税,自负盈亏,以利润为目标。其次,金融业务机构又是不同于一般工商企业的特殊企业。其特殊性具体表现在经营对象的差异上。工商企业经营的是具有一定使用价值的实物商品;而金融业务机构是以金融资产和金融负债为经营对象,经营的是金融资本的特殊商品——金融工具。金融业务机构经营金融资产的特性决定了金融业务机构在经营过程中要不断面对各个方面不同类别的风险,其自身具有较强的内在风险性,因此也决定了在金融业务机构的公司治理中,我们不能只考虑传统公司治理中对股东利益的保护,还要从保护投资者权益的角度防范金融业务机构公司治理的风险防范性,也就是金融业务机构运行的安全性。只有把金融业务机构公司治理和保护投资者权益及风险防范结合起来,才能构建我国金融体系的第一道安全网。

一、现代金融业务机构公司治理的特殊性

金融业务机构的特殊性主要表现为:

一是经营产品有自身的特殊性。如资产和负债的结构不对称性,使提供主要资金的中小储户难以对金融业务机构进行必要的外部治理;监管机构的外部监管对金融业务机构的影响格外突出。二是金融业务机构和金融消费者之间的利益冲突。金融业务机构有可能实施挪用客户资金的行为。

对金融业务机构的内部治理有治理目标的博弈性,金融的经营是在经营风险,风险越高,收益越大,但是这是在能够控制风险的情况下,如果不能控制风险就会损失越大,因此即在追求股东利益最大化的同时还需要实现风险最小化。

经营金融资本的特殊性决定了金融业务机构自身体系的脆弱性,从而决

定了风险防范在公司治理中的重要性。尽管学者对于风险防范和金融业务机构公司治理的关系有不同的认识，如有的学者认为：良好的公司治理结构是风险防范的最基本保证，风险防范是金融业务机构公司治理最重要的内容。[①]而有的学者则认为：仅就金融业务机构内部风险控制而言，大概有两个途径，一是严格的内部控制，二是良好的公司治理机制。[②] 尽管认识不同，但是可以看到他们都承认金融业务机构风险控制和公司治理的互动性，承认二者功能的互补性和促进性。

二、现代金融业务机构的公司治理存在的问题

根据金融业务机构公司治理属性的不同，我们可以把金融业务机构公司治理中的实践问题划分为一般性治理问题和特殊性治理问题。

1. 金融业务机构金融业务机构公司治理中存在以下一般性治理问题

第一，从股权分析的角度来看。由于我国目前的金融业务机构，尤其类金融业务机构产权关系界定不清，股东权利被架空的现象过于普遍，这不仅导致监督效率低下，而且内部人控制问题也较为严重。

第二，从内部治理结构的角度来看。根据我国《公司法》的规定，我国的金融业务机构采取的是股东大会主权下董事会和监事会平衡的治理结构。正是由于"委托人缺位"导致我国金融业务机构的董事会和监事会的职能界定不清，创新能力不足。这点在国有控股金融业务机构中表现的最为突出。改制后的国有金融业务机构虽然在机构设置上比较规范，但是仍然没法摆脱浓厚的行政色彩，使其内部治理机构缺乏活力和动力。

第三，从外部治理的角度来看。对于利益相关者利益的保护较少，没有强调利益相关者，特别是金融业务机构债权人的外部监督。

2. 现代我国金融业务机构治理中存在的特殊问题

受金融业务机构特殊本质的制约，相比一般的公司治理而言，金融业务机构在公司治理中必须突出防范风险的必要性，特别是从事私募基金管理人为了防范风险。

---

① 唐贤清："股份制商业金融业务机构的治理结构与风险防范"，载《南方金融》2004 年第 11 期。

② "治理机构与风险防范"，载《中国工商银行青年论文集》，中国金融出版社 2003 年版，第 194 页。

金融业务机构治理中存在以下特殊性：

第一，从股权设置的角度来看。囿于我国金融业务机构具有国有性和政策性，我国金融业务机构的股东普遍缺乏内部危机意识，对于风险预警和防范没有明确性认识，导致我国的金融业务机构风险防范主要以微观为主，缺乏整体性把握。

第二，从内部治理结构角度来看。董事会下设的各种委员会不够健全，特别是专门针对风险防范的风险政策委员会，金融业务机构风险管理部门设置的比较简单，仅在董事会层次设置了风险管理部门，在高级管理层方面没有规定。设置比较全的应该是银行金融机构，不仅在董事会一级设置了风险管理委员会，而且在高级管理层一级也设置了风险管理委员会，并且根据风险类型不同，将风险管理委员会分为信用风险管理委员会、市场风险管理委员会和操作风险管理委员会。

第三，从外部治理角度来看。一方面，要准确定位金融业务机构业监督管理机构。如银行业监督管理委员会、证券业监督管理委员会以及保险业监督管理委员会在公司治理中的作用，既不能放任自流，也不能越俎代庖。另一方面，要结合金融业务机构治理的特殊性，将金融业务机构的治理和风险防范有机结合，实现监管方式的转变和监管工具的创新。

三、现代金融业务机构治理目标

公司治理首先是要确定公司治理的目标，明确了目标就明确了公司治理的战略决策。确定公司治理的目标也是制定公司治理模式与方案的基础，同时也确定了公司治理的原则。

金融业务机构治理的原则，如公司在经营过程中的价值取向、战略目标、责权划分、管理者相互关系、内控系统、特别风险监控、激励机制和信息透明度等八个方面阐述了良好的公司治理机制所必备的基本原则。

目前理论界对于金融业务机构公司治理的目标大概有两种反向的主流观点，一是股东利益最大化，二是利益相关者利益最大化，利益相关者主要考虑投资者的权益问题。尽管学界对利益相关者的界定比较模糊，但是不可否认的是，利益相关者理论的目的是达到一种利益的均衡，这符合社会公平的要求。特别就金融业务机构业机构而言，金融业务机构大部分的资产来源于中小储户的存款，金融业务机构依赖这部分存款放贷，获取收益，同时金融业务机构的股东却只承担有限责任。也就是说，在金融业务机构关系中，股东的有限责任不仅很好地保护了股东利益损失的最小化,而且将最大化的风险转嫁给了债权人,也就是中小储户。如果说对普通公司而言,利益相关者利益的引入欠缺实践和理论基础,那么在金融业务机构中的纳入就变得有理可据,毕竟风险出现了转嫁,债权人在很大程度上同时成为金融业务机构股东获利的工具和损失的“替罪羊”。金融业务机构公司治理的目标是“进一步健全股份制金融业务机构公司治理,维护存款人和社会公众利益,促进股份制金融业务机构安全、稳健、高效运营”,因此其将金融业务机构的公司治理界定为“建立以股东大会、董事会、监事会、高级管理层等机构为主体的组织架构和保证各机构独立运作、有效制衡的制度安排,以及建立科学、高效的决策、激励和约束机制”,规范内容以金融业务机构内部结构为主,除了界定股东大会、董事和董事会、高级管理层、监事和监事会之间的权责关系外,引入了激励约束机制,并建议有条件的金融业务机构经股东大会批准后,可以建立董事、监事和高级管理层成员的职业责任保险制度,以此保护存款人和社会公众利益。将规范的重点放在了规范独立董事和外部监事上,主要从任职资格、产生、任职和免职、权利、义务、责任以及报酬等方面对其进行了具体的规定。

四、现代金融业务机构治理的模式

在金融治理过程中确定金融业务机构治理的模式是落实金融业务机构治理的重要途径,模式的不同,决定整个治理的管理制度就不同。

现代金融业务机构治理结构主要有两种类型:①以外部人监督为主的市场型治理结构和以内部人监督为主的关系型治理结构。前者以英美国家为主,该模式的目的是实现股东利益最大化,股东价值的最大化被潜在地视为社会利益的最大化,本模式依赖于发达的资本市场和有效的“经理市场”,主要依赖资本市场形成约束机制;后者以德日国家为主,该模式不再仅仅强调股东的利益,而是强调对“看不见的手”进行修正,较为重视政府的作用和社会整体利益的实现,公司治理的目的就是实现利益相关者的共同利益。②

---

① 学者对此有不同的论述,有的学者认为除了以上两种形式之外,还存在以国家监督为主的行政型治理模式,这种模式主要是通过国家选派金融业务机构的领导人进行经营管理,以行政升迁的方式激励管理者,其经营目标一般是为国家服务,中国、韩国、法国、转轨国家的金融业务机构现在或者以前均采用过这种治理模式。参见方明、喻红阳:“商业金融业务机构治理结构模式比较及其启示意义探讨”,载《武汉交通管理干部学院学报》2003 年第 1 期。

② 窦洪权著:《金融业务机构公司治理分析》,中信出版社 2005 年版,第 56 页。

之后出台的《国有商业金融业务机构公司治理及相关监管指引》以“改革管理体制、完善治理结构、转换经营机制、提高经营绩效为中心,将国有金融业务机构逐步建设成为资本充足、内控严密、运营安全、服务和效益良好、具有国际竞争力的现代化股份制金融业务机构”为目标,出于促进国有金融业务机构完成改革的特殊使命,其不仅强调了金融业务机构公司治理的基本原理,包括机构设置、风险控制、战略投资者、风险管理和合规建设、财务会计制度和市场化的信息披露制度、市场化的人力资源管理体制和激励约束机制,而且还强调了银监会对改革中金融业务机构公司治理的检测、检查、评估和报告,具有明显的时代特性。

综上,可以看出我国专门调整金融业务机构公司治理的规范主要有以下缺陷:

第一,时代使命太强,缺乏具有前瞻性的金融业务机构公司治理目标,不具有普遍的适应效力。这综合体现在上述的三个规范性文件中,以《国有商业金融业务机构公司治理及相关监管指引》最为明显,虽然相比2002年的两个规范性文件,此文件在内容上对金融业务机构公司治理的剖析较为完善,但是此文件的出台背景和规范对象限制了该文件的适应力。

第二,没有凸显各金融业务机构治理的特殊性。前面我们论述过金融业务机构是经营金融资产的特殊性企业,因此其公司治理应该更加强调其风险管理,只有这样才能保证金融业务机构的安全性,从而保证整个金融系统的安全性,但是在三大文件中很难看到对风险的特殊关注。

第三,规范的内容过于抽象,缺乏实际可操作性。这突出体现在《国有商业银行公司治理及相关监管指引》,例如,该规范性文件第6条规定:国有金融业务机构应建立多元化的股权结构,引进战略投资者应立足于提升金融业务机构自身公司治理及经营管理水平。可以肯定的是这在一定程度上改变了我国国有金融业务机构中不断注资的“输血”之举,取而代之的是引入资信卓著、实力雄厚、经营稳健的战略投资者,以其注入的资本补充国有金融业务机构的资本金,借其先进的管理经验来重构国有金融业务机构的公司治理结构,从而培育国有金融业务机构的“造血”功能、增强其“免疫”能力。[①] 但是该文件仅就战略投资者的持股比例、持股期限、数量做了规定,对于战略投资者的

① 秦国楼:“以‘合格的境外金融业务机构’重塑国有商业金融业务机构的治理结构”,载《金融论坛》2003年第7期。

条件“应当有丰富的金融业管理背景,同时要有成熟的金融业管理经验、技术和良好的合作意愿”规定的过于简单,并且欠缺可操作性。

第二节　现代金融业务机构治理的完善

公司治理的目标是以安全性、流动性、效益性为目标。这一目标实现了,投资者的权益也就得到保护了。在安全性、流动性、效益性中,安全是首要目标,因此这里重点谈公司治理的安全性。金融公司治理的方案分为一般性安全措施的完善,以及特殊安全措施的完善。

一、一般性安全保障对策的完善

第一,专门性金融业务机构公司治理法规的完善。我国目前对金融业务机构公司治理的规范存在如时代性太强,没有凸显金融业务机构公司治理特殊性、规范过于抽象性等问题,因此制定的治理结构的安全方案要有对金融业务机构的经营特性来治理,不能把针对一般企业的治理结构的方案照搬过来,因此具有针对性、普遍适用性、实践可操作性的方案才有意义。

第二,在金融业务机构内部治理结构方面,要根据《公司法》的规定更加准确地界定金融业务机构公司治理的三大结构,特别是股东会和监事会的职权需要进一步明确,严格防范内部人控制。

第三,在外部治理方面,一方面,要加强金融业务机构自身信息披露的强制性,使公司的经验状况更加透明化。立法不仅需要明确金融业务机构信息披露的时间性,如年度报告、中期报告和临时报告,而且还需要明确报告的内容以及没有履行报告义务的法律责任。特别是法律责任,要将责任的强制性落实到每一个现实的管理者身上。另一方面,还需要加强金融业监管机构对金融业务机构治理结构的评价,重点是在金融业务机构评级中引入对金融业务机构公司治理的参数考虑。①

二、特殊性安全方案

除了一般性安全保方案之外,针对金融业务机构的特殊性还需要有特殊

---

① 王廷科、张旭阳:“商业金融业务机构的治理结构及其改革问题研究”,载《财贸经济》2002 年第 1 期。

性的治理措施防范金融业务机构的经营风险,防止投资者利益受到损失。

首先,在股权方面要加强战略投资者的引入。受历史性和时代性的影响,战略投资者是在治理结构中能够在管理层面、技术层面提供支持,而且能够持续给予支持,能够避免公司治理结构中的中小投资者"用脚投票",对于金融业务机构的治理没有明确的概念,或者说资本市场上的买卖差价才是他们真正关心的主体。① 战略投资者的引入,不仅可以有力地改变目前这种现状,实现股东的"用手投票",而其战略投资者的先进管理和治理经验会让我国的金融业务机构受益匪浅。当然在引入战略投资者时要进行谨慎的选择,实施严格的准入和审批制度。

其次,在内部治理结构方面规范董事会中各主要委员会的设立及其职能。金融业务机构自身经营的特殊性以及委托代理关系中的复杂性使董事会一年两次会议的决策模式难以应对金融业务机构日常经营中的风险性,因此有必要在董事会下设各种专门委员会,从专业性、独立性和时间上保证金融业务机构的经营风险可以得到有效的控制。

最后,在外部治理中,要适当的引入利益相关者,特别是金融业务机构中的债权人,即中小储户。尽管有学者认为债权人对于我国金融业务机构还起不到应有的作用,约束几乎无效,②但是笔者认为伴随我国金融业务机构股份制彻底的改造以及机构治理的完善,债权人势必成为金融业务机构风险防范中最为重要的一个利益相关主体。毕竟债权人的约束是由金融业务机构的本质属性所决定的,约束无效仅仅是历史的产物,暂时的约束不能成为否定债权人参与金融业务机构公司治理、防范风险的理由。

---

① 我国上市公司和国外的区别是:一般不分红,因此大部分证券市场上的投资者只是依靠差价获利。

② 窦洪权认为:在我国国有商业金融业务机构的资本充足率距离《巴塞尔协议》的基本要求还有一定距离的情况下,我国没有出现挤兑的现象,没有很出现真正的破产,存款反而不断上升,这归根结底是因为国家对商业金融业务机构进行了担保性注资,使社会认为存款存在国有金融业务机构是绝对安全的。参加窦洪权:"金融业务机构公司治理分析",中信出版社 2005 年版,第 168 ~171 页。

第二章　完善现代金融业务企业的内部控制

第一节　内部控制的概述

内部控制是对金融业务机构监管的重要方式，也是金融监管的企业自身的监管。由于金融业务机构本身的体量过大，因此对外部的监管机构存在严重的信息不对称，因此要充分发挥企业内部的自身监管。近年来，企业“自我约束”机制作为增强金融业安全稳定性的重要手段之一，受到各国普遍重视。①

企业自律是指企业自身自行制定规则，以此约束自己的行为，实现自我监管、保护自身利益的目的。广义的金融业务机构自律不仅包括每家金融业务机构对自身行为的约束，还包括金融业的行业自律，即由金融业务机构联合成立的同业公会或会员制交易所，制定行业自律公约实行自我约束。金融业务机构的自律是完善的金融监管体系不可或缺的部分，然而由于其主要基于金融业务机构的自觉行动，缺乏可操作性，而且由于企业存在如主观介入较多、灵活、弹性大等特点，易产生负面效应，因而不被重视。但作为非外部监管的自律监管又具有监管成本低等优点，有

---

① 孟龙著：《市场经济国家金融监督比较》，中国金融出版社 1995 年版，第 29 页。

较大的发展空间。

金融业务机构自律的理论依据就是经济学当中的俱乐部理论。该理论认为,俱乐部成员如按俱乐部的规定约束自己的行为,就可以享受会员待遇,如果违规就要出局或接受其他惩罚。其实,违规造成的最大惩罚就是该会员将无法在类似组织中继续发展,享受以前的优待,而且即使从事其他活动也会因其有"前科"而受到歧视。就金融业务机构而言,促使其自律的压力和动力除了来自法律的威慑,还与这种俱乐部理论的进一步应用、完善密切相关。

一、内部控制的定义

世界各国对金融业务机构的内部控制没有统一的定义。英国金融业务机构界认为,内部控制是管理层为有序、有效地开展业务而建立起来的各种控制机制,用以确保贯彻管理政策,保全资产或各种记录的完整与准确。新加坡金融业务机构界认为,内部控制是管理层为了把错误和虚假降到最低,并有效地进行监控而建立的对业务经营活动的检查和相互制约机制。国际内部审计师协会认为,内部控制是管理层为完成既定的目标而采取的方法和措施。美国会计师协会认为,内部控制是管理层在业务营运过程中为保证资金安全,检查会计数据是否真实、准确,是否遵守按既定政策和预定目标而采取的方法和手段。①

有效性原则:金融业务机构构建的内部控制机制首先要具有有效性,这是使内部控制机制发挥作用,在各部门和各岗位得到贯彻实施的重要前提要求。内部控制制度应具有高度的权威性,应成为严格的行动指南,不应存在超越或违反制度的特权存在。

审慎性原则:为使各种风险在可控范围内,建立内部控制机制必须以审慎经营作为出发点,充分考虑各个环节可能存在的不同风险,设立适当的操作程序和控制步骤以避免和减少风险,并应设立事后补救措施。审慎性原则是最为重要的原则。

全面性原则:内控机制必须全面、完整,涉及各个业务环节和业务部门,不能留有死角和空白。在整个环节中若有一个环节失控,即使其他环节控制地再好,也有可能导致风险的发生。只有坚持该原则,全面的构建内部控制机

① 刘崇明:"对建立我国金融业务机构内部控制机制的思考",载《中国金融》1997年第8期。

制,才有可能使风险可控。

及时性原则:内部控制机制的建立和改善要符合现实情况的需要。开设新的业务机构和新的业务种类,必须树立"内控先行"的思想,首先建章立制,采取有效的控制措施,即使在金融创新领域也要先于法规或监管当局的要求采取内控制度,适时修订。

独立性原则:内部控制覆盖业务过程的各个环节,从整个业务过程来看,各个环节都是整个业务的一部分,互相之间在操作上具有连续性,但就控制上而言,各个环节的操作又是相对独立的,它们之间是相互核查、相互控制的关系。因此,在构建内部控制机制时,应保持各个环节的相对独立性。另外,内部控制作为一个独立的体系,必须独立于其所控制的业务操作系统,直接的操作人员和直接的控制人员必须适当分开,并不向管理人员负责,在存在管理人员职责交叉的情况下,要为负责控制的人员提供直接向最高管理层汇报的渠道。

二、内部控制的发展阶段

内部控制理论的发展是一个演变的过程,大体经历了内部牵制、内部控制制度、内部控制结构、内部控制整体框架、风险管理框架五个阶段。

第一阶段,内部牵制阶段。相互核对是此阶段内部控制的主要内容,设定岗位分离是内控的主要方式,这在漫长的几千年内被认为是一种最实用的控制方法。

第二阶段,内部控制制度阶段。1936 年美国颁布了《独立公共会计师对财务报表的审查》,首次定义了内部控制,即"内部稽核与控制制度是指为保证公司现金和其他资产的安全,检查账簿记录的准确性而采取的各种措施和方法",此后美国审计程序委员会又经过了多次修改。1973 年在美国审计程序公告 55 号中,对内部控制制度的定义作了如下解释:"内部控制制度有两类:内部会计控制制度和内部管理控制制度,内部管理控制制度包括,不仅限于组织结构的计划,以及关于管理部门对事项核准的决策步骤上的程序与记录。会计控制制度包括组织机构的设计以及与财产保护和财务会计记录可靠性有直接关系的各种措施。"但是会计界对内部控制人为分为两个部分——会计控制和管理控制,遭到了企业实务界的反对。

第二阶段,内部控制结构阶段。1988 年美国审计准则委员会发布的第 55 号审计准则公告《财务报表审计中内部控制结构的考虑》,较大幅度地修改了对内部控制的定义。内部控制被认为是为合理保证企业特定目标的实现而建立的各种政策和程序,内部控制由三个要素组成:内控环境、会计制度和控制程序。

第四阶段,内部控制整体框架阶段。1985 年由美国注册会计师协会、会计协会、财务主管协会、内部审计师协会、管理会计师协会联合创建了反虚假财务报告委员会(由于该委员的委员长是 J. C. Tread way,故又称为 Tread way Committee),该委员会旨在探讨财务报告中的舞弊产生的原因,并寻找解决措施。基于该委员会的建议,成立 COSO 委员会(Committee of Sponsoring organization of the Tread way Committee),美国虚假财务报告全国委员会下属的发起人委员会,专门研究内部控制问题。1992 年 9 月 COSO 委员会提出了报告《内部控制—整体框架》(1994 年进行了增补),即 COSO 内部控制框架。该框架指出"内部控制是受企业董事会、管理层和其他人员影响,为经营的效率效果、财务报告的可靠性、相关法规的遵循性等目标的实现而提供合理保证的过程"。

第五阶段,风险管理框架阶段。2001 年 COSO 委托普华永道开发一个对于管理当局评价和改进他们所在组织的企业风险管理的简便易行的框架,2004 年 9 月《企业风险管理——整合框架》正式文本发布。企业风险管理整合框架认为"企业风险管理是一个过程,它由一个主体的董事会、管理当局和其他人员实施,应用于战略制订并贯穿于企业之中,旨在识别可能会影响主体的潜在事项,管理风险以使其在该主体的风险容量之内,并为主体目标的实现提供合理保证"。该框架拓展了内部控制,更有力、更广泛地关注于企业风险管理这一更加宽泛的领域。尽管风险框架不打算、也的确没有取代内部控制框架,但风险管理框架文本中指出风险管理框架将内部控制框架涵盖在其中。①

第二节　内部控制存在的问题及完善

一、内部控制存在的问题

我国金融业务机构的内部控制在内部控制环境、内部控制措施、信息系统建设和内部审计体制方面存在不足。

---

① 涂忠武:"金融衍生工具的内部控制研究——基于金融企业的案例分析",复旦大学 2008 年硕士学位论文,第 19~20 页。

（一）内部控制环境存在缺陷

内部控制环境是影响金融业务机构内部控制作用发挥的各种因素，它是整个内部控制系统的基础。内部控制环境直接影响内部控制的贯彻和执行以及内部控制目标的实现。内部控制环境存在的主要缺陷有：内控文化存在缺失，内控文化对于金融业务机构而言具有指导作用，我国金融业务机构尚未形成适合我国制度、传统、习惯和文化的内控文化。

从内部控制观念上内控实质存在很大偏差。内控机制是一种自律行为，必然受内部控制观念的影响和支配。实践中有些金融业务机构普遍存在一种错误认知，即内部控制就是各项法律制度、法规及行政管理规定和业务规章的汇总等制度规章建制工作，普遍认为有了规章制度，就有了内部控制，这就导致了内部控制流于形式，远离了内部控制的实质，同时失去了内部控制的作用。内控机制是一种业务运作过程中环环相扣、监督制约的动态机制，使企业内部的横向牵制，不是企业内部的纵向管理。这种认知偏差在金融企业的经营管理中，往往只停留在内部的管理制度和法律制度的收集、整理、建档，注重内控制度的建设而忽略内控制度的落实和执行以及根据内控环境变化体现对其持续改进的要求，最终导致管理者只能采取事后补救的办法，将精力过多地耗费在处理各种已发生的问题上，而对内控制度设计的合理性及执行的效果往往缺乏前瞻性的估量和有效的评价。受考核机制和短期利益驱动影响，大部分金融业务机构普遍存在重业务轻风险；重激励刺激，轻制度约束；重前台力量配备，轻后台管理的倾向。在经营中缺乏长期战略规划，市场定位不明确，一定程度上把发展业务、开拓市场与加强控制、监督约束对立起来，自我防范意识不强，自我约束机制尚未完全建立，从而导致内控制度总是体现出一定的滞后性和不适应性，从而使其各项业务的正常发展缺乏必要的制度保障。

金融业务机构的高管和职员风险管理意识普遍强。由于前中后台分离等客观原因，不同岗位、部门之间对风险的认识往往存在差异和矛盾。在许多金融业务机构中间普遍存在的现象是，部分员工认为风险管理与已无关，把风险管理和风险控制往往看成风险管理部门或是内部审计稽核部门的事情，从而对风险的敏感性不强，对关键环节的风险控制点不清楚。风险管理的意识没有贯穿全行，没有形成良好的风险控制文化氛围，这样将形成一定程度的“内耗”，极大地降低效率，影响业务的发展和内部的和谐统一，削弱团队的协调配合能力。

内部控制的激励机制不科学。金融业务机构内部控制的激励机制也存在不科学之处,起不到真正的激励作用。

金融业务机构的员工的收益可以分为合同收益和控制权收益。合同收益包括工资、津贴、住房、乘车等福利待遇;控制权收益包含发放贷款权、人事调配权、剩余分配权、资金投资权、设备采购权、合同签字权、报销签字权等,控制权的存在可以产生很大的"寻租"空间。目前对企业管理层的激励主要是以控制权收益为主,合同收益为辅。企业高层管理层为了保住控制权并不断提升,往往会背离企业的经营目标,不惜牺牲和损害企业的效益;而企业高层管理层任命选拔下属时,往往也会把保持自己的控制力作为选任标准而不是企业利益最大化。这种激励机制的存在导致了企业内部工作人员的工作目标并非是企业利益的最大化,反而成为追求个体权益最大化的手段,实质上阻碍了企业的发展,同时也会导致企业的风险上升。

金融业务机构完善的内控要有完善的内部控制措施。金融业务机构内部控制措施是为了确保金融业务机构内部控制目标实现而采取的一系列控制方法、程序、手段和技术的总称。要实现内部控制的目标就必须设置并实施有效的内部控制措施。尽管我国金融业务机构在内部控制措施方面进行了积极建设。金融业务机构内部控制措施普遍存在内部控制措施不具备及时性。大多数金融业务机构已经建立了基本的内控控制规章制度,但是由于金融业的不断发展,尤其是金融业务机构内部机构等的设置的变动,形成了"机构变化在先、内控制度调整制定在后"的现象,导致内部控制措施滞后,甚至形成盲点。新旧制度衔接不明,有重复、矛盾的制度存在,导致使用者无所适从。

(二)内部控制措施执行不到位

内部控制措施的实际实行,是实质实现内部控制的必经之路。但是部分基层金融业务机构内控制度执行情况不容乐观,有章不循、违规操作的现象依然存在。如对挂失、删除上笔业务、撤销和修改密码等特殊业务的处理没有进行及时的业务监督,缺乏对授权柜员进行再监督的机制。① 具体而言,一是制度的贯彻执行缺乏刚性约束,存在"硬制度,软执行"的问题。部分金融业务机构的某些内控措施是切实可行的,但在执行上却流于形式,未能有效贯彻执行,使制度失去了应有的刚性。二是由于内控监督机制缺乏独立性,导致监督作用无法发挥,以致自我约束、自我监控的内部控制机制实施效果不佳,致使

---

① 卞桂英、刘金波:"我国金融业务机构内部控制存在的问题及对策选择",载《哈尔滨金融高等专科学校学报》2006年第1期。

防范经营风险、提高经济效益的目标难以实现。三是违规处罚不到位。部分基层金融业务机构对责任人员的处理往往以罚代处，在量纪尺度的把握上普遍过于偏轻，使一些违规操作人员产生侥幸心理，有章不循。

（三）信息系统建设存在缺陷

信息系统建设存在的缺陷主要有：

1. 缺乏全行统一、运作有效的管理信息系统

缺乏统一的、覆盖市场信息、客户信息、业务处理信息、风险管理、内部控制、风险监测评估等环节的信息管理和交流系统。

2. 没有把内部控制落实在"机控"

完善的操作系统和信息系统可以使某项业务整个流程的各个环节置于不同部门、不同岗位的监督之下，从而对操作人员形成有效约束。许多金融业务机构对系统建设缺乏统一规划，允许部门自己开发使用系统，导致一套数据多次录入，形成数据差异，进而导致永远建设系统，永远清理系统，浪费大量人力、物力，大量的事前监督变成了事后核对。最终对统计报表的质量造成致命的影响。

3. 各级管理层之间缺乏充分的信息交流

要想实行有效的内部控制，就应将有关政策、目标和程序有效地传达给参与活动的所有人员，形成多种纵向、横向沟通机制。金融业务机构的有些损失是由于有关人员不知道或不了解相关政策造成的。有关不正当活动的信息在逐级上报过程中，由于种种原因被搁置而没有上报到董事会或高级管理层，或管理报告中的信息不完整或不准确，尽管事实上金融业务机构的运作已出现问题，但却给人留下了运作正常的假象，从而造成问题日益严重。①

（四）内部审计体制存在缺陷

内部控制必须受到监督，通过连续的监督、评价来实现内控机制运行的有效性。内部审计系外部审计的对称，是对内部控制制度进行连续监督和评价的重要组成部分。内部审计要确保履行职能，为决策层提供重要的信息，这些信息可以揭示内部控制制度中的薄弱环节，以便管理层及时采取有效的措施。

以商业金融业务机构而言，尽管目前各商业金融业务机构都建立了内部的专门稽核机构，有的金融业务机构还建立了专门的风险管理部门、风险监察

---

① 殷璐："我国商业金融业务机构内部控制研究"，厦门大学2007年硕士学位论文，第28～29页。

等机构，采取从总行直接下派稽核专员以确保其独立性等方法，但在监督管理中仍存在以下主要问题：

1. 商业金融业务机构内部稽核与监督职能存在严重的滞后

目前的稽核类型还是以补救为主的事后稽核，同时稽核检查的范围窄、频率低、周期长，致使一些小的管理上的漏洞没有得到及时的发现与补救，由小变大，最终造成巨额损失。

2. 内部稽核部门的独立性和权威性较差

一些商业金融业务机构甚至没有设立独立的内部稽核或监督部门，也没有专职的内部控制人员；有一些商业金融业务机构虽然设立了内部稽核部门，但人员很少，监管人员的素质也无法适应日益多变和更新的内部稽核监督工作的需要，形同虚设，只是应付外部稽核和审计部门的“公关部”，并不能发挥其应有的作用。

3. 内部稽核机制不健全，尤其是对金融业务机构决策管理者缺乏必要的监督

一些商业金融业务机构的稽核方式以突击审计为主，稽核部门就像“突击队”、“救火队”，严重阻碍了金融业务机构全年审计工作的有序进行，同时其稽核范围的狭窄致使金融业务机构的主要负责人和决策管理层的权利不能得到有效的监督和制约。有些商业金融业务机构虽然设立了董事会和监事会等组织，但却只对一般员工进行监督，不对决策管理层进行监督，结果导致一些主要负责人和管理者有章不循，无视国家的法律法规，为所欲为，使金融业务机构蒙受巨大损失。①

二、我国现代金融业务机构内部控制的完善

金融业务机构内部控制对于金融业务机构发展的重要性是不言而喻的，针对上述不足，应着重对以下方面进行完善。

（一）完善内部控制环境

完善金融业务机构内部控制，首先要注意内部控制环境建设，控制环境的要素是对建立、加强或削弱特定政策、程序和效率产生影响的各种因素。因此，对内部控制环境中的要素进行有效安排，组织和规划，使其充分发挥积极作用是内部控制建设的首要工作。

---

① 殷璐：“我国商业金融业务机构内部控制研究”，厦门大学2007年硕士学位论文，第29页。

1. 建立金融业务机构自身的内控文化

首先,纠正金融业务机构的内部控制理念。要从战略高度充分认识到完善的内部控制是金融业务机构安全、有序运作的前提和基础,是防范金融风险的关键。纠正"内部控制就是规章制度"的片面认识,要充分认识到内部控制不仅仅是各项制度和业务规章的汇总,不仅是这些规章制度的建制工作,更是这些规章制度适用的动态过程。在以后的内部控制制度建设中,不仅要加强静态的规章制度的建制工作,更要加强内控制度的贯彻落实和切实执行。要正确处理和改革、发展与管理三者间的关系,避免制定不切实际的经营目标。实行集约化经营,优化资产负债结构,积极发展中间业务,向管理要效益,在稳定中求发展。

其次,要树立"以人为本"的内控理念,从提高员工的思想政治素质和业务素质入手,进一步加强员工教育培训。强化员工对各项内控制度的学习、理解和掌握,不仅包括对金融理论和专业技能等知识的教育,更应注重价值观、职业道德的培养,提高员工的责任感和使命感,提高员工对内控重要性的认识,增强合规意识、风险意识、责任意识、忧患意识,培育健康的内控文化。

2. 建立有效的激励约束机制

激励机制是金融业务机构治理机制的重要组成部分。激励约束机制可以激发金融业务机构的管理人员和员工有积极性和责任心去经营业务,增加收益,可以有效地防止金融腐败,确保经营目标实现。同样,仅以商业金融业务机构为例。

首先,建立科学的激励约束机制,就要把金融业务机构员工的收益、岗位、产生的效益和承担的风险紧密地结合在一起,变隐性收益为显性收益,变行政激励为经济激励,研究探索合同收益和期权奖励、限制性股票奖励等长期激励收益相结合等方式,把高层管理人员的收益增长目标同金融业务机构的经营目标结合起来,让他们更加努力去实现金融业务机构目标。在考虑激励和约束的对象时,要结合岗位职责,对高级管理人员、专业员工、重要岗位人员予以关注,金融业务机构是智力密集型服务企业,今后的竞争将是人才的竞争,对于专业强需要特殊技能的岗位应进行特殊奖励,使他们努力工作。

其次,建立科学的业务评价机制和人事制度是良好激励机制的关键。客观的业绩评价可以对员工的责任、业绩进行量化,评判优劣,从而合理衡量经理层和员工的业绩。根据市场化原则设置分支机构和内部岗位,干部任免基于业绩,强化考核与监控机制,形成干部能上能下,员工能进能出的用人机制。

（二）完善现代金融业务机构内部控制措施

完善金融业务机构内部控制措施是完善内部控制的较为重要的一部分。根据风险识别和评价的结果，金融业务机构应采取相应的控制活动。控制活动是为了合理地保证经营管理目标的实现，指导员工实施管理指令，管理和化解风险而采取的政策和程序，包括高层检查、直接管理、信息加工、实物控制、确定目标、职责分离等。针对其缺陷，主要应在内控措施的及时性以及执行力上加以完善。

首先，内部控制措施的建立和改善要跟上业务和形势发展的需要。依照“内控先行”的指导思想，根据形势发展的需要和业务变化的新特点适时修订，并对新旧制度进行清理，避免出现控制盲点、控制重复及控制矛盾。

其次，加强内部控制措施的执行力，避免有章不循、违规操作现象的存在。各金融业务机构要克服内控制度“重建设、轻落实”的倾向。不打折扣地严格贯彻执行各项规章制度，并加大规章制度执行情况的监督检查处罚力度。要解决以往内控制度检查监督流于形式，缺乏力度的现象。一方面要加大检查的灵活性，多采取突击检查的方式对一些隐性问题及早发现、及早解决，切实解决监督检查存在事后性的现象；另一方面在制度执行过程中，要建立内部控制监督评价体系，对制度的健全性和执行的有效性进行定期的检查评价，从中发现薄弱环节，提出改进措施。对执行制度不到位，违规操作的机构和个人，必须进行责任追究，严惩不贷，维护制度执行的严肃性与权威性，使内控制度真正成为防范风险的总闸门。① 另外，部门岗位职责要适当分离，合理的只能分工和责任分离能够使各部门、各岗位工作人员各尽其职，保障各个工作环节相对的独立性和安全性，有利于内部控制措施的实施，这也符合《巴塞尔有效核心监管原则》第14条要求内部控制做到的“职能分离”。如实行对货币、有价证券的保管与账务处理相分离；重要空白凭证的保管与使用相分离；资金交易业务授权审批与具体经办相分离；前台交易与后台结算相分离；信用的受理发放与审查管理相分离；损失的确认与核销相分离；电子数据处理系统的技术人员与业务经办人员及会计人员相分离等。

（三）完善内部控制的信息交流与沟通

控制的基础是信息。在传统的金融业务机构内部控制体制中，对信息和交流没有给予应有的重视。最新的国际规则，特别是巴塞尔委员会的《金融

---

① 玉树银监分局课题组：“基层金融业务机构业金融业务机构内部控制存在的问题及对策”，载《青海金融》2007年第9期。

业务机构内控体制的框架》则着重强调这一点,提出了对信息和信息交流渠道的要求,强调信息管理系统的建立和维持。把适当的信息控制纳入内控体制,并提出了明确的要求:(1)信息必须是相关的、可靠的、及时的、有用的和持续提供的。(2)信息交流渠道应该是有助于信息的全面流动,形成主体多维的交流网络。(3)信息管理系统应覆盖金融业务机构业务活动的所有领域,尤其要注重对电子信息系统和信息技术的控制。

对我国金融业务机构而言,必须要尽快建立内控信息系统,保障实施内控工作的信息需求。应充分利用现代化的信息处理和通信技术,建立灵敏的信息收集、加工、反馈系统,建立完整的信息反馈制度,使各项决策和业务经营活动建立在充分的信息支持的基础上,利用各种信息及时调整业务经营方针和发展策略,加强决策和经营管理活动的针对性和主动性。在内控信息系统建立过程中,应注意包含以下三个方面的内容:一是信息系统的建立要定位于相关金融业务机构经营管理活动的全过程;二是信息来源应是多元化和多向式的,信息之间应具有关联性;三是信息的真实性应以规章的形式予以明确,对提供虚假信息者的责任进行界定与处置。

(四)强化金融业务机构的内部审计

对于金融业务机构内部审计体制的完善,同样以商业金融业务机构为例讨论。

1. 加强商业金融业务机构的内部审计职能

商业金融业务机构内部控制体系中的监督检查包括四个方面的内容:一是商业金融业务机构的风险管理委员会应组织、督促各职能部门和分支机构建立和健全内部控制制度;监督、检查和评价内部控制的健全性和有效性;处理、纠正内部控制存在的问题。二是商业金融业务机构各业务部门应当定期或不定期地对本业务部门的内部控制状况进行检查,包括上级业务部门对下级业务部门的检查;主管领导对其分管业务的检查;业务部门负责人对主管业务的检查;总会计、业务检察员的检查。三是事后监督部门对临柜业务的事后监督。四是商业金融业务机构内部审计部门对各机构、各业务部门的再监督。以上四个方面对商业金融业务机构内部控制都非常重要,缺一不可,在实际工作中不能偏废任何一方。本书主要介绍内部审计的监督检查。商业金融业务机构内部审计是商业金融业务机构内部控制体系的重要组成部分,同时具有对商业金融业务机构内部控制进行监督和评价的职能,是对内部控制的再控制,具有双重意义和作用。

内部审计,顾名思义就是组织内部进行的审计,是指组织内部的一种独立客观的监督和评价活动,它通过审查和评价经营活动及内部控制的适当性、合法性和有效性来促进组织目标的实现。商业金融业务机构通常把内部审计称为内部稽核,国际内部审计协会在1999年对内部审计作了如下定义:"内部审计是一种独立、客观的保证和咨询活动,其目的是增加组织的价值和改善组织的经营。它通过系统、规范的方法评价和改善组织的风险管理、控制和管理过程的有效性,帮助组织实现目标。"从商业金融业务机构内部审计的概念可以看出,内部审计的主体——内部审计机构和内部审计人员是独立于业务部门、处于超脱地位的;内部审计的客体是商业金融业务机构的各种经营活动和内部控制系统;内部审计的依据是国家有关法律法规、金融方针政策和金融业务机构内部的既定政策、程序和经营目标等。

2. 加强商业金融业务机构的内部审计的组织机构建设

为了保证内部审计能对商业金融业务机构经营活动和内部控制系统进行有效的监督和评价,必须使商业金融业务机构的内部审计部门处于相对独立的地位。也就是说,商业金融业务机构内部审计机构虽然是商业金融业务机构组织的一个部分,但必须独立于其他行政部门和业务部门,不得负责被审计单位经营活动和内部控制的决策与执行,必须在上级内部审计部门和董事会的直接领导下,依法独立行使职权,而不应受其他部门和人员的干扰。目前,我国商业金融业务机构内部审计实行的是分级管理的内部审计体制,有的分三层,即总行、一级分行、二级分行;有的分两层,即总行、一级分行,各级审计机构受双层领导,既对上级审计部门负责,又对本级行行长负责。这种体制使得内部审计的独立性受到限制,更是无法超脱。为了提高内部审计的独立性和客观公正性,商业金融业务机构应按以下方式建立内部审计组织结构:首先,在董事会(总行)下设内部审计委员会,负责全行内部审计工作政策的制定和组织领导;其次,在金融业务机构内部设立专门的内部审计部门,独立于其他业务部门,对董事会(总行)及内部审计委员会负责,内部审计部门负责人由董事会任命;最后,按经济区域分级设立内部审计机构,下级内部审计部门对上级内部审计部门负责,全行内部审计机构统一由内部审计委员会领导,不受各分行制约,形成一套比较独立、完整的内部审计体系。①

① 殷璐:"我国商业金融业务机构内部控制研究",厦门大学2007年硕士学位论文,第41~44页。

第三章　完善现代金融业务机构市场退出机制

第一节　我国现代金融业务机构市场退出机制研究

一、现代金融业务机构的问题及金融业务机构的界定

目前我国学界对于问题金融业务机构的探讨比较少，在谈及金融业务机构的市场退出机制时多是直接对我国以及其他国家的市场退出机制作比较，对于问题金融业务机构的界定则采取模糊处理的方式。笔者认为，问题金融业务机构是金融业务机构市场退出的主体，虽然不是所有的问题金融业务机构最终都会退出市场，但是无疑退出市场的金融业务机构都是有问题的金融业务机构，因此有必要对问题金融业务机构作出相应的界定。

学界对于问题金融业务机构有不同的看法，学者刘俊在比较问题金融业务机构和破产金融业务机构、经营失败的经营机构以及陷入财务困境的金融业务机构的区别基础上，得出：凡有严重违法违规或者经营不善事实致使陷入财务困境，甚至发生经营危机而有支付不能或停业之虞，除非立即采取必要的改善措施或财务支援，否则短期内将面临关门倒闭的金融业

务机构都应该是问题金融业务机构。① 金融业务机构具有以下特征：

第一，道德风险的高发性。这主要是从问题金融业务机构产生的原因出发，由于金融业务机构自身的高风险性，问题的出现一般和金融业务机构的高级管理人员密不可分。最典型的应该属巴林金融业务机构倒闭案中，刽子手尼克·李森的违规操作行为致使一个百年金融业务机构顷刻消失。

第二，法律处置行为要求的便捷性、果断性。这是从问题金融业务机构产生的结果看，相比一般的工商企业，金融业务机构更容易引发系统性的经济危机，因此为了将风险控制在一定的范围之内，有权要求其退市的主管机关必须要建立快速、有效的决策机制，防止多米诺骨牌现象的出现。

第三，监管管理机关介入的全程性。这是从问题金融业务机构处置主体的角度看，在问题机构退出市场机制的每一个环节都应该能看到监管机关的身影。

第四，市场退出的复杂性。这主要是从问题金融业务机构处置的过程看，由于金融业务机构创设和功能的特殊性，特别是在我国，受政策性影响，金融业务机构类金融业务机构出现了如“太大不能倒”、“永不退市”的神话。

二、我国现代金融业务机构市场退出的法律制度

受“分业经营，分业监管”金融立法模式的影响，我国规范问题金融机构市场退出的法律呈现出“三足鼎立”的局面。就商业银行金融业务机构而言，专门规范其市场退出的法律主要有《商业银行法》、《银行业监督管理法》；而规范证券公司退市的法律主要有《证券法》、《公司法》；规范保险业的法律主要就是《保险法》。此外，《破产法》为这三者弥补了市场退出的方式和程序，《金融机构撤销条例》和《中国人民银行法》则规范了中国人民金融业务机构在市场退出中撤销金融业务机构以及充当“最后贷款人”，防止破产的最后防线。我国现有问题金融业务机构市场退出体系主要包括以下几点：

第一，市场退出的主体，是指有问题的金融业务机构，但是由于“三足鼎立”局面的存在，因此不同金融业务机构对其问题的界定也有所不同。就商业银行而言，《商业银行法》第 64 条第 1 款规定：商业银行已经或者可能发生信用危机，严重影响存款人的利益时，国务院银行业监督管理机构可以对该商

① 刘俊著：《各国问题金融业务机构处理的比较法研究》，上海世纪出版集团 2008 年版，第 28 页。

业银行实行接管。而对于证券公司而言,《证券法》第 153 条规定:证券公司违法经营或者出现重大风险,严重危害证券市场秩序、损害投资者利益的,国务院证券监督管理机构可以对该证券公司采取责令停业整顿、指定其他机构托管、接管或者撤销等监管措施。保险公司比较特殊,2009 年修订的《保险法》既规定了破产中的问题保险公司也规定了接管条件下的问题保险公司,第 90 条规定:保险公司有《企业破产法》第 2 条规定情形的,经国务院保险监督管理机构同意,保险公司或者其债权人可以依法向人民法院申请重整、和解或者破产清算;国务院保险监督管理机构也可以依法向人民法院申请对该保险公司进行重整或者破产清算。第 145 条第 1 款规定:保险公司有下列情形之一的,国务院保险监督管理机构可以对其实行接管:(1)公司的偿付能力严重不足的;(2)违反本法规定,损害社会公共利益,可能严重危及或者已经严重危及公司的偿付能力的。

第二,就市场退出的方式而言,和前面论述的问题,金融业务机构呈现"三足鼎立"局面一样,针对不同的金融业务机构,我国的市场退出方式也有所差异。首先,就商业银行业而言,《商业银行法》和《中国银行业监督管理法》授予银行业监督管理委员会接管、撤销、行政清算、司法清算、重组。① 其次,就保险机构而言,保险业监督管理委员会有权采取整顿、接管、撤销、行政清算。② 最后,就证券公司而言,证券业监督管理委员会有权采取停业整顿、指定其他机构托管、接管或者撤销。③ 而根据《破产法》的规定,三大监督管理委员会都有权采取重整和破产清算的退出方式。

第三,就市场退出中的监督管理机关而言,这里主要是指在问题金融业务机构退出机制中发挥主体作用的机构以及其相应的权责关系。根据处置机关的不同,可以把我国市场退出中的监督管理机关分为行政性机关和司法性机关。前者主要是指包括三大监督管理机构在内的中国人民银行、财政部以及地方政府,后者主要是指破产程序中的法院。

三、存在的问题

本部分的任务主要是针对我国问题金融业务机构市场退出机制的基本情

---

① 具体内容请参见《商业金融业务机构法》第 64 ~ 68 条以及第 70 条、第 71 条;《中国金融业务机构业监督管理法》第 38 条的规定。

② 参见《保险费》第 141 ~ 150 条的规定。

③ 参见《证券法》第 153 条的规定。

况，并且结合我国实践和国际实践对我国现有制度存在的问题进行剖析，为第二部分的问题完善提供基础。

第一，就我国现有的问题金融业务机构市场退出的法制环境而言，大概存在两个方面的问题：首先，专门性立法规范的主体和行为较为单一，时代使命感过重，这里的专门性立法规范特指2001年国务院颁布的《金融机构撤销条例》，该条例只是针对中国人民银行撤销金融机构此单一的市场退出方式做了规定，对于所有问题金融业务机构不具有普遍适用性；其次，就分散立法而言，这些法律条文都过于简单，对金融业务机构市场退出的方式、方法、标准、程序等内容没有做出明确的规定，没有形成专门的操作规范，由此导致在实际工作执行中缺乏依据，可操作性差。①

第二，就市场退出的主体而言，姑且不论我国“三足鼎立”的立法局面有何不足，但就单独立法中对每个类型的金融业务机构的自身问题的界定存在含义模糊，实践可操作性太差等缺陷。

第三，就市场退出的方式而言，三大监督管理委员会在可以选择的退出方式上尽管表述不同，但是内容上大同小异，区分性不大。就我国退出方式而言，目前最大的问题应该是不同退出方式之间的协调性问题，主要包括三个方面的冲突问题：(1)接管和停业整顿程序的性质界定及其整顿和接管阶段和股东会决策机制的冲突问题；(2)行政权和司法权的冲突问题；(3)不同市场退出方式之间的替代性问题。下面就几个衔接性问题加以阐述。

首先，就行政性退出方式中行政权和金融业务机构自治的冲突问题。无论是接管还是整顿都会涉及在处理金融业务机构时，和股东会职权以及债权人会议职权的冲突。

其次，由于行政机关干预司法机关，有可能会造成行政机关接管、托管和司法重整和清算的效力冲突。根据《破产法》第134条第1款的规定：商业银行、证券公司、保险公司等金融业务机构有本法第二条规定情形的，国务院金融监督管理机构可以向人民法院提出对该金融业务机构进行重整或者破产清算的申请。国务院金融监督管理机构依法对出现重大经营风险的金融业务机构采取接管、托管等措施的，可以向人民法院申请中止以该金融业务机构为被告或者被执行人的民事诉讼程序或者执行程序。如果我们对这里的民事诉讼程序或者执行程序采取扩大解释，那么破产程序应该当然包括在内。也就是

---

① 李金津：“我国金融业务机构市场退出机制初探”，载《时代金融》2008年第2期。

说，国务院金融监督管理机构的接管、托管在某种程度上会优先于法院的破产程序，这不仅会破坏司法的权威，而且程序的重复性严重影响问题金融业务机构债权人的利益。

再次，整顿和接管程序的替代性问题。除了对商业银行无权采取整顿以外，保监会对于保险公司，证监会对于证券公司都有权采取整顿和接管。[①] 由于2009年修订的《保险法》对于整顿和接管分别各用5个条款对于其产生的原因以及主体的权利义务关系做了规定，因此就二者关系争议比较大的当属《证券法》中的规定。这里又具体分为两个问题，一是整顿是否必然附带引起停业的问题，因为国外的整顿并不包括停业；二是整顿和接管的边界问题，主要争议点在于美国的“清理程序”（receivership）实际上包括了我国的整顿和接管程序的。

最后，就市场退出中的监督管理机关而言，主要存在以下两个问题：首先，金融业务机构市场退出过程中政府干预过多，行政色彩浓厚，从我国的实践看，我国金融业务机构退市主要采取被动的、政府主导的、低层次的、非法制的行政型处置方式。对于是否退市、如何退市等一切都由政府决定。[②] 其次，主要是市场退出监管主体的司法权和行政权的冲突，我国在问题金融业务机构市场退出中采取的是“强行政、弱司法”的权力格局，因此存在如“法律规则的缺位与行政权力的软约束”、“行政处置阶段对相关利益主体的权利漠视”、“行政权力介入导致的道德风险的滋生”等问题，[③]影响到我国问题金融业务机构市场退出的社会公正性。

第二节 我国现代金融业务机构市场退出机制

一、构建全面、有效、安全的市场退出机制

第一，就全面性而言，出台一部专门规范问题金融业务机构市场退出的法律规范，从问题金融业务机构的界定、市场退出的方式、市场退出的决策机制、市场退出中主导机关之间的权责关系四个方面，全面的、有针对性的规范问题

---

① 注意《保险法》和《证券法》中对于整顿的表述不一，《保险法》中称为“整顿”，而《证券法》中称为“停业整顿”。

② 李垚曜：“浅议我国金融业务机构市场退出法律制度”，载《消费导刊》2008年第1期。

③ 对于此四个问题的描述请参见黄韬：“我国金融业务机构市场退出法律机制中的‘权力版图’——司法权与行政权关系的视角”，载《中外法学》2009年第6期。

金融业务机构的市场退出。

第二,就有效性而言,解决好市场退出中决策机制的法则决定和权衡决定之间的关系。前者是指法则决定设置明确、详细乃至量化的市场退出条件,一旦问题金融业务机构符合相关条件,金融监管机关近乎机械地启动市场退出程序;后者是指立法仅就市场退出条件规定一般概括性原则,授权金融监管机关根据具体情况采取市场退出手段。① 因为两种决策机制各有千秋,结合我国现有的立法实践,笔者建议采取法则决定和权衡决定相结合的决策机制。

第三,就安全性而言,树立金融安全价值观在问题金融业务机构市场退出中的指导作用,建立维护金融利益相关人的保险和补偿制度的金融安全网,特别是对金融消费者的保护关注。

二、现代金融业务机构市场退出的资格认定

问题金融业务机构市场退出资格的统一认定,不仅可以避免我国目前中央金融业务机构无原则、无限制性的为金融业务机构买单的行为,节约成本,而且也可以避免“寻租”问题。由于我国现行的金融业务机构一般是国家或者地方政府控股,因此金融业务机构一旦出现经营问题,有难以清偿债务或者资不抵债情形,国家或者地方政府都会逾越股东地位的本性,希望中央金融业务机构注资维护问题金融业务机构的存续。实践中也因为对问题金融业务机构资格认定的不统一,为控股者提供了“寻租”的空间。

三、理顺不同市场退出方式的协调

第一,就行政性退出方式中行政权和金融业务机构自治的冲突问题,笔者认为主要有两个解决途径:首先,出台具体的市场退出方式的实施细则,在细则中明确在发生冲突的情形下,何者优先;其次,也可以修改现行的法律,在法律中增加一条冲突情形解决的原则性规定。无论是哪种方式,笔者比较赞同刘俊学者的观点,即赋予市场退出机制下主管机关特殊的强制性执行权,也就是说在接管或者整顿情形下,专管机关可以超越股东会和债权人会议职权,具有优先适用性。

第二,就行政机关和司法机关在具体市场退出方式中的冲突问题,这种冲突的根源是权力的冲突,为了体系上的协调,避免重复,笔者将这部分问题的

---

① 闫海:“我国问题金融业务机构接管制度的梳理与重构”,载《北方论丛》2009 年第 5 期。

解决放在下面第四部分论述。

第三，整顿和接管程序的替代性问题，笔者认为，整顿并不必然包含停业，主要有以下几个理由：一是我国的实践表明，即使是停业整顿，但是被整顿金融业务机构仍然继续经营；①二是对整顿规范比较完善的《保险法》中也没有包含停业；三是国外在对问题金融业务机构处理时一般也并不采取停止营业的措施。此外，对于二者的替代性问题，由于现实实践中，整顿程序的进行只有在全面接管问题金融业务机构的营业后才可进行，再加之国外对二者程序规定的统一性，本书的观点是：我国证券法上的整顿和接管的区分界限并不明显，二者是可以替代的。

四、规范市场退出机制中的权力之间的制衡

第一，协调好政府权力和法制监管权力之间的关系，实现从政府干预的处置手段向市场淘汰的处置手段的转化。在我国问题金融业务机构的市场退出中，由于政府干预过重，导致政府几乎承担了有问题金融业务机构造成的所有损失，债权人和债务人实质上都等于买了国家保险单，均不承担损失。改变这种格局，实现权力决策的转变，既有利于实现净化金融体系和提高金融体系运作效率的目的，也有利于社会、国家信用风险的分散、转移，还有利于提高投资者的风险意识。②

第二，协调好司法机关和行政机关之间的关系，规范二者之前的权责分配。尽管“强行政，弱司法”是大多数国家问题金融业务机构退出市场机制的普遍权责分配，但是处于市场转型特殊时期的我国，在此问题上仍有问题存在，针对我国现在的权力结构，我们需要明确以下几点措施：

首先，强行政必须要有权力行使的规范程序以及责任机制作为保障，只有这样，行政权的行使才能有法律约束，被控制在一定的范围内，才不会发生寻租行为，不至于侵害利益相关者的权利。

其次，权力行使要兼顾遏制短期内系统性风险和预防金融业务机构道德

---

① 例如，2002年9月7日中国证监会发文要求大连证券停业整顿，并会同辽宁省及大连市政府成立整顿工作组。停业整顿期间，大连证券下属营业部由大通证券托管，继续经营，直到2003年4月大连证券才最终被取消证券业务许可并责令关闭，参见刘俊著：《各国问题金融业务机构处理的比较法研究》，上海世纪出版集团2008年版，第358页。

② 赵华伟、李小红：“对建立健全我国金融业务机构市场退出机制的思考”，载《海南金融》2009年第3期。

风险,寻求二者的平衡点,一方面,我们是通过让经营失败的金融业务机构及时有效退出市场,最小化个别金融业务机构倒闭产生的风险传染和引起的动荡;另一方面,则是通过激励兼容的金融业务机构退出机制防范金融业务机构的道德风险,最小化金融业务机构倒闭的成本。而我国目前因为"强行政"的存在过于重视对于系统性风险的防范,而忽视金融业务机构退市中的道德风险,结果导致政府为金融业务机构买单,不仅使财政负担不断加重,而且弱化了央行货币政策的独立性,严重影响了金融业务机构自身退市的市场性。

最后,有限度地改变司法弱性,保护债权人利益。司法权和行政权在市场退市中权力的争夺在一定程度上体现了退市目标的差异,前者更加重视对债权人利益的保护,而后者则根据关注社会整体利益。因此我国目前"强行政,弱司法"的权力结构可以说是为整体利益牺牲了部分利益。但是伴随我国金融业务机构自身风险控制水平的提升以及金融监管制度的完善,对于市场退市的目标必然回归到对债权人利益的保护上,这是我们可以预见的,因此要适当加强司法执行度,维护债权人利益。

第四章　我国现代金融创新审慎监管的完善

第一节　金融创新的国际监管经验①

第一，正确认识和判断创新业务和金融业务机构传统业务以及创新业务之间的区别，对于不同创新新品因地制宜的制定监管措施。金融创新是金融业务发展到一定阶段的必然产物，是金融业务机构规避和对冲风险的重要工具，金融全球化大背景下金融业务机构增强自身竞争力的重要措施。其功能的特殊性决定了其构成和风险的而特殊性，从而决定了对其监管的特殊性。金融监督管理机构只有正确认识不同金融创新工具的特殊构成性才能有针对性的防范风险，促进金融发展。

第二，金融创新的微观行为往往具有宏观影响，因此金融监督管理机构面对金融创新要实施微观行为和宏观行为的双管齐下。这主要是由金融创新的特性决定的：金融创新不仅打通了信贷市场和资本市场，而且其创造了更多的表外项目和复杂的特殊实体，使会计估计更为困难，降低了透明度，提高了风险

① 此部分主要是借鉴了中国银监会纪委书记王华庆在2010年中国银监会金融业务机构业创新监管工作会议上的讲话。

评估的难度，也形成了监管空白。

第三，金融创新风险的有效防范取决于一国的监管管理水平。对于金融创新所带来的风险，我们应该辩证性的认定，对于好的，可以对冲风险的金融创新应该鼓励；对于坏的，存在更大风险的金融创新应该摒弃，而这些决策的做出最终取决于一国是否构建了审慎的金融监管体系。

第四，对金融创新中弱势消费者的保护是金融监督管理机构的重要任务。主要有以下两点理由：一方面，金融消费者同一般的消费产品相比，在信息不对称以及收益不确定性方面有其特殊性，需要金融监管机构进行倾斜性保护；另一方面，对金融消费者的保护也成为金融监督管理机构认定金融创新风险性质，审批金融创新准入的重要依据。

美国2008年世界金融危机的重创性给我国的金融创新蒙上了一层阴影，正确认识和评价金融创新对此次金融危机的影响，不仅可以帮助我们更好地认识危机发生的原因，预防类似危机的发生，而且对于我国今后金融创新的态度也有重要的指导意义。

第一，金融创新在2008年世界金融危机中的影响。

在美国，按照借款人的信用等级，住宅抵押贷款可以分为优级、次优和次级。基于次贷形成的初级衍生金融产品是抵押贷款支持债券MBS（Mortgage-Backed Security），这种债券是将次贷合同打包，以次贷的利息收入产生债券收益的产品。根据MBS出现违约的概率，投资金融业务机构等机构设计出两种第二级金融衍生品，即资产支持商业票据ABCP（Asset-backed Commercial Paper）和债务抵押权益CDO（Collateralized Debt Obligation）。CDO按照资产池结构不同可以分为贷款抵押权益CLO（Collateralised Loan Obligation）和债券抵押权益CBO（Collateralised Bond Obligation）。在大量CDO产品的基础上，投资金融业务机构又进行了两个方向上的产品设计，以CDO为基础资产设计出“CDO的CDO”、“CDO的立方”等，无论怎么对原有的次级抵押贷款进行衍变，衍变工具的最终目的是寻找对手公司对次贷衍生品投保，从而将次贷衍生品的违约风险进一步分散。这样一旦原始的次级贷款出现违约情形，在其基础上被放大杠杆风险的衍生品的违约风险就呈现成倍的扩散，最终导致金融危机的爆发。可见，金融创新中的衍生品工具不仅是此次金融危机风险的导火线，而且还是此次金融危机不断蔓延的途径。

第二，2008年世界金融危机对我国的启示。

就金融创新而言，必须处理好三个关系：[①]

首先，必须处理好虚拟经济与实体经济的关系，更好地服务于实体经济。危机后我国的金融监管创新应把重心重新转移到为实体经济服务，尤其是为中小企业、科技创新企业及"三农"服务。

其次，应处理好市场导向与加强监管的关系，坚持"市场化导向"，寻求监管与市场的"最优边界"，这点对出于金融创新初期的我国而言，意义重大。

最后，应处理好交易所市场与场外市场的关系，重点将交易所打造成安全高效的"金融超市"。尽管过去10余年，国外场外市场发展迅速，交易所传统地位受到挑战。但是此次危机后，交易所的价值将被重新认识。人们已经发现，在金融工具创新和交易环节，场外市场由于监管不到位等原因是危机的重灾区。

就金融业经营管理而言，必须严格恪守安全性、流动性、营利性的经营目标，并且始终把安全性放在经营的第一位。只有坚持安全性，才能防范操作风险的发生；只有坚持安全性；才能保障金融消费者的权益；只有坚持安全性，才能更有保障的参与市场竞争。

就金融监管而言，应该重视宏观监控和微观把握的结合，准确把握金融创新的度和量，坚持金融创新的可控性、适度性和规范性。[②]

第二节　我国现代金融创新审慎监管的完善

一、我国现代金融创新存在的问题

我国之所以在2008年世界金融危机中受伤不深，一方面可以归结于我国金融市场未完全开放；另一方面就是我国一直坚持的审慎监管的方针。因此受伤不深并不代表我国现行的金融创新制度已经足够完善，如果免受2008年世界金融危机对于我们来说是种幸运，那么我们希望通过制度的完善使这样的幸运永远延续。

---

① 张梅："后金融危机时期的金融创新策略与风险监管"，载《上海金融》2010年第2期。

② 雷鸣："次贷危机对我国金融创新的启示"，载《武汉金融》2009年第2期。

我国现行金融创新中主要存在以下具体问题：①

1. 就金融创新的法制环境而言：首先，我国金融创新的法制制度不够健全，由于我国尚处于金融创新的初级阶段，因此我国规范金融创新的规范性文件大多是以监督管理机构以指导性意见的形式出台，缺少权威性和全面性，呈现每个创新工具单独立法的分立局面。其次，我国的金融创新监管体系还有待于进一步完善，尽管我国一直秉承审慎经营的态度构建我国的金融监管体系，但是面对金融创新这种在结构、功能以及风险均具有特殊性的金融产品我们的监管经营明显不足。

2. 就金融创新客体而言：首先，就创新产品而言，存在简单重复多，自主创新少的问题，由于资本市场不发达，在缺乏管理和管理经验的情况下，我国的金融创新工具大多是对海外产品简单、形式性的模仿，缺乏前期对市场的深入调研及产品引入后应有的成本收益测算。其次，就创新产品结构而言，存在明显的结构不合理问题，表现就是负债类金融创新工具多，而资产类工具少。

3. 就金融创新的主体而言：首先，由于我国在金融创新方面实施严格的审慎监管原则，再加上我国长期坚持金融业分业经营的原则，导致在金融创新主体上是以政府主导，金融业务机构缺乏必要的激励机制，创新的动力不足。其次，在政府主导性的金融创新使多数金融业务机构所进行的创新活动缺乏对整体市场情况和自身发展战略的深入思考，不重视质量效益信息的反馈和测算，极易发生系统性风险。

二、完善现代金融创新的措施

1. 就金融创新的法制环境而言，第一，要创造安全、有效地金融创新法制环境。不仅要进一步完善有关的制度，而且要加强对法律执行力的强调。第二，要构建有效的、有容忍度的审慎监管体系，实现我国金融创新监管从行为监管到系统监管的转变，实现金融市场的发展和金融创新发展、机构监管和功能监管的共赢，实现预防性监管和应激性监管的双管齐下，并且要对预防性监管给予更为重要的关注。

2. 就金融创新的客体而言，第一，有选择性地鼓励金融创新产品的更新换代。一方面监督管理机构要对金融创新工具的准入进行审慎性审批，选择那

---

① 这部分内容主要是参考了王猛："全球金融危机背景下我国金融创新与风险防范问题思考"，载《职教与经济研究》2009年第2期。

些风险比较小、更具有政策意义的金融创新工具入市;另一方面也要考虑已有的金融创新产品的格局,防止功能雷同、产品雷同的金融创新工具出现。第二,要处理好产品创新和风险的关系,争取将创新产品风险控制在一定的范围,实现风险可控性,防止出现交易一方只承担风险,另一方只承担损失的“赌博”行为。

3. 就金融创新的主体而言,第一,要完善金融创新的激励机制,鼓励金融业务机构研究开发有利于自身竞争力、有利于农业发展和中小企业融资的金融创新工具,这是提升我国金融业务机构市场竞争力的重要措施,也是我国努力参与金融全球化的重要途径。第二,在金融创新过程中,要苛以金融业务机构更为严格的信息披露责任,这是监督管理机构认识金融创新产品风险的前提,也是是否审批准入的基础,并且严格和完善的信息披露责任也是保护金融消费者的一项必备措施。

第五章　完善现代金融行业风险隔离机制

第一节　金融行业风险传递的基本理论

一、金融行业风险传导的界定

最早对金融危机的传导性问题进行系统研究的是美国著名经济学家查尔斯·金德尔伯格，他第一次提出了金融危机的国内传导和国际传导问题。① 鉴于本书的整体逻辑性，在本节中仅探讨金融危机的国内传导机制的法律对策。

经济学家对金融行业传导的论述较多，相比较而言，法学家对金融行业风险传导的关注较少。经济学界主要是从两个角度探讨金融行业风险传导机制：一种是从数量角度分析行业风险传导的临界性，从而为认识和识别风险提供操作基础；另一种是从理论角度，探讨行业风险传导的机制，包括风险传导的理论基础、传导载体、传导路径等。笔者主要是从后者角度论述在法制方面如何制定防止行业风险传导的对策。因此从这个角度，将金融行业风险传导界定为：金融风险生产后在金融体系内部长期积累，当达到一

---

① 张志英："金融风险传导的文献综述"，载《中国市场》2008年第18期。

定的阀值,便借助特点的传导路径,在金融体系内部进行扩散、蔓延,从而造成金融活动偏离预期目标造成损失的过程。①

二、金融行业风险传导的理论基础

经济学者对于金融行业风险传导的理论基础有不同的认识,大概包括以下几个理论基础:多米诺骨牌理论、从众心理和羊群效应、"囚徒困境"理论、合成谬误、货币危机传染性理论以及现代投资组合理论。由于本部分仅是探讨对国内行业风险传导的防范,因此笔者仅就前三者进行论述。②

第一,多米诺骨牌理论。该理论主要运用于包括金融、证券、保险等行业的传统风险类型企业中。该理论认为风险发生具有类似倒塌的多米诺骨牌墙的特征,并且将风险的发生划分为五步:系统和社会环境→人的过错→伴随机械和物理伤害的不安全行为→事故→危险和损失,这五个步骤是次序性较强的五个环节,一旦中间步骤被阻却,没有发生,那么就不会发生多米诺骨牌效应,也就不会发生危险,从而达到预防风险的目的。因此该理论强调风险因素、风险事件和风险结果之所以相继倾倒的主要原因是人的错误行为,只要控制好人的行为,就可以有效地达成风险隔离。③

第二,从众心理和羊群效应。根据行为金融学理论,在金融市场中,受专业性以及信息披露程度的限制,会出现信息不对称情形,因为信息的不对称,金融交易主体在进行决策时,会产生仿效、攀比心理,认为这样做不会损失自己的名誉,并抱有侥幸心理,这就是从众心理,当人们失去理智、极端盲目跟进,一旦传染成为社会普遍的非理性行为时,便产生了羊群效应,导致金融交易秩序混乱,从而引发金融风险。因此就从众心理和羊群效应而言,防范金融行业风险传递的主要途径就是加大金融系统自身稳定性,从宏观角度增强交易主体的信心。

第三,"囚徒困境"理论及合成谬误。该理论是微观经济学的角度认识金融危机发生的原因。"囚徒困境"同大众心理以及羊群效应一样,也是源于信息的不对称,在这种情况下由于对对方行为的不确定,无法达成共谋,迫使每

---

① 张志英著:《金融风险传导机理研究》,中国市场出版社2009年版,第64页。

② 货币危机传染性理论以及现代投资组合理论主要是分析国家之间风险传导的机制。

③ 主要参考了彭金鑫:"基于多米诺骨牌理论的金融风险传导机制研究",载《科技创业月刊》2009年第9期。

一方都做出最有利于自己的选择，然而整体的选择结果却是非最优解。个人的行为是理性的，但不能保证集体行为是理性的，金融体系是健全的，仅仅因为其复杂而密切的联系，就可能出现连锁性的崩溃，这就是合成谬误。[①] 从此角度分析，要想完成行业风险的隔离，必须防止集体非理性行为的出现，维护投资者的信心。

第二节　建立现代金融行业风险隔离

一、我国现代金融行业风险隔离现状

我国现行规范金融风险的法律规范，呈现出单一性、分立性、未成系统性的特征，对于金融风险大多是从单一的角度进行了规范，每一个规范性法律文件只涉及某一个特殊的风险种类如国别风险、市场风险、流动性风险、声誉风险、信用风险、操作风险，以及反洗钱风险等，对于金融行业之间的风险防范比较少，尤其是对跨界的金融产品的金融服务，尤其面临着网络技术在金融领域里的创新已经无法适应这种情况的跨行业的风险。

虽然我国在金融业方面仍恪守“分业经营、分业监管”的原则，从这种程度上说我国金融行业之间发生系统性风险的可能性比较小，但是目前的金融创新已经突破了“分业经营、分业监管”，尤其非金融机构利用网络与信息技术的创新更是在产品上和服务模式方面都已不是“分业经营、分业监管”。另外，我国在金融创新方面虽然也采取严格的“合法合规”原则，但在非金融机构利用网络与信息技术的金融出现却不在“合法合规”的监管范围之内，这在一定程度上存在因为金融创新工具出现问题而引发行业性风险，存在严重的监管真空和防范真空。

目前我国在金融行业之间的风险隔离控制方面，虽不是呈现空白状态的，但也没有明确的某个法律文件规范，只有在金融机构之间合作的相应的文件中可以找到规范行业与行业风险隔离的条款。比较典型的是 2008 年的 12 月 4 日中国银行业监督管理委员会办公厅颁布的《银行与信托公司业务合作指引》，第四章规定了银行业和信托业之间合作的风险管理与控制问题，同样是 2009 年 11 月 5 日中国银行业监督管理委员会颁布了《商业银行投资保险股

---

① 朱静怡、朱淑珍：“金融风险的传导机制及防御对策分析”，载《东华大学学报》2001 年第 5 期。

权试点管理办法》,如从公司治理、关联交易、并表管理以及业务合作四个方面论述了银行业和保险业之间的风险控制问题。这些都为我国今后制定完善的风险控制和隔离文件提供了经验。

二、我国现代金融行业风险隔离问题

对于我国现有规范行业风险隔离制度的不足,主要是:

第一,就行业内部风险控制而言,根据角度不同,大体又可以分为以下两个方面:

首先,就宏观角度而言,缺乏统一规范不同金融行业风险隔离的制度性规范,对金融行业风险的系统性安全把握不足。

其次,就微观角度而言,无论是《银行与信托公司业务合作指引》还是《商业银行投资金融业务机构股权试点管理办法》,都是从金融业务机构角度的业务范围、行为禁止方面规范行业风险,很少或者几乎没有考虑到金融投资者、金融消费者的利益保护问题。这种监管往往会导致社会的不稳定的风险,即不仅是发生金融的系统性风险,同时也导致社会的不稳定。对于业务范围方面的规范也不够具体,全面,缺乏可操作性,极易引发行业风险,导致金融危机。

第二,就行业外部风险控制而言,因为角度的不同,大体也可以分为以下两个方面:

首先,监管者的主体多头、分工不明确,监管职责划分步清,虽然我国恪守"分业经营、分业监管"的经营模式,也会造成监管真空,留下风险隐患。如《银行与信托公司业务合作指引》和《商业银行投资金融业务机构股权试点管理办法》的出台,从其中的管理规定可以看出我国正在尝试向混业经营方向发展,这在一定程度上扩大了行业风险传递的风险源,加大了行业风险传递的可能性,不利于行业风险的隔离,然而面对这种局面,我国目前中国人民银行、证监会、保监会和银监会"四分天下"的监管局面却难以覆盖因金融机构和非金融机构进行创新而产生的跨界的金融工具及金融服务模式带来的综合性经营的挑战,这增加了金融风险的行业之间的传递与风险的防范,因此金融危机发生的可能性增大。

其次,在我国走向综合经营的情况下,金融业务机构之间业务范围的交叉性以及关联交易、"寻租"行为的存在,导致单个金融监管机构原始的监管方式和途径显得力不从心,难以认识和抵御新形势下行业风险的传导;非金融机构借助网络和信息技术提供的金融产品与金融服务更是在现有的监管体制之外,使其风险的传递和防范成为现有监管体制的难点。

三、现代金融行业风险隔离的对策

目前,我国现代金融行业风险隔离无论是具体措施、监管体制及制度都存在不足,因此对现代金融行业风险隔离的对策研究是非常重要,而且也具有现实意义。就现代金融行业内部风险控制而言,要做到以下两点:

首先,完善现代金融机构的内部风险控制治理机制、措施、责任机制、处罚方式和控制方法。监管机构根据各类金融业制定《金融行业风险隔离管理办法》,规范的内容涉及认识现代金融行业风险及风险特征、安全标准、防御金融行业风险的对策以及违反此管理办法应该承担的法律责任。该管理办法具体内容有风险源、被传导对象、风险传导路径;防御对策主要针对微观层次不同金融行业之间风险传导的可能性分析,采取提高金融资产质量,维护交易者金融安全信息;加强信息披露,出台信息披露的标准,尤其要求非金融机构从事金融服务业进行信息披露。最大限度地降低信息不对称引发的羊群行为。规定信息披露的方式、披露的程度、披露的内容;严格控制行业交叉义务之间的关联交易,促进并表监管等,防止出表带来的风险隐蔽性。法律责任主要包括两方主体,一方是指金融业务机构及机构内部从业人员,主要是信息披露不当以及执行防御对策不当的责任;另一方是监管当局,是在日常监管中因主观过错没能发现行业风险传导可能性的责任以及针对防御对策监管不力造成危机发生的责任。

其次,目前我国的现代金融在现有的制度体系下,一方面,要加强对合作金融业务之间风险传导的防范,使得规范条款具有实际可操作性,主要是对不同行业风险传导的构成要素进行特殊分析,还要加强对非金融机构从事金融业务的风险防范;另一方面,要强调行业风险传导过程中对金融消费者权益的保护。同时金融消费者权益的保护是稳定市场秩序和增加经营机构本身的信用的一种有效方式。就行业外部风险控制而言,完善现代金融行业风险隔离的对策。确定行业风险隔离中统一的监管主体。笔者的建议是在现有的金融监管体制基础上,构建一个协调机制,组建一个行业风险隔离委员会,该委员会由中国人民银行、银监会、证监会和保监会按照1:1:1:1的机构组成,组成人员应该作为单独主体独立承担在行业风险控制中的权利和义务。同时为了配合行业风险识别中的专家意见法,建议在行业风险隔离委员会下设一个专家委员会,仍由中国人民银行、银监会、证监会和保监会按照同比例选任成员。

再次,进一步提高中国人民银行、银监会、证监会和保监会监管机构的监管水平,除了在现有基础上进一步完善各自的监管方法以外,建议吸纳对行业风险隔离有专业背景的学者,特别是具有实务操作经验的专家作为决策机制的一分子,充分提升自身对于行业风险隔离的识别和控制,提高抵御金融危机的能力。目前的金融监管机构要充分发挥现代技术在金融监管中的作用。因此在监管机构中增加技术类的专家。

最后,我国金融市场还存在全能化的金融控股公司,如中信集团、光大集团、中国建设银行控股中金公司以及中国银行组建中银国际等,如果仍按照机构监管的模式,就会出现监管重复或者“监管真空”的现象,使此类金融控股公司利用其信息不对称的优势来逃避监管。

金融创新消除了各类金融业务机构之间的区别、模糊了货币市场和资本市场的界限,传统的以金融业务机构类型作为监管划分尺度的法律体系将无法应对现代金融市场,并使金融监管的实施更加困难。

第六章 加强现代金融业务机构社会责任

第一节 金融业务机构社会责任概述

金融业务机构社会责任属于一般企业社会责任的特殊化衍变,金融业务机构的社会责任是以一般企业社会责任为基础的社会责任,这是因为金融业务机构的本身特点所决定的,金融业务机构的客户服务覆盖面大,而且是高负债经营,经营的是风险,因此其社会责任远远高于一般企业的社会责任。

一、企业社会责任①的历史演变

企业社会责任理论起源于美国,早在 1895 年美国社会学界的著名学者阿尔比恩·斯莫尔(Albion W. Small)就曾在美国社会学创刊号上呼吁"不仅仅是公共办事处,私人企业也应该为公众所信任",标志着企业社会责任观念的萌芽。1924 年美国学者谢尔顿(Oliver Shelton)首次提出公司社会责任的说法,他把公司社会责任与公司经营者满足产业内外各种人群需要的责任联系起来,并认为公司社会责任包含道

---

① 为了探讨的方便,本书对于"企业社会责任"和"公司社会责任"采取同一的概念。

德义务。1953 年美国的另一位学者霍华德·R. 鲍恩(Howard R. Bowen)出版了《企业家的社会责任》一书,才使公司社会责任正式走进人们的视野。①

西方学者认为,公司社会责任在西方经历了三个不同的发展阶段。第一阶段,基于资本主义发展初期下古典经济学理论自由发展经济的理论,认为公司的最基本功能就是公司的社会责任,公司只要在法律允许的范围内尽可能高效率地使用资源以生产产品,并以公平的市场价格销售给消费者,公司就尽到了自己的"社会责任"。第二阶段,基于资本主义发展中期因贫富差异对社会公正调和的主观愿望,认为慈善事业是公司的一种重要的社会责任。第三阶段,也就是最为我们所熟知的,在美国社会责任运动下产生的社会责任含义,认为公司社会责任是在劳工运动、消费者运动以及环保运动等社会运动下共同作用的产物。②

二、企业社会责任的界定

尽管企业社会责任在西方已经是发展较为成熟的理论,但是理论界对于他的界定还没有达成统一认识。西方理论界对企业社会责任的界定最具有代表性的,应当是 20 世纪 30 年代至 50 年代伯利与多德以及 20 世纪 60 年代伯利与曼尼的两次论战。其中又以前者最具有影响力,伯利与多德争议的焦点在于委托代理下的代理人是仅仅对委托人即对股东负责,还是在对委托人负责的同时,还应该兼顾公司所有利害关系人的利益。后者则是从企业理论角度出发,争议的重点在于公司是否应该承担社会责任,即是否应该承担对公司利益相关者的责任。尽管两次论战的角度和理论基础不一,但是二者具有一定共性:赞同公司应该承担社会责任的学者认为,公司不仅需要对公司的股东负责,而且在获利的同时以及获利之后应该充分考虑到其对社会的影响,要关注公司经营对公司的债权人、消费者以及社区的影响;反对者认为,公司是股东出资组成的,因此股东利益是公司经营需要唯一考虑的对象,并且要坚持公司整体利益最大化,除此之外,公司不对任何主体负责。

尽管我国学者对企业社会责任的认定也有分歧,但是还是在某些方面取得了共识,即企业社会责任是对以追求利润最大化为唯一目的的企业传统经

① 马力、张前、柳兴国:"西方公司社会责任界说评述",载《江淮论坛》2005 年第 4 期。

② 史际春、肖竹、冯辉:"论公司社会责任:法律义务、道德责任及其他",载《法学研究》2008 年第 2 期。

营理念的修正，其本质是要求企业在追求自身利润最大化的同时应当维护和增进其他社会利益。①

三、金融业务机构社会责任的特殊性

企业社会责任是金融业务机构社会责任的基础，用哲学上普遍性和特殊性的关系而言，二者必定在大体上具有共性，但是金融业务机构毕竟是特殊企业，因此，其社会责任应该也具有自己的特殊性，下面笔者就从二者的差异性角度出发论述金融业务机构社会责任的特殊性：

第一，相比一般企业，金融业务机构的特殊性在于其承认社会责任的正当性的意义重大。金融业务机构，特别是银行业金融业务机构，一般都属于高负债的金融企业，其经营金融资产的特殊性决定了金融业务机构自身风险的特殊性、风险累积性以及整个金融系统的脆弱性，是整个社会风险的重要来源，也是造成社会危机动荡的重要原因。因此，相比一般企业而言，金融业务机构承担社会责任有利于其风险的控制，有利于金融安全的保障，有利于社会和谐发展。

第二，相比一般企业社会责任而言，金融业务机构社会责任在全球范围内的自律性强于政府的干预性。自企业社会责任运动在美国兴起以后，大多数国家都以立法的形式承认了企业的社会责任。但是对于金融业务机构社会责任而言，2002 年 10 月世界金融业务机构下属的国际金融公司和荷兰金融业务机构在伦敦召开的国际知名商业金融业务机构会议上，提出的“赤道原则”，这项非官方文件要求金融业务机构在向一个项目投资时，要对该项目可能对环境和社会的影响进行综合评估，并且利用金融杠杆促进该项目在环境保护以及周围社会和谐发展方面发挥积极作用，并且该项原则已经得到包括花旗、渣打、汇丰在内的 40 余家大型跨国金融业务机构的承认，并且我国的兴业金融业务机构也成为首个承认该原则的中国金融业务机构。

第三，相比一般企业社会责任而言，政府对金融业务机构社会责任的强调更有利于社会的稳定。增强社会责任感是社会发展对金融业务机构的要求，履行社会责任则是金融业务机构推动社会可持续发展，构建和谐社会的

---

① 蒋建湘：“企业社会责任的性质”，载《政法论坛》2010 年第 1 期。

基础。①

伴随经济全球化以及虚拟资本的扩大化，金融系统自身劣根性已经成为危及整个社会安全的根源，这也是这次美国2008年世界金融危机给我们的最深刻教训，而金融业务机构又是此系统的主体，对他的控制与否，以及控制程度的强弱直接影响到一国经济安全，甚至会影响到一国在社会的话语权。因此相比较一般企业而言，国家对于金融业务机构社会责任的关注和规制更有利于社会的稳定，对社会的整体贡献越大。

四、构建现代金融业务机构社会责任的必要性

对于现代金融安全对策的构建，笔者认为，金融业务机构社会责任具有重大意义，主要基于以下三点：

第一，金融海啸引发的影响正渐渐散去，然而对导致其发生的诱因，学者们仍在探讨，笔者赞同北京科技大学经济管理学院教授赵晓在第一财经主办的“企业社会责任与科学发展”论坛上的原因认定，即除了金融创新过度、监管不力之外，贪婪及社会责任的缺乏也是引发此次危机的重要原因。② 因此，加强金融业务机构社会责任既是对此次危机的理性总结，也是预防以后危机发生的重要举措。

第二，金融业务机构社会责任的强调有利于完善金融业务机构内部治理。社会责任理念要求金融业务机构从社会的角度，而不仅仅是从自身的角度来进行决策，其管理者的工作重心必然从股东向更广泛的利益相关者转移，从而完善商业金融业务机构的治理结构，使公司从传统的股东至上的“单边治理”模式向利益相关者“共同治理”模式演进，为商业金融业务机构公司治理注入新的活力。③

第三，对金融业务机构社会责任的强调是金融安全以及国家经济安全的必然要求。在某种程度上可以说金融业务机构社会责任同“社会本位”是同质的，事实已经不只一次地表明，企业社会责任的缺失不仅影响企业自身的可持续发展，影响公众对企业的信心，甚至还会影响国家的公信力，从而影响金

① 参见2007年中国银行业监督管理委员会颁布的《关于加强银行业金融机构社会责任的意见》。

② 蔡彦、李雪晖：“金融危机与金融业务机构的社会责任”，载《经营管理者》2010年第2期。

③ 欧萍：“论商业金融业务机构社会责任”，湖南大学2008年硕士学位论文。

融安全甚至国家经济安全，而这些是企业难以用金钱来弥补的。①

第二节　我国现代金融业务机构社会责任状况

一、我国现代金融业务机构社会责任的实践层面

我国现行的金融业务机构包括传统的金融机构和从事金融业务的非金融机构。

我国现行的金融机构的企业社会责任主要体现在商业银行、证券公司、保险公司、公募基金公司等金融机构。而且金融机构的企业社会责任的具体实施主要是由政府通过金融监管来主导和推动的，另外就是在社会的舆论和压力下导致了金融机构在企业社会责任方面进行了一些举措。

在政府的推动和社会的压力下，国内商业金融业务机构也开始采取各种行动予以回应。2006 年 5 月上海浦发金融业务机构发布了国内首个金融业务机构社会责任报告。2007 年 5 月中国建设金融业务机构发布了 2006 年企业社会责任报告，成为四大国有商业金融业务机构中首家发布社会责任报告的金融业务机构，同年，中国人寿发布了《企业社会责任报告》，从提供风险保障、服务"三农"、促进社会保障体系建设、开展公益慈善事业、承担对利益相关者责任等方面全方位地报告了中国人寿承担企业社会责任的情况，这是我国保险业首份社会责任报告。② 2008 年 10 月 31 日兴业金融业务机构宣布采纳"赤道原则"，成为中国首家采纳"赤道原则"的金融业务机构。③ 2009 年的 7 月 21 日为反映上证公司治理板块中在社会责任的履行方面表现良好公司股票的走势，同时为投资者提供新的投资标的，上海证券交易所与中证指数有限公司于 2009 年 8 月 5 日正式发布上证社会责任指数，该指数从已披露社会责任报告的上证公司治理板块样本股中挑选 100 只每股社会贡献值最高的公司股票组成样本股，基日为 2009 年 6 月 30 日，基点为 1000 点。

从事金融业务的非金融机构在履行企业社会责任方面只是在《公司法》

---

① 王晓、任文松："论企业社会责任在应对国际金融危机中的作用"，载《华南理工大学学报》2010 年第 2 期。

② 宁敏山："试论保险业的社会责任"，载《湖南省保险学会 2008 保险理论、政策研讨会优秀论文集》。

③ 刘志云："商业金融业务机构社会责任的兴起及其督促机制的完善"，载《法律科学》2010 年第 1 期。

方面进行了规定，而且大部分非金融机构从事金融业务是不在现有规定范围之内，因此在履行社会责任方面的举措与其从事的金融业务不匹配。

二、我国现代金融业务机构社会责任的制度规定

金融业务机构社会责任的规范可以分为一般性规范和专门性规范。一般性规范主要是指：2005 年修订的《公司法》第 5 条的规定以及 2002 年 1 月 7 日中国证券监督管理委员会、国家经济贸易委员会发布的《上市公司治理准则》第六章利益相关者的规定。专门性规范根据规范的主体不同，又可以分为银行业金融业务机构和非银行金融业务机构，前者包括以下四个指导性意见：2007 年 4 月 9 日中国银行业监督管理委员会上海监管局制定与发布的我国银行业第一个社会责任指引，即《上海银行业金融业务机构企业社会责任指引》，该指引从利益相关者权益保护、环境保护、公共利益维护、企业社会责任管理四个方面对银行业金融业务机构的社会责任进行了落实。2007 年 7 月 18 日国家环境保护总局、中国人民银行、中国银行业监督管理委员会发布了《关于落实环保政策法规防范信贷风险的意见》，强调银行业金融业务机构利用信贷手段保护环境的社会责任。2007 年 12 月 5 日中国银监会发布了《关于加强银行业金融业务机构社会责任的意见》，从银行业金融业务机构履行社会责任是构建和谐社会的必然要求、履行社会责任是提升银行业金融业务机构竞争力的重要途径、切实采取措施履行社会责任三个角度对银行业金融业务机构社会责任的落实提供了依据。2009 年 1 月中国银行业协会发布了《中国银行业金融业务机构企业社会责任指引》，从经济责任、社会责任、环境责任、企业社会责任管理四个角度规范了具有法人资格的中国银行业金融业务机构的社会责任。后者主要是指中国证券监督管理委员会福建证监局于 2008 年 3 月 8 日发布的《福建上市公司、证券期货经营机构、证券期货服务机构社会责任指引》，该指引从股东和债权人权益保护、供应商、客户和消费者权益保护、职工权益保护、环境保护与可持续发展、环境保护与可持续发展、制度建设与信息披露以及诚信文化建设七个方面对证券机构的社会责任做了规定。

从事金融业务的非金融机构企业社会责任规定目前主要遵循《公司法》及有关管理规定方面，并没有较明确和完整的规定。

三、我国现代金融业务机构社会责任的缺陷

(一)我国现代金融业务机构社会责任的实践层面

尽管我国金融业务机构特别是银行业金融业务机构已经开始接受社会责任,并且在积极履行社会责任,但是在实践中仍存在不少问题。

第一,同国外相比,国内商业金融业务机构的社会责任理念比较单一,仅仅从社会责任是企业对社会的责任和义务的角度来认识,强调企业作为“社会公民”存在的价值,而没有认识到承担社会责任所能产生的积极反馈作用。①

第二,社会责任没有嵌入金融业务机构治理结构与经营流程之中,执行力度较差。除了交通金融业务机构在董事会下成立了社会责任委员会之外,其他金融业务机构在公司治理架构上尚未对企业社会责任提供组织保障。②

第三,从社会责任的对外披露上,存在披露的金融业务机构数量较少,披露的信息质量不高,以及披露格式和披露时间不统一等问题。③ 传统金融机构如在公开发行与交易的证券市场在信息披露制度层面规定的较全面,包括披露的内容、披露的方式、披露的程度。但较证券市场,其他金额业务结构在信息披露方面存在的问题就比较多。另外,非金融机构的信息披露制度更是缺乏。

(二)我国现行金融业务机构社会责任的制度层面

第一,就规范的主体上而言,局限于对银行业金融业务机构的规制,对非银行业金融业务机构关注不足。目前我国仅对非银行业金融业务机构中的证券期货经营机构、证券期货服务机构有所规定,对于保险业的规制尚属于空白状态。

第二,就规范的效力上而言,效力位阶过低,除了《关于落实环保政策法规防范信贷风险的意见》和《关于加强银行业金融业务机构社会责任的意见》属于具有强制力的国家级别的规范性文件,对于全国范围内的金融业务机构

---

① 龙晓枫、杨姝:“中西方商业金融业务机构社会责任报告的框架比较及相关分析”,载《武汉金融》2008 年第 8 期。

② 崔宏:“商业金融业务机构社会责任及其报告披露:问题与改进”,载《金融论坛》2008 年第 3 期。

③ 黄苏华:“银行业金融业务机构社会责任信息披露分析——基于 A 股 2007 年度报告”,载《财会通讯》2009 年第 30 期。

适用以外，其他的规范性文件只能在本范围内适用，并且银行业协会发布的《银行业金融业务机构企业社会责任指引》尚属于自律性文件，强制力较弱。

第三，就规范的实效而言，中国银监会发布的《关于加强银行业金融业务机构社会责任的意见》以及中国银行业协会发布的《银行业金融业务机构企业社会责任指引》的实效比较理想，四大商业金融业务机构根据此规范性文件都公告了2008年的企业社会责任报告，报告涉及的内容和规范性文件的要求差别性不大。相比较而言，地方规范性文件的实效就要差的多。但是报告中的行为要求在现实中的体现不足。

第三节　我国现代金融业务机构社会责任的制度完善的对策

针对我国现有的关于金融业务机构社会责任制度体系存在的问题，提出以下完善对策。

一、实践层面的完善对策

第一，提高从事金融业务机构对企业社会责任的认知，要促进金融业务机构正确认识和对待社会责任。金融业务机构承担社会责任不仅仅是社会强加给金融业务机构的义务，还是其增强自身竞争力，宣传企业自身的业务模式及优势，增加社会对企业的信任，甚至是获得客户的重要方式，进而是抵御风险的重要举措。对于认识问题，可以在《金融业务机构社会责任指引》引言中界定承担社会责任对金融业务机构的影响。

第二，加强金融业务机构对企业社会责任的执行，一方面，要求金融业务机构要将履行社会责任嵌入发展战略、治理架构、企业文化与业务流程之中，实现从理念到实践的蜕变；另一方面，也可以要求政府出台相应的优惠政策，对于社会责任履行适当的金融业务机构在资源、税收以及准入资格方面可以给予照顾，建立对履行企业社会责任的激励机制。

第三，完善金融业务机构对企业社会责任的披露制度，一方面，需要在《金融业务机构社会责任指引》中统一披露的内容、披露的时间以及披露的格式；另一方面，对社会责任披露的重视度，黄苏华学者的观点，即建议金融业务机构对社会责任的披露应该逐步趋同于财务报告，社会责任报告像财务报告一样能够被同等对待。只有社会和政府的关注点提高，金融业务机构遵守社会责任披露才更有动力。

第四,建立非金融机构从事金融业务企业社会责任的监管制度,一方面,需要在《金融业务机构社会责任指引》中增加对非金融机构从事金融业务企业社会责任的监管规定,无论是履行的方式、履行的内容、履行的实践效果,还有其统一披露的内容、披露的时间以及披露的格式;另一方面,对社会责任披露的重视度。另外,社会和政府要对非金融机构从事金融业务的企业社会责任的履行给予充分重视,只有这样才能真正达到应有的监管效果。

二、法制层面的完善

第一,尽快制定一部统一的《金融业务机构社会责任指引》,一改目前以银行业金融业务机构承担社会责任为主,而非银行类金融业务机构不受约束的现状,强调社会责任在金融业务机构,特别是证券公司、金融业务机构适用的普遍性。对于《金融业务机构社会责任指引》的体例问题,笔者建议在社会责任的界定、披露时间、披露内容以及披露方式上保持同一性,同时可以针对不同类型的金融业务机构规范不同的社会责任内容。

第二,必须强调《金融业务机构社会责任指引》的高度位阶性。高度位阶性代表高度的强制力和执行效力,这样一方面可以加强金融业务机构履行社会责任的约束力;另一方面也可以协调现有制度下对金融业务机构规定不一引发的冲突问题。笔者建议在国务院牵头下由现有的银行业监督管理委员会、证券业监督管理委员会以及保险业监督管理委员会共同制定,这样在《金融业务机构社会责任指引》和现有的制度规范发生冲突时,必须优先适用《金融业务机构社会责任指引》的规定,解决效力冲突问题。

第三,必须强调将要出台的《金融业务机构社会责任指引》以及现有规范性文件的执行情况。正如博登海默所言:"如果包含在法律规制部分中的'应然'内容仍停留在纸上,而并不对人的行为产生影响,那么法律只是一种神话,而非现实。"①因此制定出的法律必须得到执行,这样立法才有效果,也才能达到我们规制金融业务机构社会责任的目的。

---

① [美]E. 博登海默著:《法理学——法律哲学与法律方法》,邓正来译,中国政法大学出版社2004年版,第255页。

第七章　现代金融内外投资风险的防范

第一节　现代金融对外投资风险防范

一、现代金融对外投资风险防范的现状

（一）现代金融对外投资的现状

对外投资包括直接投资和间接投资两种形式，直接投资通常与产业投资相联系，其主要形式是合资经营与独资经营，外国投资者在东道国的公司或企业拥有长久利益、实行长期管理。如果外国投资者购买东道国所发行的股票或债券的目的在于谋取股息或证券交易价差的收益，而不是为取得对目标公司的控股权或者经营活动控制权，则为间接投资。2009年我国境内投资者共对全球122个国家和地区的2283家境外企业进行了直接投资，累计实现非金融类对外直接投资433亿美元，同比增长6.5%。截至2009年年底我国累计对外直接投资已超过2200亿美元。[①]

近年来，中国企业的海外投资主要以直接投资为主，投资海外证券市场的间接投资形式要受到严格限制，通常只有在金融保险机构经过国家外汇管理局和证券监督管理委员会的审批，才允许进行海外投资。

① 资料来源：商务部网站，http://www.fdi.gov.cn/pub/FDI/wztj/jwtztj/t20100120_117214.htm，访问日期：2010年6月30日。

目前中国资本投向海外主要有三个途径：(1)中国公司在海外投资；(2)通过允许金融机构在境外投资的合格境内机构投资者计划(QDII)；(3)最近设立的旨在投资部分外汇储备的中国投资公司。

自2008年世界金融危机以来，受全球金融危机蔓延、世界经济下行等因素影响，我国对外投资风险明显上升，部分企业遭受较大损失，针对部分外经贸企业风险意识薄弱、缺乏风险防范信息和避险工具的现状，政府对外投资主管部门积极研究建立对外投资风险防范体系。综合运用风险防范培训、风险发布机制、网络信息平台等方式，服务指导企业对外投资活动。为了进一步对对外投资予以规范和保护，对于非金融机构的境外投资，2009年商务部出台了《境外投资管理办法》，采取有条件地允许国内企业开展境外投资的政策，企业进行境外投资业务必须得到政府主管部门的批准，并事先与我国驻东道国使领馆取得联系，就在该国投资是否可行征得其书面同意，除此之外，对外投资主管部门还会为非金融机构的对外投资提供管理和服务。而金融机构的对外投资主要规定在1990年发布的《境外金融机构管理办法》，专门针对银行境外机构予以监管，该法主要目的是加强境外金融机构的管理，保障金融事业的健康发展。该法颁布11年后，中国人民银行于2001年颁布了《商业银行境外机构监管指引》，以加强对商业银行境外机构的监管，促进商业银行境外机构审慎经营，健康发展。

2010年中国对外直接投资净额(以下简称流量)688.1亿美元，较上年增长21.7%。其中，新增股本投资206.4亿美元，占30%；当期利润再投资240.1亿美元，占34.9%；其他投资241.6亿美元，占35.1%。截至2010年年底中国13000多家境内投资者在国(境)外设立对外直接投资企业(以下简称境外企业)1.6万家，分布在全球178个国家(地区)，对外直接投资累计净额(以下简称存量)3172.1亿美元，其中，股本投资597.3亿美元，占18.8%；利润再投资1207亿美元，占38.1%；其他投资1367.8亿美元，占43.1%，2010年年末境外企业资产总额达到1.5万亿美元。

2011年中国对外直接投资主要呈现以下特点：一是投资流量增势强劲，再创新高。2011年流量实现了自数据发布以来连续十年的增长，达到746.5亿美元，同比增长8.5%，再创年度投资流量的历史新高。其中非金融类投资达到685.8亿美元，同比增长14%。2002～2011年中国对外直接投资年均增长速度为44.6%。二是投资存量突破4000亿美元，但与发达国家仍有较大差距。截至2011年年底存量达4247.8亿美元，位居全球第13位，较上年末提升4位。但与发达国家相比,由于中国对外直接投资起步较晚,仅相当于美国对外投资存量的9.4%,英国的24.5%,德国的29.5%,法国的30.9%,日本的44.1%。三是投资遍布全球七成国家地区,行业分布广泛多元。截至2011年年底中国13500多家境外企业1.8万家,分布在全球177个国家(地区);投资行业呈多元化发展,商务服务业、金融业、采矿业、批发和零售业、制造业、交通运输业形成中国对外直接投资的主要行业架构;2011年年末中国对外直接投资前20位的国家(地区)存量累计达到3856.09亿美元,占中国对外直接投资存量的90.8%,国家聚集度较高。四是并购领域相对集中。2011年以并购方式实现的直接投资272亿美元,占流量总额的36.4%,并购领域以采矿业、制造业、电力生产和供应业为主。五是对主要经济体投资快速增长,八成的投资流向发展中国家。2011年中国对欧盟的投资75.61亿美元,同比增长26.8%;对东盟的投资59.05亿美元,同比增长34.1%;对澳大利亚31.65亿美元,同比增长86%;对美国18.11亿美元,同比增长38.5%;对俄罗斯7.16亿美元,同比增长26.1%。2011年直接流向发展中国家(地区)的投资为612.3亿美元,占82%,流向发达国家经济体134.2亿美元,占18%。六是境外企业对东道国税收就业贡献明显,对外投资双赢效果显著。2011年中国非金融类对外直接投资685.8亿美元,同比增长14%;境外企业实现销售收入10448亿美元,境内投资者通过境外企业实现的进出口额1845亿美元,同比增长35%。2011年境外企业向投资所在国缴纳的各种税金总额超过220亿美元,年末境外企业就业人数达122万人,其中雇用外方员工88.8万人,来自发达国家的雇员有10万人。

《2012年度中国对外直接投资统计公报》显示,2012年中国对外直接投资主要呈现以下特点:一是投资流量逆势上扬,再创佳绩。2012年在全球外国直接投资流出流量较上年下降17%的背景下,中国对外直接投资创下流量878亿美元的历史新高,同比增长17.6%,首次成为世界三大对外投资国之一。二是投资存量突破5000亿美元,但与发达国家仍有较大差距。截至2012年年底存量达5319.4亿美元,位居全球第13位。但与发达国家相比,由于中国对外直接投资起步较晚,仅相当于美国对外投资存量的10.2%,英国的29.4%,德国的34.4%,法国的35.5%,日本的50.4%。三是投资遍布全球近八成的国家和地区,投资存量高度集中。截至2012年年底中国1.6万家境外企业近2.2万家,分布在全球179个国家(地区),覆盖率达76.8%;其中亚洲地区的境外企业覆盖率高达95.7%,欧洲为85.7%,非洲为85%。2012年年末中国对外直接投资存量高度集中,前20位的国家地区存量累计达到4750.93亿美元,占总量的89.3%。四是投资行业分布广泛,门类齐全,投资相对集中。2012年年末中国对外直接投资覆盖了国民经济所有行业类别,其中存量超过100亿美元的行业有租赁和商务服务业、金融业、采矿业、批发和零售业、制造业、交通运输业/仓储和邮政业、建筑业,上述七个行业累计投资存量4913亿美元,占我国对外直接投资存量总额的92.4%。五是并购领域广,交易金额大。2012年中国企业共实施对外投资并购项目457个,实际交易金额434亿美元,两者均创历史之最。其中,直接投资276亿美元,占63.6%,境外融资158亿美元,占36.4%。六是对美投资快速增长,流向英属维尔京、开曼群岛的投资大幅下降。2012年中国对美国投资40.48亿美元,同比增长123.5%,美国成为继中国香港之后的中国第二大直接投资目的地。2012年中国对外直接投资流向英属维尔京群岛、开曼群岛的投资共计30.67亿美元,较上年的111.45亿美元下降72.5%。七是境外企业对东道国税收就业贡献明显,对外投资双赢效果显著。2012年境外企业向投资所在国缴纳的各种税金总额达221.6亿美元,2012年年末境外企业员工总数达149.3万人,其中雇用外方员工70.9万人,来自发达国家的雇员有8.9万人。

商务部、国家统计局、国家外汇管理局联合发布《2013年度中国对外直接投资统计公报》,正式公布2013年中国对外直接投资的年度数据。该公报分为中国对外直接投资概况、中国对外直接投资特点、中国对主要经济体的投资、中国对外直接投资者构成、对外直接投资企业的地区和行业分布、综合统计数据六个部分。2013年中国对外直接投资主要呈现以下特点:一是投资流量首次突破千亿美元大关,蝉联全球第三大对外投资国。2013年在全球外国直接投资流出流量较上年增长1.4%的背景下,中国对外直接投资流量创下1078.4亿美元的历史新高,同比增长22.8%,连续两年位列全球三大对外投资国。二是存量全球排名前进两位,投资覆盖国家地区更为广泛。截至2013年年底中国1.53万家境内投资者在国(境)外设立2.54万家对外直接投资企业,分布在全球184个国家(地区),较上年增加5个;中国对外直接投资累计净额(存量)达6604.8亿美元,较上年排名前进两位,位居全球第11位。三是除对欧洲地区投资下滑外,对其他地区均呈不同程度的增长。2013年中国对欧洲地区的投资59.5亿美元,同比下降15.4%;对拉丁美洲、大洋洲、非洲、亚洲分别实现了132.7%、51.6%、33.9%、16.7%的较快增长;对北美洲投资较上年实现0.4%的微增长。四是投资涉及国民经济各行业,五大行业集中度超八成。截至2013年年底中国对外直接投资覆盖了国民经济所有行业类别，租赁和商务服务业、金融业、采矿业、批发和零售业、制造业，五大行业累计投资存量达5486亿美元，占我国对外直接投资存量总额的83%，当年流量占比也超过八成。五是并购领域多元，单项交易金额创历史之最。2013年中国企业共实施对外投资并购项目424个，实际交易金额529亿美元，其中直接投资337.9亿美元，占63.9%；境外融资191.1亿美元，占36.1%。并购领域涉及采矿业、制造业、房地产业等16个行业大类。中国海洋石油总公司148亿美元收购加拿大尼克森公司100%股权项目，创迄今中国企业海外并购金额之最。六是地方企业对外投资稳步增长，非金融类投资存量地方企业占比首破三成。2013年地方企业非金融类对外直接投资流量达364.15亿美元，同比增长6.5%，占全国非金融类对外直接投资流量的39.3%，广东、山东、北京位列前三。截至2013年年底，地方企业非金融类对外直接投资存量为1649亿美元，在全国占比首次突破三成，达到30.3%。七是非国有企业占比不断扩大，国有企业流量占比降至四成。截至2013年年底在非金融类对外直接投资5434亿美元存量中，国有企业占55.2%，非国有企业占比44.8%，较上年提升4.6个百分点。2013年，非金融类对外直接投资流量927.4亿美元，其中国有企业占43.9%；有限责任公司占42.2%，股份有限公司占6.2%，股份合作企业占2.2%，私营企业占2%，外商投资企业占1.3%，其他占2.2%。八是境外企业销售收入实现两位数增长，对东道国贡献突出。2013年，中国非金融类境外企业实现销售收入14268亿美元，较上年增长14.5%；2013年中国境外企业（含金融类）向投资所在国缴纳的各种税金总额达370亿美元，同比增长67%，2013年年末境外企业员工总数达196.7万人，其中直接雇用外方员工96.7万人，占49.2%；来自发达国家的雇员有10.2万人，较上年增加1.3万人。

在世界经济艰难复苏，全球外国直接投资流量下降的情况下，2014年中国对外直接投资创下了1231.2亿美元的历史新高，连续3年位列全球第三，双向投资首次接近平衡。根据《2014年度中国对外直接投资统计公报》，2014年中国对外直接投资主要有以下特点：一是对外投资流量快速增长，与吸引外资规模首次接近。2014年中国对外直接投资继续高速增长，创下1231.2亿美元的历史最高值，同比增长14.2%。自2003年中国发布年度对外直接投资统计数据以来，连续12年实现增长，2014年流量是2002年的45.6倍，2002～2014年的年均增长速度高达37.5%。2014年中国对外直接投资与中国吸引外资仅差53.8亿美元，双向投资首次接近平衡。二是对外投资的存量规模不断扩大，首次步入全球前10行列。2014年年末中国对外直接投资存量8826.4亿美元，较上年末增加2221.6亿美元，占全球外国直接投资流出存量的份额由2002年的0.4%提升至3.4%，在全球分国家地区的对外直接投资存量排名中较上年前进3位，位居第8，首次步入全球前10行列。三是投资遍布全球近八成的国家和地区，投资地域高度集中。截至2014年年底中国1.85万家境内投资者设立对外直接投资企业近3万家，分布在全球186个国家（地区）。中国对外直接投资地域分布高度集中，2014年年底对外直接投资存量前20位的国家地区存量占总量的近90%，对“一带一路”沿线国家的直接投资流量为136.6亿美元，占中国对外直接投资流量的11.1%。四是投资行业分布广泛，门类齐全，第三产业投资流量、存量均超七成。2014年中国对外直接投资涵盖了国民经济的18个行业大类，按三次产业划分，投资流量占比分别为1.3%、25.3%和73.4%；2014年年底三次产业存量占比分别为1%、24%和75%。投资存量规模超过1000亿美元的行业有4个，依次分别为租赁和商务服务业、金融业、采矿业、批发和零售业，上述4个行业累计投资存量达6867.5亿美元，占我国对外直接投资存量总额的77.8%。五是并购项目亮点突出，但传统采矿领域交易金额大幅下降。2014年中国企业共实施对外投资并购项目595起，实际交易总额569亿美元，其中直接投资324.8亿美元，占并购交易总额的57.1%。涉及制造业、农林牧渔业等领域的对外投资并购亮点突出。同时受大宗商品市场低迷等因素影响，采矿业并购金额虽仍保持首位，但从上年的342.3亿美元大幅下滑到179.1亿美元，同比下降47.7%。六是股权和收益再投资占八成，债务工具比重下降明显。2014年中国对外直接投资流量中，股权和收益再投资共计1001.3亿美元，占到流量总额的81.3%；由于境外融资成本低于境内，企业通过境外融资再进行对外投资的活动日益增多，由境内投资主体直接给境外企业提供的贷款减少，债务工具投资较上年下降了40.7%。七是地方企业投资占比首次过半，超过中央企业和单位对外直接投资规模。2014年地方企业非金融类对外直接投资流量达547.26亿美元，同比增长50.3%，占全国非金融类流量的51.1%，首次超过中央企业和单位对外直接投资规模。八是境外企业对东道国税收和就业贡献明显，对外投资双赢效果显著。2014年境外企业向投资所在国缴纳的各种税金总额达191.5亿美元，雇用外方员工83.3万人，来自发达国家的雇员13.5万人，较上年末增加3.3万人。

根据商务部、国家统计局、国家外汇管理局联合发布《2015 年度中国对外直接投资统计公报》。2015 年中国对外直接投资实现历史性突破，流量首次位列全球第二位，并超过同期吸收外资水平。2015 年中国对外直接投资主要有以下特点：一是投资流量跃居全球第二，超过同期吸引外资规模，实现资本净输出。2015 年中国对外直接投资迈向新的台阶，实现连续 13 年快速增长，创下了 1456.7 亿美元的历史新高，占到全球流量份额的 9.9%，同比增长 18.3%，金额仅次于美国（2999.6 亿美元），首次位列世界第二（第三位是日本 1286.5 亿美元），并超过同期中国实际使用外资（1356 亿美元），中国当年的实际使用外资是 1356 亿美元，实现资本项下净输出。2002～2015 年中国对外直接投资年均增幅高达 35.9%，"十二五"期间中国对外直接投资 5390.8 亿美元，是"十一五"的 2.4 倍。二是存量全球排位居第八，境外企业资产总额超过 4 万亿美元。截至 2015 年年底中国 2.02 万家境内投资者在国（境）外设立 3.08 万家对外直接投资企业，分布在全球 188 个国家（地区）；中国对外直接投资存量 10978.6 亿美元，占全球外国直接投资流出存量的份额由 2002 年的 0.4% 提升至 4.4%，排名由第 25 位上升至第 8 位。2015 年年末中国境外企业资产总额达 4.37 万亿美元。三是对外直接投资并购活跃，领域不断拓展。2015 年中国企业共实施对外投资并购 579 起，涉及 62 个国家和地区，实际交易金额 544.4 亿美元，其中直接投资 372.8 亿美元，占 68.5%；境外融资 171.6 亿美元，占 31.5%，并购领域涉及制造业、信息传输/软件和信息技术服务业、采矿业、文化/体育和娱乐业等 18 个行业大类。中国化工橡胶有限公司 52.9 亿美元收购意大利倍耐力集团公司（近 60% 股份），是 2015 年中国企业实施的最大海外并购项目。四是"一带一路"的扎实推进，对相关国家投资快速增长。2015 年，中国对"一带一路"相关国家投资占当年流量总额的 13%，达 189.3 亿美元，同比增长 38.6%，是全球投资增幅的 2 倍。2015 年年末中国对外直接投资存量的八成以上（83.9%）分布在发展中经济体，在发达经济体的存量占比为 14%，另有 2.1% 存量在转型经济体。五是投资涉及领域广泛，国际产能和装备制造合作步伐加快。截至 2015 年年底中国对外直接投资覆盖了国民经济所有行业类别，制造业、金融业、信息传输/软件和信息服务业同比分别增长了 108.5%、52.3%、115.2%。流向装备制造业的投资 100.5 亿美元，同比增长 158.4%，占制造业投资的 50.3%，带动了装备、技术、标准和服务"走出去"。六是境外企业对东道国税收和就业的贡献增大，对外投资双赢效果显著。2015 年中国境外企业向投资所在国家（地区）缴纳的各种税金达311.9亿美元,较上年增长62.9%,雇用外方员工122.5万人,较上年末增加39.2万人。此外,从《统计公报》中还可以看出,2015年中国企业对外投资的国家和地区比较集中,流向中国香港、荷兰、开曼群岛、英属维尔京群岛、百慕大群岛的投资共计1164.4亿美元,占当年流量总额的79.7%。

从对外投资的企业结构和区域分布看,2015年近八成的非金融类对外投资来自地方企业。地方企业成为中国对外投资的主要力量,对外非金融类直接投资流量达936亿美元,同比增长71%,占全国非金融类对外直接投资流量的77%。东部、中部、西部地区分别实现78.2%、84.7%、14.2%的较高增长;上海、北京、广东2015年流量均突破百亿美元,位列地方投资前三。

从2015年中国企业对外投资的方式看,新增股权投资首次超过六成,债务工具占比创历史新低。2015年对外直接投资流量中,新增股权投资967.1亿美元,占比达66.4%;收益再投资379.1亿美元,占26%;债务工具投资110.5亿美元,较上年占比减少一成,仅为7.6%。

2016年对"一带一路"49个国家投资49.1亿美元。1~4月我国对外非金融类直接投资达3914.5亿元人民币,同比增长71.8%,其中对美国投资增长最快,达到235.7%。

商务部合作司负责人指出,1~4月我国企业承揽的境外基础设施建设类项目较上年同期增加四成,新签合同额432.5亿美元。我国企业共对"一带一路"相关的49个国家进行了直接投资,投资额合计49.1亿美元,同比增长32%。

(二)现代金融对外投资风险

对外投资风险的认知是防范对外投资风险的前提。因此首先要认知和分析对外投资的风险的类型和风险的特征。只有充分认知对外投资的风险,才能对对外投资的风险进行防范。根据风险的重要性,主要分析以下几类常见的风险:

1. 国家风险

国家风险也叫政治风险,是指在对外直接投资中,由于东道国政府在政权、政策法律等政治环境方面的异常变化,导致投资环境的恶化,进而给外国投资者的投资活动造成经济损失的可能性。日本大藏省界定的国家风险是指向外国投资及贷款所蒙受的全部或部分损失,并且是由于接受投资国出现了某种变化,如战争、革命、内乱、国有化、外汇政策的变动、经济管理的失败(长期萧条、通货膨胀、国际收支不平衡等)。[①] 在对外直接投资活动中,东道国的国家风险主要包括:国有化风险,战争风险,政策变动风险,转移风险,制裁风险,汇率、利率及信用风险。

2. 金融风险

金融风险是由金融本身的不确定性构成的。在对外投资中的金融风险是指在国际投资中,由于各种不确定因素的变化,导致国际金融市场上各国汇率、利率的变动,或国际信用的变动而引起国际投资者资产价值变化的可能性。金融风险主要包括汇率风险和利率风险两类。[②] 首先,汇率风险是对外投资的主要金融风险。自 1973 年世界上主要发达国家实行浮动汇率制以来,各种主要货币的汇率就随着各国经济发展的变化而频繁波动。各种货币之间的汇率不仅在幅度和频率上变化显著,而且由于国际投资行为的介入而经常产生无法预计的波动。这种汇率变化带来的风险是由于货币制度产生的,对企业的影响是无法消除的。而且由于汇率的变动也是很难预测的,因此对企业的对外直接投资影响很大。东道国通货膨胀和国际收支恶化会导致金融不稳定,从而导致东道国货币贬值。由于这种情况的发生,中国企业在当地的投资包括资产和收益都会相应的缩水。企业在东道国的后续投资由于外汇汇率的波动造成的预期效果不确定而面临中断。这种情况必然会对企业的经营带来巨大损失。[③] 其次,利率风险对企业的影响举足轻重。利率对企业在金融市场上的资金活动非常重要。中国企业在国内经营时,由于中国的金融体系还没有完全市场化,因此,利率的波动受到比较严格的管理,相对处于平稳的状态,对企业的日常经营影响并不太大。但企业在海外的投资则容易暴露在波动较为频繁的利率风险当中,尤其是在一些金融状况不稳定的发展中国家,通货膨胀率或者货币政策的较大变动都会对利率产生很大影响,从而对海外金融业务机构的资金活动产生难以预料的不利影响。

3. 经营风险

经营风险是指企业在进行对外直接投资的整个过程中,由于市场条件的变化或生产、管理、决策的原因导致企业经济损失的可能性。海外经营环境的

---

① [日]樱井雅夫著:《国际经济法》,陈虹译,台北五南图书出版公司 1998 年版,第 477 页。

② 陈蔚、孔令玉:"对外直接投资风险的识别及控制",载《经济师》2005 年第 6 期。

③ 朱凌:"中国对外直接投资风险问题研究",南京理工大学 2004 年硕士学位论文,第 19 ~ 20 页。

复杂性对中国企业对外投资经营风险形成的影响主要体现在两方面，一方面是东道国的客观经营环境对海外金融业务机构产生的影响，另一方面是海外金融业务机构自身对东道国的环境或者项目可能遇到的情况缺乏充分的研究准备。而后者是主观上的风险，经过对风险的分析和研究，是可以控制的风险。经营风险按其形成的原因不同，主要包括市场进入风险、价格风险、营销风险、信用风险、财务风险、组织风险、技术风险等。

4. 制度风险

中国企业境外投资在境内审批阶段适用中国法律，而境外机构设立以后，除了根据属人管辖原则适用中国法律外，同时也适用境外机构所在的东道国的法律，企业的对外投资需要面临中国法律以及东道国法律在市场准入、业务范围、业务监管、市场退出等方面规定不完善、不协调而带来的法律风险。不同的东道国，其法律在市场准入、业务范围、业务监管、市场退出等方面的规定不尽相同，只能由对外金融业务机构根据具体情况具体分析。在我国境内规范对外投资活动的法律的缺陷和不足却是可以改进和完善的，以金融业务机构的对外投资为例，规范金融业务机构对外投资的法律存在一系列的缺陷和不足，严重影响了我国金融业务机构的境外投资活动。

首先，我国《商业银行法》存在不足。我国的《商业银行法》仅有两个条文涉及商业银行的对外投资，①其中第 42 条还不是专门针对对外投资的规则，而是间接涉及银行行使担保权利获得投资的处置问题。只有第 43 条专门规范商业银行的对外投资问题。但这条禁止投资的规定还存在以下问题：一是禁止投资的范围不清晰，给商业银行规避法律留下空间，也置监管者于尴尬的境地。该法没有解释清楚"信托投资"、"证券经营业务"、"非自用不动产"的具体含义，立法用语含糊和不确定，给商业银行带来了困惑，也为监管者严格执法带来了不便；二是第 43 条规定的"在中华人民共和国境内"的行为，意味着商业银行可以在境外从事法律所禁止的投资投资行为。从禁止和限制商业银行对外投资的一般目标来看，目的在于控制商业银行的风险，而不在于对境内市场秩序的冲击和挑战问题。但是这其中内外有别的做法，不利于境内商业银行在全球范围内的公平竞争，尤其是给一些大型商业银行利用其国际资源和优势再间接进入境内禁止或限制投资领域留下了空间。况且境外投资的放开以及立法未考虑构建适当的监管机制，不利于我国商业银行整体控制投

① 参见《商业金融业务机构法》第 42 条、第 43 条。

资风险，不利于商业银行法控制风险目标的实现。①

其次，我国目前在规范商业银行境外投资的《境外金融机构管理办法》和《商业银行境外机构监管指引》也有缺陷。两个监管法规的权威性不强，法律文件的内部与外部协调上存在诸多问题，《境外金融机构管理办法》的规定与现行的金融监管体制已经有诸多不协调。境外金融业务机构的准入制度是境外机构监管制度中最为重要的问题，《商业银行境外机构监管指引》却没有此方面的规定，存在疏漏。

二、我国现代金融对外投资风险控制制度的完善

（一）国家风险的转移和分散

为了消除对海外投资政治风险的担心和顾虑，切实保护海外投资者的权益，中国必须建立海外投资保险制度，并使这一制度与中国和外国签订的双边投资协定及《多边投资担保机构公约》相配合。海外投资保险制度的内容应包括承保机构的性质与设立、承保范围、投保人的资格条件、保险期限及汇率、损失赔偿等问题。② 在承保机构的性质与设立上，中国对外投资保险机构应当通过立法直接规定，可以由中国出口信用金融业务机构或者中国人保公司专门负责，业务资金由国家财政统一拨付，与公司其他业务分离经营。这样可以最大限度利用现有资源，避免机构设置重复。在承保的范围上，各国的经验是投资金融业务机构仅承保政治风险，如国家征用、外汇兑换限制、战争内乱等。这些风险往往为商业保险没有覆盖的范围，我国的对外投资保险也可以限定在政治风险的范围内，补充商业保险的不足。在投保人资格方面，由于对外投资保险的主要目的是促进本国企业与经济的增长，因此，投保人一般限于本国投资者。中国对外投资保险的适格投保人，也应限定在中国内资企业与个人范围之内。由于投资国法律无域外效力，所以海外投资国家风险的防范，主要还得利用双边投资协定与东道国法律。

（二）汇率、利率风险防范

金融风险主要包括了汇率风险，控制汇率风险，可以利用远期外汇市场和货币市场套期保值。在对汇率变动进行正确预测的基础上，采取提前或推迟支付手段，合理选择软、硬币，尽量使用对金融业务机构有利的币种结算，以规

---

① 李金泽著：《金融业务机构法国际比较》，中国金融出版社2008年版，第193～197页。

② 沈四宝著：《中国投资法律指南》，对外经济贸易大学出版社2007年版，第138页。

避外汇风险。同时采用分散化经营策略，跨国公司将经营业务深入各个不同国家和不相联的各个行业中，通过分散化经营降低汇率变动所带来的经济损失，使整个公司业务现金流的波动较小及生产管理营销战略，当跨国公司子公司所在地货币贬值时，母公司应安排子公司用国内投入品替代成本上涨的进口投入品，从而维持其生产成本的原有水平；或通过扩大销售额及提高产品定价来增加销售收入，来降低经济汇率风险。①

控制汇率风险，需要进一步完善我国的外汇管理体制。首先，适度放宽对境外投资用汇的限制。其次，简化境外投资外汇管理程序。外汇风险和外汇来源的审查可以并入主管审批部门的职责范围，无须单独指定部门审批。由于外汇风险主要考察的是东道国的汇兑和金融风险等内容，可以将外汇风险审查放入境外投资的国别政策管理中。最后，取消利润汇回保证金，提高外汇留成比例。企业在境外投资的初始阶段，资金的需求是很迫切的。政府通过取消利润汇回保证金，提高外汇留成比例等措施为境外金融业务机构提供资金便利，不仅有利于降低企业的投资风险，也会促进企业获利后的再投资力度，从长远来看，并不会对中国国际收支产生不利。允许有条件的企业以境外投资为目的开展国际商业融资。直接在东道国融资，可以减少资本项目往来，避免受汇率波动的影响。②

（三）经营风险的控制

对外直接投资者在投资过程中应事先预测风险产生的可能性程度，判断导致其产生的条件及因素，对风险进行正确的评估，避免风险或改变风险的流向。风险规避是控制风险最彻底的方法。及时采取各种措施减少市场风险、营销风险和技术风险等实现的概率及经济损失的程度，防范在先。对外直接投资者在识别风险的基础上，力图维持原有决策，减少风险所造成的损失而采取积极措施达到风险抑制的目的。同时跨国投资者对一些无法避免和转移的风险，在不影响投资根本利益的前提下自行承担，即通常意义上的风险自留。③ 应注意企业需要定期提取恰当数量资金作为专项基金，以供将来发生意外灾害或事故时抵偿损失之用。再者，风险的承担者可以通过若干个经济

---

① 陈蔚、孔令玉："对外直接投资风险的识别及控制"，载《经济师》2005年第6期。

② 朱凌："中国对外直接投资风险问题研究"，南京理工大学2004年硕士学位论文，第42～43页。

③ 陈蔚、孔令玉："对外直接投资风险的识别及控制"，载《经济师》2005年第6期。

和技术手段将风险转移给他人承担。如投资者向商业银行投保或在投资初期要求东道国金融业务机构、合作企业、政府为其担保，一旦发生损失后，可以从商业金融业务机构或担保者那里得到部分或全部赔偿。

对外直接投资所面临的投资环境比国内投资更为复杂多变，风险更为广泛多样。国际投资者在投资风险的识别、度量、分析的基础上，运用最合理的科学管理方法来控制风险，以最大限度地保障各种资本和利益的安全，是提升中国企业国际竞争力的必要保证和关键因素。另外，由于对外投资东道国的法律基于国家主权原则，境外机构只能遵守所在国的法律，以减少法律风险。而我国的法律制度的不完善，同样也会对企业对外投资带来法律风险，或者是法律规定不明确，不能给法律关系主体以确定性的指引，或者是法律规定有漏洞，由此给企业带来市场准入，业务经营以及市场退出等方面的风险，损害企业的持续竞争力。

控制企业的法律风险，首先，立法应加强对外投资的有关规定，选择比较详尽的体例来完善对外投资规则。适当规范可允许投资实体的范围，并可在概括性的基础上列举。例如，《商业金融业务机构法》应考虑金融控股集团的发展趋势，在对外投资问题上为适度的混业经营留下空间。对禁止投资的“信托投资”、“证券经营业务”、“非自用不动产”等业务领域，应明确其具体含义，准确予以表述，防止法律规定含糊不清而给对外投资的金融业务机构造成进退两难的窘境。对于《境外金融机构管理办法》和《商业银行境外机构监管指引》之间不协调的地方应作出修改，以适应不断发展的对外投资实践，对于境外经营活动机制上被忽略的境外机构业务范围的规范、对外投资申请人境外投资规模限制问题和境外机构的转投资问题，都应在修改法律时予以明确。

其次，在加强立法的同时，还应完善对外投资进入以及退出的审查程序机制。在对外投资法律规范中，应有适当的条款来规范监管当局审查批准对外投资及其退出条款，一些具体的监管行为还应该通过详尽的监管规章来规范，以确保监管者受到法律法规的制约。

第二节　现代金融外商投资风险控制

一、我国外商投资风险控制制度的现存问题

（一）我国现代金融外商投资的现状

外商直接投资，是指外国企业和经济组织或个人（包括华侨、港澳台胞以

及我国在境外注册的企业）按我国有关政策、法规，用现汇、实物、技术等在我国境内开办外商独资企业、与我国境内的企业或经济组织共同举办中外合资经营企业、合作经营企业或合作开发资源的投资（包括外商投资收益的再投资），以及经政府有关部门批准的项目投资总额内企业从境外借入的资金。[①]

随着中国加入 WTO 以后，我国的外商投资规模日渐增大，投资领域不断拓宽，2010 年 1 ~5 月全国新批设立外商投资企业 9638 家，同比增长22.15%，实际使用外资金额达 389.21 亿美元，以实际投入外资金额计算，在 1 ~5 月期间对华投资居前十位的国家和地区依次为：中国香港地区（234.75 亿美元）、中国台湾地区（26.98 亿美元）、新加坡（22.69 亿美元）、日本（17.73 亿美元）、美国（16.93 亿美元）、韩国（10.39 亿美元）、英国（5.79 亿美元）、荷兰（5.06 亿美元）、德国（4.40 亿美元）和法国（3.72 亿美元），这 10 个国家和地区实际投入外资金额占全国实际使用外资金额的 89.52%。[②]

2010 年我国利用外商直接投资大部分集中在制造业和房地产业，两者占比近 70%；其次是租赁和商务服务业（6.74%）及批发和零售业（6.24%）；其他行业所占比重很小。外商直接投资主要采取外商独资的方式，近几年来占比均超过 75%；外商合资经营的方式占比约为 20%；两者占比为 97% 左右。合作经营企业和外商投资股份制企业所占比重很小，为 3% 左右。外商直接投资最多的地区依次为江苏（19.2%）、广东（17.3%）和上海（13.5%）。该三省合计占我国利用外商直接投资总额的 50%，东部地区 10 省市（指北京市、天津市、上海市、辽宁省、河北省、山东省、江苏省、浙江省、福建省、广东省）占我国利用外商直接投资总额的 83.2%，而西藏、青海、宁夏、贵州、甘肃和新疆六省/自治区合计不到 1%。

2011 年我国实际利用外商直接投资 1160.11 亿美元，同比增长 9.72%；2012 年 1 ~4 月实际使用外资金额 378.81 亿美元，同比下降 2.38%。除英属维尔京、开曼群岛、萨摩亚、毛里求斯和巴巴多斯等自由港对我国进行的投资，我国外商直接投资的来源地主要为亚洲，前 10 位国家/地区实际投入外资金额占全国实际使用外资金额的 91.61%。

---

① 数据来源于前瞻数据库。前瞻产业研究院推荐：2016 ~2021 年中国互联网金融行业市场前瞻与投资战略规划分析报告。

② 资料来源：http://www.fdi.gov.cn/pub/FDI/wztj/wstztj/lywzkx/t20100617_122906.htm，访问日期：2010 年 7 月 2 日。

根据商务部外资司新闻数据统计,2015 年 1 ~ 12 月全国设立外商投资企业 26575 家,同比增长 11.8%;实际使用外资金额 7813.5 亿元人民币(折 1262.7 亿美元),同比增长 6.4%。

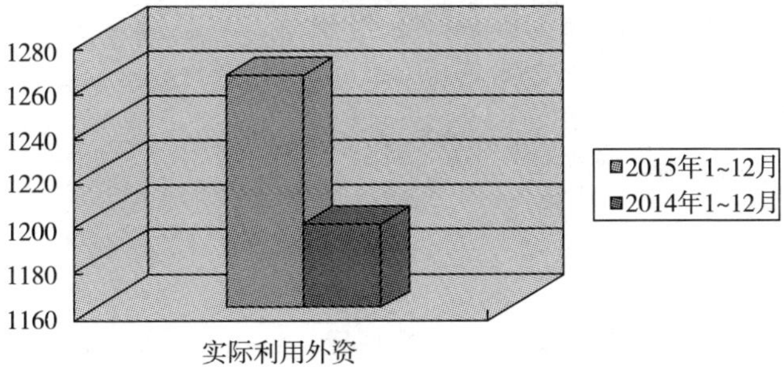

图 1　2015 年 1 ~ 12 月实际外资图表(单位:亿美元)

12 月当月全国设立外商投资企业 2927 家,同比增长 17.9%;实际使用外资金额 770.2 亿元人民币(折 122.3 亿美元),同比下降 5.8%。

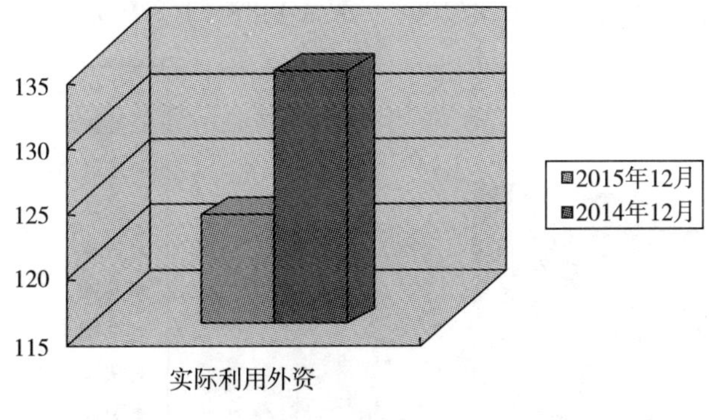

图 2　2015 年 12 月实际外资图表(单位:亿美元)

1 ~ 12 月东盟对华投资新设立企业 1154 家,同比增长 5.2%,实际投入外资金额 78.6 亿美元,同比增长 20.6%。欧盟 28 国对华投资新设立企业 1772 家,同比增长 11.9%,实际投入外资金额 71.1 亿美元,同比增长 3.8%。“一带一路”沿线国家对华投资新设立企业 2164 家,同比增长 18.3%,实际投入外资金额 84.6 亿美元,同比增长 23.8%。长江经济带区域新设立外商投资企业 11974 个,同比增长 7.8%;实际使用外资 619.9 亿美元,同比下降 4.6%。

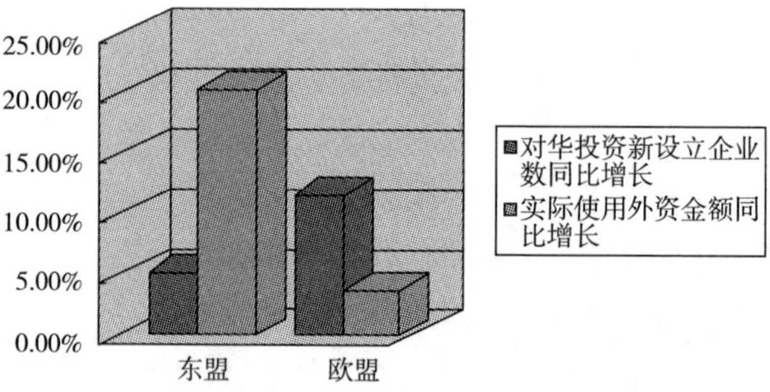

图3

主要国家/地区对华投资总体保持稳定。1～12月前十位国家/地区(以实际投入外资金额计)实际投入外资总额1186.3亿美元,占全国实际使用外资金额的94%,同比增长5.4%。对华投资前十位国家/地区依次为:中国香港地区(926.7亿美元)、新加坡(69.7亿美元)、中国台湾地区(44.1亿美元)、韩国(40.4亿美元)、日本(32.1亿美元)、美国(25.9亿美元)、德国(15.6亿美元)、法国(12.2亿美元)、英国(10.8亿美元)和澳门(8.9亿美元)。

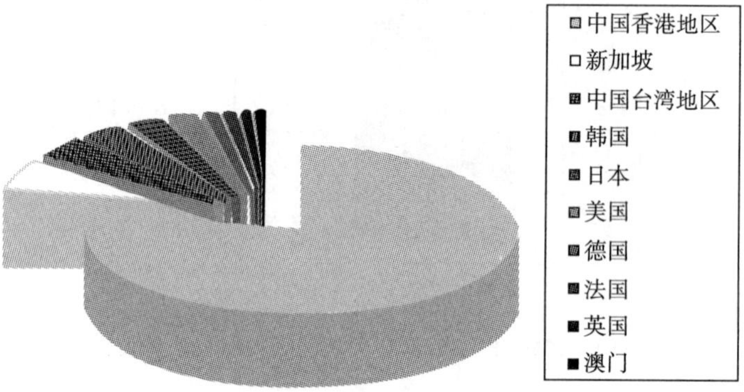

图4 2015年1～12月对华投资前十位国家/地区
(以实际投入外资金额计)(单位:亿美元)

说明:上述国家/地区对华投资数据包括这些国家/地区通过英属维尔京、开曼群岛、萨摩亚、毛里求斯和巴巴多斯等自由港对华投资。

2016年1～8月中国外商直接投资合同项目数累计为18538个,同比增长10.2%。

图5为2016年1~8月外商直接投资合同项目数累计统计：

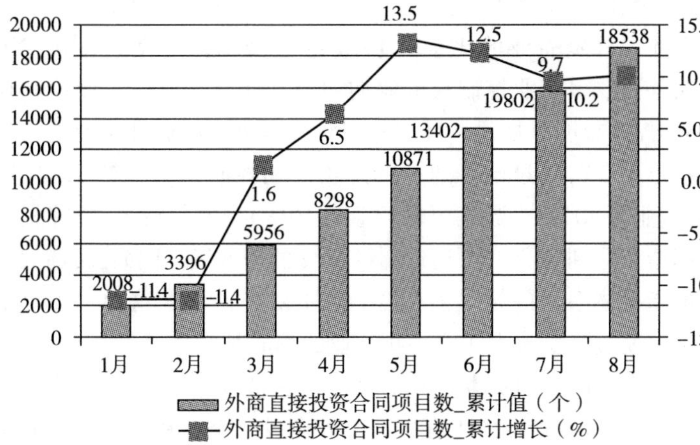

图5

（二）我国现代金融利用外资直接投资的主要问题

外商直接投资对我国经济增长、技术引进、产业结构演化、就业和税收等方面起到了极大的促进作用，我国在引进外资直接投资方面存在的问题是：资金来源国不尽合理，欧美发达国家投资偏少；产业结构不合理，特别是制造业相对较高；投资的方式结构不合理，国际上流行的参股并购偏少；投向的区域结构不合理，中西部地区投资太少；外商直接投资与环境污染问题。

目前FDI（foreign direet investment）对我国环境的影响主要有两种截然相反的观点：一种是支持"污染光环"说，认为进入的外商直接投资企业在必须遵守我国环境保护方面的法律法规的同时，还带来了先进的环境污染防治技术、环境管理思想和方法，没有加剧我国的环境压力，甚至在环境保护方面起了模范带头作用。一方面提高了东道国人民的收入水平，使人们对环境健康的要求也上升，环境改善投资也加大。另一方面先进的技术使东道国治理污染的技术有所提高，处理污染的标准也上升。另一种是支持"污染避难所"假说，认为由于发展中国家的环境管制比发达国家要松得多，因此发达国家常把淘汰的高污染行业转移到发展中国家，进而加剧了发展中国家的环境污染。

外商直接投资与国家经济安全问题。国家经济安全，是指经济全球化时代一国的国民经济发展和经济实力处于不受根本威胁的状态。一般认为国家经济安全内涵方面主要包括金融安全、资源(如石油、粮食和人才)安全、产业安全、财政安全、信息安全等。首先,对产业安全的影响。外商独资企业和外商股份制企业占外资企业的比重由1990年的25.3%上升到2010年的80.8%,这说明外商取得企业控制权的倾向明显。外商在取得企业控制权的同时,对市场的控制权明显加强。目前外资对我国第二产业即工业的市场平均控制率已接近1/3[①],超过国际通行的外资市场控制率警戒线标准(通常为20%,一般行业为30%,少数竞争性行业为50%)。通信设备、计算机及其他电子设备制造业达到76.63%,远远超过50%的警戒线。同时,目前我国评价产业安全的指标体系中的技术依存度和资本对外依存度这两个重要指标较高。技术依存度过高反映出我国某些行业的核心技术仍然被国外所掌握,存在较大的不安全风险。而资本对外依存度高,一旦外资撤离而又没有足够的资本及时注入,将危及产业的生存安全。外商投资企业在逐步垄断我国市场的同时,还通过并购控股中资企业后减少中方品牌宣传费、减少或中止技术开发投入、降低产量等手段,使国有品牌逐渐衰落甚至消失。其次,导致国有资产流失的问题。外商投资企业的进入导致国有资产流失主要体现在以下几个方面:一是导致税收的流失。外商投资企业通过关联交易,高价从国外关联公司购入原材料和设备,低价出售其产品,从而转移利润,造成我国税收的流失。二是我国一些国有企业因为企业做大做强急需资金,或是出于管理者持股的目的,引入外商“战略投资”。在此过程中为了能够引进外资,不惜降低引资条件、低估国有资产价值、高估外商技术、商标等无形资产价格,从而造成国有资产流失。如原大连电机厂曾是我国最大的电机企业,生产规模、质量和技术国内领先,Y系列、Y2及派生系列产品在国内的机床、通用机械、冶金、轻工、纺织等行业有良好的信誉,市场占有率很高,20%多的产品出口。20世纪90年代,由于行业不景气,加上内部管理出现漏洞,大连电机厂陷入困境,1996年与新加坡威斯特合资,大电机资产作价1亿元,中外各占50%股权。企业有人认为国有资产严重低估,至少应该是2~3倍。由于外商控制了经营权和购销渠道,合资企业连年亏损,导致一半以上职工失业,地方政府贴钱承担职工分流、银行债务减免利息,税收大量流失。最后,外商直接投资企业的进入一定程度上削弱了我国企业的技术研发和竞争能力也是问题之一。外商直接投资企业的进入一定程度造成人才和技术的流失,使我国人民币面临升值压

① 资料来源:http://ccnews.people.com.cn/GB/10975596.html。

力并引起通货膨胀，增强了国家对产业宏观调控的难度和不确定性等，这些方面都将导致我国的经济安全面临威胁。

（三）我国现代金融外商投资的风险

目前虽有这些法律法规在规范着外商投资活动，但是外商投资还是存在多种风险，比较典型的风险类别有：

1. 法律风险

从外商投资的立法体系来看，外资立法的层次过多，立法权限不明，常常令外商感到困惑，在实践中以行政手段，如未公开的内部文件、行政指标、内部通知、批文等代替法律对外商投资进行监管，缺乏应有的高度和透明度。行政执法机关之间权限划分不清或各自为政，自由裁量权偏大，司法机关有时存在地方主义倾向。内外资之间缺乏公平竞争的法律地位，外资的“非国民待遇”包括超国民待遇和次国民待遇，超国民待遇情形有税收、外贸经营权和外汇用款等方面的优惠措施；次国民待遇，如各地地方政府要求外商投资企业保证出口比例的地方性要求。在现阶段，我国的外商获得的是超国民待遇的优惠政策。投资鼓励和优惠是东道国为了吸引和鼓励外国投资，而通过其国内立法给予外国投资者优惠待遇、鼓励和优惠措施，主要包括税收优惠和金融、行政和关税返还方面的优惠，[①]我国通过外资立法规定了一系列优惠待遇，如2008年1月1日施行的《企业所得税法》规定了外商投资企业与内资企业统一适用25%的企业所得税率，但该法颁布前设立的外商投资企业仍然可在该法颁布后的5年内享受原有的税收优惠。内外资待遇不一样对于吸引大量外资起到了一定的促进作用，但是也不利于公平竞争的市场环境的形成，不利于内资企业的发展。没有公平竞争的市场经济环境，也会阻碍对外资的持续性引进。

2. 政策风险

外商投资企业的经营管理活动受我国国家政策的影响，外商金融业务机构在我国面临的政策性风险是外资政策缺乏稳定性，连续性和可预期性，如果在外商投资期间发生政策变动，可能导致外商投资企业的预期收益损失。我国政府行政效率和透明度不高，外资准入和增资审批环节与程序繁杂，影响外国投资者的积极性和投资效率。实践中某些地方政府为了吸引外资，在政策和法规之外，承诺外资一些特殊优惠，如土地价格或地税优惠；[②]有时存在地

---

① 孙南申主编：《国际投资法》，中国人民大学出版社2008年版，第48页。

② 张渺：“外商来华投资风险控制”，载《中国外资》2007年第10期。

方保护主义，如土地招投标过程中支持本地开发商中标，这些承诺和“特殊保护政策”有可能因为违反中国法律而得不到实现和执行，即使是政策得到实施，所获得收益因为是违法所得而有可能被没收，给外商投资企业带来损失。

3. 投资环境风险

外商投资企业进入中国市场后，在投资环境方面存在的风险是区域和行业配套设施不足，外资监管服务手段有待完善，中外文化差异和冲突，国家、企业和雇员之间存在文化差异，可能产生矛盾并引致投资损失或法律诉讼。在中国吸引外商投资要素中，软环境要素尤为重要，其中最关键的又是市场化程度和外商投资政策，包括法律制度建设、市场经济体制完善、政策制定和执行、外商投资的鼓励措施等综合构成的投资环境系统。投资环境恶化，外商投资企业的经营举步维艰，合法权益得不到保障，收益不能及时汇回母国，必然会导致外商投资企业的撤资，对金融危机后的国内经济的持续发展造成负面的影响。

二、我国外商投资风险控制制度的完善

（一）法律风险的控制

为了控制外商投资的法律风险，要大力改善外商投资的政策法律环境，提高依法行政水平。根据加入世界贸易组织的承诺和对外开放的需要，我们将进一步完善吸收外商投资的法律体系，保持外商投资政策法律的稳定性、连续性、可预期性和可操作性，努力为外商投资创造统一、稳定、透明、可预见的法律环境和政策环境。进一步简化外资审批程序，实施规范化、标准化的审批制度；增强法制观念，做到公开、公正、透明，努力建设廉洁、勤政、务实、高效的政府，为外商创造良好的法治环境。外国投资者应当深入了解中国法律环境，聘请法律顾问参与投资决策，遵照中国法律的规定进行企业的设立、经营、运作和利润分配，缴纳税收，避免陷入法律纠纷。随着中国经济实力的增强和对外开放政策的进一步深化，应该通过立法逐步取消外商投资企业的“非国民待遇”地位，为内资和外资创造公平竞争的市场环境，也有利于持续地吸引外商投资。

（二）政策风险的防范

控制外商投资的政策风险的有力措施是：保持外商投资政策的稳定性、连续性、可预期性和可操作性，跨国公司是当前世界经济的上导力量，当前尤其要积极研究吸引跨国公司来华投资、设立地区总部以及建立跨国采购中心的

有关政策。借鉴国际上购并的经验和做法,结合中国经济体制特点和企业的具体情况,加紧完善和制定外商以并购方式投资的可操作性政策规定。进一步修改外商投资股份公司的有关规定,推动BOT、特许权转让投资方式、外商投资企业在境内外上市发行股票等各项规定的制定与完善;明确政府职能定位,以调控、服务、引导为主,完善市场调节机制,减少政府的行政干预,提高行政效率,规范地方政府行为,做到公开、公正、透明,地方政府应严格依法办事,不做法律规定范围之外的承诺,不开"空头支票"。外国投资者自身也应保持谨慎投资和加强规范经营,投资领域的选择应遵守我国的《外商投资产业指导目录》的指引,自觉地不涉足中国政府禁止投资的领域。

(三)投资环境风险防范

鉴于中国的特定国情,在宏观经济要素和投资硬环境要素基本给定的情况下,软环境要素对外商投资的规模和质量具有决定性影响。强化软环境要素是系统工程,根本是要加快国内的市场化建设进程。外商投资是市场经济的产物,市场经济环境是其生存、发展的必需。中国政府已经按照市场经济要求和加入WTO时的承诺,全面清理、修订有关法律法规和政策文件,并使今后的法律法规和政策制定公开、公正、规范、透明。同时,结合政府职能转变,改进投资管理审批,提高服务效率,减少审批环节等。

同时,还要进一步完善投资硬环境要素。中国投资硬环境改善取得重大进展,交通、通信、能源等基础设施在硬件方面对经济发展的"瓶颈"制约基本解除,所以,在投资硬环境要素方面,最关键的是加快要素供给的市场化改革,加速国内市场与国际市场的融合,使服务提供、能源使用、原材料零部件供应等的质量和价格水平基本与国际接轨,充分释放硬环境要素对外商投资的吸引力。①

三、政策建议

我国国民经济和社会发展第十二个五年(2011~2015年)规划纲要指出:"优化结构,引导外资更多投向现代农业、高新技术、先进制造、节能环保、新能源、现代服务业等领域,鼓励投向中西部地区。丰富方式,鼓励外资以参股、并购等方式参与境内企业兼并重组,促进外资股权投资和创业投资发展。引

---

① 资料来源:http://www.fdi.gov.cn/pub/FDI/zgjj/tzhj/default.htm,访问日期:2010年7月2日。

进海外高层次人才和先进技术，鼓励外资企业在华设立研发中心，借鉴国际先进管理理念、制度、经验，积极融入全球创新体系。优化投资软环境，保护投资者合法权益。做好外资并购安全审查。”纲要的这一重要论述为我国今后利用外商直接投资指明了方向，也为我们提高利用外商直接投资水平提出了要求。

（一）完善外商投资产业指导目录

《外商投资产业指导目录》自1995年颁布实施至今到2011年第五次修订，17年间使用了5个版本，平均三年多修订一次。暴露出来的问题是该目录不能很好地适应经济形势、市场环境和技术水平的变化，导致该限制的没有限制，该鼓励的没有鼓励。所以有关部门应在平时采取类似于海关公告形式随时对目录进行调整和完善，制定以保护环境为主的外资进入产业目录，以适时调整外资产业政策，有利于积极引导外商投资方向，促进我国经济结构调整优化和经济发展方式转变。为促进区域经济协调发展，目前应及时修订《中西部地区外商投资优势产业目录》。

（二）逐步完善外商投资分级审批制度

近年来，虽然对外商投资的审批权在不断地下放，但外商投资企业审批制度在我国环保、产业安全、反垄断等方面仍然发挥着重要的作用。通过外商投资的审批，可以防止外资流向对我国有害的产业，继续严格限制高能耗、高污染、资源密集型的“两高一资”加工类产品以及各类加工项目的盲目发展。吸取过去商业企业引进外商的教训，避免越权审批、盲目发展。对违反规定擅自越权审批的，坚决予以查处。对于为招商引资、搞形象工程而急功近利、不惜牺牲环境代价的，要坚决予以制止。

此外，应单独设立跨国并购审批机构。美国凯雷并购徐工、法国赛博（SEB）并购苏泊尔、可口可乐并购汇源等外资并购案一度引起市场高度关注，也引起国内许多人士对产业经济安全的担心。我国应借鉴美国等国家的做法，制定一定的制度，对认定跨国并购涉及国家安全的，应设立专门的国家并购审批机构进行审查，该执行特殊审查任务的机构可由多个部委共同组成，直接归国务院管理。

（三）加强监管

针对外资并购过程中因地方保护主义干扰、现行登记管理体制不健全、法律法规相对滞后带来的监管难题，工商管理部门应健全外资企业登记管理体系，完善相关法律法规规定，转变地方政府内企和外企“双重标准”的做法，强化部门间联动机制,有效解决外资并购中虚假出资、骗取登记、注销不及时及商业贿赂等违法行为。环境管理部门应切实加强对外商投资企业排污的监管,发现问题,立即采取有效处理措施。

(四)建立产业安全管理机制

必须建立引进外商直接投资的国家产业风险管理与安全防范机制。这个机制包括有专门的研究机构不断跟踪中国利用外资的相关信息,履行产业安全的预警职能和研究职能,不间断地监控和研究整个产业的经济运行状态。这个机制还包括产业安全预警体系,即由国家或行业协会选择和构建一套能够全面、动态、及时反映产业发展状况和趋势指标体系,确定指标预警界限。一旦发现经济运行的有关指标接近或超过预警值时,就及时提出预警,政府及相关产业调控部门能据此迅速应对。

第八章　建立现代金融风险预警和突发事件处置机制

第一节　建立现代金融风险预警机制

金融在国民经济体系中处于核心地位,是国民经济运行的“神经中枢”。金融安全是国家经济安全的核心,国家的经济风险在很大程度上集中体现于金融领域。当金融风险积聚到一定程度就会爆发金融危机。建立金融风险预警机制是防范和化解金融风险、维护金融安全的“消防系统”,是强有力的技术支撑。一个有效的金融风险预警体系可以使政府宏观调控部门和管理当局尽可能早地发现潜在的风险并做出正确的反映,从而把金融风险和及其可能造成的损失降到最低。我国的金融业在迅速发展的过程中积聚了不少问题,金融生态基础比较薄弱,金融领域存在巨大的系统性风险,一旦条件成熟,这种可能的风险就会转化为现实的风险。因此,提高金融风险预警能力,构建金融风险预警机制是我国金融改革的当务之急。亚洲金融危机过后,各国都加强了对金融风险预警机制的研究,并相继出台了一些金融体系稳定评估计划。我国构建金融风险预警制度,可以借鉴发达国家和地区的成功经验以及成熟制度,构筑分层次的预警系统,建立宏观微观相结合的风险预警指标体系,设置快速预警纠偏机制，建立健全安全高效的信息采集、传递、分析系统，加强内控机制建设，完善监管机构之间的协调机制，加强金融风险预警的制度性建设。

一、金融风险预警机制概述

风险预警是指企业根据外部环境与内部条件的变化，对企业未来的风险进行预测和报警。风险预测需要对大量的信息进行综合分析，落后的人工管理手段已经无法适应，只有依靠高科技手段，结合人工管理，提高分析的自动化水平和处理能力，才能逐步提高风险预测的准确性和及时性。因此，建立一个高度自动化、智能化的风险预警系统，与银行其他系统密切配合，将在银行的风险管理体系中发挥出积极的作用。企业活动作为集合经济、技术、管理、组织等各方面的综合性社会活动，在各个方面都存在不确定性。企业风险预警系统就是通过建立风险评估体系，进而进行风险预控，化解风险的发生，并将风险造成的损失降至最低程度的有效手段。开展企业活动的风险分析与管理，预防和化解风险的发生，将风险造成的损失控制在最低限度，已成为保证企业经营活动并创造最大效益的重要措施之一。

（一）金融风险预警机制概述

1. 金融风险预警概述

"预警"(early-warning)一词源于军事。它是指通过预警飞机、预警雷达、预警卫星等工具来前发现、分析和判断敌人的进攻信号，并把这种进攻信号的威胁程度报告给指挥部门，以提前采取应对措施。① 金融预警机制(Financial Early-Warning Mechanism)主要是指各种反映金融风险警情、警兆、警源及变动趋势的组织形式、指标体系的预测方法等所构成的有机整体。它以经济金融统计资料为依据，以信息技术为基础，是国家宏观调控体系和金融风险防范体系的重要组成部分。② 金融预警就是对金融运行过程中可能发生的金融资产损失和金融体系遭受破坏的可能性进行预报，为金融安全运行提供对策和建议。③ 由于金融危机爆发前总是表现为一系列指标的恶化，因此，通过对该

① 董小君著：《金融风险预警机制研究》，经济管理出版社2004年版，第6页。

② 同上书，第9页。

③ 许崇正、刘雪梅："论我国商业金融业务机构金融风险预警指标体系"，载《经济问题》2002年第2期。

系列指标进行实时监控来防范金融危机就成为一种可能。而金融风险预警机制正是以风险预警指标为核心内容的指标体系和预测方法的有机整体。

风险是一种不确定的状态。无论将来发生的结果偏向于好还是偏向于坏,只要是不确定的,都被称为风险。风险是金融体系和金融活动的基本属性之一,任何行业面对充满不确定性的经济气候和市场环境都存在一定的经营风险。金融风险一般是指经济主体在金融活动中受损失的不确定性。一般来说,只要存在金融活动就存在金融风险。

金融风险与金融危机是两个相互联系而又不同的范畴。在市场经济条件下,金融风险是广泛存在的,有金融活动就存在金融风险;但金融风险并不一定意味着金融危机。金融危机是金融风险逐渐累积到金融主体不能承受的结果。当金融风险累积到一定的程度其本身的信用链中断,人们对经济和金融的状况失去信心就会产生经济和金融恐慌从而导致金融危机。① 金融风险到金融危机是一个由量变到质变的过程。当金融风险积聚到一定程度就会爆发金融危机。后者多表现为所有的或者绝大部分的金融指标急剧恶化,金融机构陷入严重运营困难或者大量破产,也可以说,金融危机是金融风险的集中体现,金融危机使金融风险的可能性损失变为实际性损失。

2. 金融风险预警机制的功能

金融风险预警机制的主要功能是:(1)可随时掌握金融业务机构动态,并有效评估其风险;(2)可及早发现问题金融业务机构,并凭以采取适当的监管措施;(3)为实地检查重点及检查频率提供参考,以降低监管成本,提高金融监管功效。②

(二)建立金融风险预警制度的必要性

金融,作为现代经济的核心,防范和化解金融风险,维护金融稳定,确保金融业的持续健康运行,对一国的经济安全、国家安全具有十分重要的意义。在世界经济历史上,金融危机自工业化以来就像“潘多拉盒子”一旦打开就再也合不上了。近年来,国际金融危机事件屡屡发生,从墨西哥金融危机到英国巴林金融业务机构倒闭,从 1997 年亚洲金融危机到 2008 年由美国华尔街引发的席卷全球的金融危机,金融危机不仅频繁爆发,而且愈演愈烈,破坏范围更广,杀伤力更大。因此,建立金融风险预警机制是十分必要的。首先,金融业

---

① 赵先信著:《金融业务机构内部模型和监管模型》,上海人民出版社 2004 年版,第 179 页。

② 董小君著:《金融风险预警机制研究》,经济管理出版社 2004 年版,第 9 页。

是高负债行业，金融稳定直接影响整个社会的稳定。金融业，尤其是银行业的资金主要来源于外部，其自有资金在全部资产中只占很小的一个比重。金融业务机构的经营状况和业绩对社会公众产生直接的影响。金融业的风险对于社会稳定的影响要比其他产业部门要高得多。金融风险一旦演变成为金融危机，给国家带来的损失不可估量，往往造成国民经济衰退，给政府带来巨额的预算支出，加重经济萧条，失业率上升等一系列消极影响。其次，全球金融一体化使国际金融的不稳定性更加突出。金融全球化一方面提高了资本的配置效率和金融市场效率，一定程度上促进了世界经济的发展；另一方面也加大了金融业的风险，使国际金融的不稳定性更加突出，金融体系的脆弱性进一步加深，特别是金融业开放后的发展中国家，金融体系的脆弱性更加突出。在全球金融一体化过程中，各国货币当局的金融监管尚未进行相应调整，也加大了金融风险发生的可能性，特别是金融危机随着全球金融一体化使跨国传染变得更加容易，而世界在金融预警方面的合作并未随之增强。因而，一旦一国范围内引发的金融危机，就很有可能引发其他国家、区域乃至世界范围的金融危机，由美国2008年世界金融危机引发的全球性金融危机就是例子。金融风险增大的事实要求有与之匹配的金融风险预警机制。金融危机爆发的可能性及其破坏性越高，防范金融风险所带来的潜在收益就越大，一个有效的金融风险预警体系可以使政府宏观调控部门和管理当局尽可能早地发现潜在的风险并做出正确的反映，从而把金融风险和及其可能造成的损失降到最低。

当前，我国金融安全的环境是良好的，这与我国持续进行金融体制改革是分不开的。开放的金融体制既促进了我国金融业的稳健运行，又对规范金融秩序、增强防范金融风险能力起到了重要作用。但是，我们也必须清醒地看到，我国金融领域还存在巨大的系统性风险，一旦条件成熟，这种可能的风险就会转化为现实的风险。因此，提高金融风险预警能力，构建金融风险预警机制是我国金融改革的当务之急。

（三）建立金融风险预警制度的可行性

金融危机的爆发虽然是诸多因素一起作用的结果，但这些因素可以通过一系列量化的经济指标反映出来。由于金融危机的出现有一个形成的过程，在危机爆发前总会出现许多征兆，常以一系列金融指标的恶化为先兆，且距实际爆发一般有一年至两年的前置时间（lead time）。在前置时间内，如果能够根据一系列金融指标对金融风险进行预警并及时进行调控，那么防止或避免金融危机的发生是有可能的。因此，亚洲金融危机过后，各国都加强了对金融风险预警机制的研究，并相继出台了一些金融体系稳定评估计划。

现代金融学借助越来越复杂的数学工具开发了大量度量、控制以及利用风险的方法，在一定程度上取得了一定成果，有利于金融风险预警机制的建立和完善。

二、建立现代金融风险预警机制

金融风险预警机制是以现实金融活动为内容，以整个金融运行过程为对象，在一定金融经济理论指导下，采用一系列科学的预警方法技术、指标体系、预警模型和信号系统，对金融运行过程进行监测，对监测结果获得的警情、警兆发布警示的金融决策支持系统，是国家宏观调控信息系统的重要组成部分。[①] 一般来说，一个健全的、良好的金融风险预警系统能够体现以下要求：充分反映全国、区域、地区经济金融运行和景气波动的基本态势；灵敏反映全国、区域、地区范围内金融风险的程度及变动趋势；完整地体现系统内个层次、各子系统之间相互配合、相互分工的要求，彼此不产生摩擦和重复；系统内各组织体系健全，覆盖面广。[②]

目前，我国的金融业虽然没有遭受金融危机的严重冲击，但是在改革中累积的深层次矛盾已经成为诱发金融危机的潜在因素。因此，要将金融风险维持在一个较低的正常状态，尽可能减少金融风险带来的损失，必须尽快建立金融风险预警制度。

（一）构筑分层次的预警系统

美国的预警系统均由独立的主体来承担，借鉴其做法，我国金融预警系统的主体应是银监会，银监会应拥有实地检查金融业务机构经营状况的权力，要求金融业务机构提供财务资料的权力等。在此基础上，实行由宏观、中观和微观三个不同层次的预警系统所构成的垂直型监测预警，即由银监会、各商业金融业务机构总部等组成宏观预警系统，建立跨省的银监局、各商业金融业务机构分部等组成区域性中观预警系统，由商业金融业务机构和地方性金融业务机构等组成微观预警系统。这种垂直型系统符合我国现行的经济金融管理体制，操作起来较为方便。具体地说，宏观预警系统主要负责对全国性和区域性金融业务机构的监测预警，对中观和微观预警系统实行管理和领导，并及时接

---

① 董小君著：《金融风险预警机制研究》，经济管理出版社 2004 年版，第 33 页。

② 同上书，第 34 页。

受来自中观层和微观层监测系统的各种信息，对其进行处理后将防范金融风险的各种决策和措施及时传输出去。中观层预警系统是通过建立与总部衔接的区域性系统，具体负责本辖区金融业务机构的监测预警，接受银监会宏观预警系统的领导和管理，对辖内中心城市各类金融业务机构实行监督控制和咨询服务，传递总部的各种决策和措施。微观预警系统的职能是根据银监会、银监局预发布的预警监管指令，加强对基层行处的早期预警，及时提供科学的预警信息。三级预警系统构成网络体系、协调动作，实行垂直的风险监测预警。①

（二）构建现代金融风险预警指标体系

在金融风险预警体系中最关键，同时也是最难的部分是风险预警指标体系的设置。预警离不开指标，它决定预警的准确性。恰当的指标体系不仅能准确反映当前被监测机构的运行状态，还能及时预测未来的发展趋势，并且准确地反映监管机构采取监管措施的效果。

金融风险预警指标是用来进行金融监测预警活动的金融指标。金融监测指标可作如下分类：首先，从监测活动的内容性质，可分为金融监测指标、金融预警指标和金融评价指标；其次，从时序来划分，可分为先行指标、同步指标和滞后指标；最后，从金融活动的内容划分，可分为金融业务机构信贷监测预警指标、货币流通监测预警指标、金融业务机构利率监测预警指标、金融市场监测预警指标、保险业务监测预警指标以及对外金融监测预警指标六大类。其中，按时间划分的先行指标、同步指标和滞后指标是最常用的划分方式。②

在实际金融预警指标体系的设计中，有相当多的变量可以作为预警指标，而选择哪一种变量取决于对风险类型的了解和识别以及对引起金融风险因素的获得。可以信赖的预警指标不仅可以及时识别金融运行中面临的风险，而且又不会传递错误信号。因此，我国金融风险预警指标体系的设计必须坚持以下几个原则：一是规范性，所选取的指标和体系结构应尽量与《巴塞尔协议》中规定的风险指标保持基本一致，与国际通行标准接轨。二是灵敏性，所选取的指标灵敏度要高，数据的细微变化就能直观反映出金融风险程度的变化。三是可操作性，要求所选取的指标容易取得精确的数值信息，并能以精确的数值表现出来。四是代表性，所选取的指标要具有一定程度的综合性和稳

① 董小君："建立有效的金融风险预警机制"，载《金融时报》2004年11月17日。

② 吴铭峰："建立金融风险预警指标体系的探讨"，载《市场周刊（研究版）》2009年第5期。

定性,这样可以使金融预警系统高效持续运作,减少错误预报的概率。从最终目的来看,选取的指标必须达到既能对风险进行综合预测,又能通过对关键指标的实时监控达到预测潜在风险的目的。①

(三)建立现代金融预警纠偏机制

我国金融监管实践中存在的一个重要问题就是不能提前发现并及时处置金融风险,尤其是在及时处置方面受资金、政策及其他方面的制约,很多时候无法采取有效的措施,使本已相当严重的问题拖得很久而迟迟不能有效解决。对此,我国要尽快完善与金融风险相关的制度和政策,对于如何及时处置发现的金融风险,可以借鉴美国的经验,建立和完善以资本充足率为主线的快速预警纠偏机制,对有问题金融业务机构建立快速预警纠偏机制,实行早期救助,并对其退出作出制度层面的安排。

根据资本充足率的高低,把金融业务机构划分为几种状况,监管当局据此采取不同的预防性监管措施,从而实现对金融业务机构风险和危机的控制,以保证充足的资本需要,并责成监管当局在金融业务机构资本低于规定标准时采取立即纠偏行动(prompt correce-tive action),以改善金融业务机构资本状况,减轻对存款金融业务机构的依赖,减少存款保险基金的损失。该模型根据总资本对风险资产的比率、一级资本对风险资产的比率、一级资本对总平均资产的杠杆比率这三个资本比率的数值,把金融业务机构划分为资本良好(well capitalized)、资本充足(adequately capitalized)、资本不充足(undercapitalized)、资本严重不足(significantly undercapitalized)、资本致命不足(critically undercapitalized)五个等级。对处于不同资本水平的金融业务机构,采取不同的监管措施。当自有资本与总资产的比率低于2%时,必须在90日以内选定破产管理人或财产管理人,自动进入破产程序。近年来,中银信托、海南发展金融业务机构、广东国投、南方证券等一些金融业务机构相继关闭或破产,我国问题金融业务机构的样本已增加,应该系统地分析不断出现问题金融业务机构的财务资料,指出导致其发生问题的原因,以作为预警纠偏的样本。②

(四)健全现代金融预警信息系统

金融预警的信息资料来源于金融监管。通过金融检测活动获取大量有价

---

① 曾文革、安稳:"论我国金融风险预警制度的构建",载《河南商业高等专科学校学报》2009年第3期。

② 董小君:"建立有效的金融风险预警机制",载《金融时报》2004年11月17日。

值的监测信息，并采用一定量化模型对监测结果进行评价分析，搜索未来运行态势预测信息和分析评价的反馈信息，对所搜索的信息进行加工整理，及计算各指标变动率或增率、编制增率时间序列、剔除季节变动要素和不规则变动要素，得到调整后的时序资料，作为预警的依据。① 预警信息系统是预警制度的基础架构，它为金融预警提供基础金融指标信息数据，是进行有效监管的前提。一个完善的风险预警系统需要有遍布全国及海内外的信息网来支撑，同时，还应建立科学的信息推断系统，即中央处理系统。要建立安全高效的信息采集、传递、分析系统，为实时、动态、全面、持续的风险管理奠定基础。

在历经十几年的发展后，目前已经形成较为完整的金融市场统计指标体系。我国的金融监管信息体系主要侧重于对市场总体概况的描述和对市场运行若干重要方面的分类统计，对风险监测和预警的支持作用比较有限，远未达到《巴塞尔有效银行监管的核心原则》所提出的“准确、有意义、及时且具有透明度”的标准，这严重制约了监管当局及时发现金融体系中所存在的问题。因此，建议在现有的统计体系中逐步增加描述市场总体风险和金融业务机构风险的指标，一方面使整个市场统计指标体系更加完整，另一方面也为风险监测和预警提供更有力的信息支持。应建立严格、完善的财务报表上报制度和完善的数据采集体系。制定严格的监管数据采集内容与格式、采集方式与方法、采集渠道，以及保证监管数据真实性的措施。金融业务机构所上报的资料，必须经过专业会计师或审计师的审计，如发现金融业务机构有蓄意拖延和弄虚作假行为，监管部门将给予其重罚。②

（五）建立现代金融业务机构的风险预警机制

企业风险预警系统主要包括三个子系统，即风险识别子系统、风险评价子系统和风险预警子系统。风险识别子系统的关键是要树立风险识别分析的系统观。通常采用的方法有核查表、WBS、因果分析图、流程图。风险评价子系统就是对识别出的风险因素进行量化和重要性评价，进而通过预警子系统来判断是否应当发出警报以及发出警报的级别。下文主要介绍风险评价子系统和风险预警子系统。为了获得客观的评价结果，可选择模糊综合评价法。在进行评价时，既可将研究对象的整体作为评判对象，也可将部分作为评判对象。首先，结合所评判对象的特点，构建评判指标体系；其次，在建立风险指标

---

① 董小君著：《金融风险预警机制研究》，经济管理出版社2004年版，第43页。

② 董小君著：“建立有效的金融风险预警机制”，载《金融时报》2004年11月17日。

体系时，应结合现有项目资料及相关专家、学者的研究成果，并遵循完全性、客观性、简洁性、相对独立性、层次性以及可操作性六项基本原则进行科学分析、合理统筹；再次，聘请相关专家对这些指标因素逐个给出评语，在统计分析的基础上，得到评价对象的模糊综合评判矩阵 R；又次，根据对各因素的认识程度和侧重程度不同，分别赋予相应的权重 A；最后，得到综合评价值 C，即 R 与 A 之积。

如某施工企业 WN 项目预警系统经分析构建出经济方面、社会方面、自然方面、经营方面、技术方面共计 5 个指标体系及各自特征。其中，经济方面可分解为承包方式及报价（定量）、物价及工资差异（定量）、通货膨胀及利率（定量）、项目款支付情况（定性）四个二级指标；社会方面可分解为政治环境（定性）、公共关系（定性）、市场约束机制（定性）、其他（指标类型依项目实际待定）；自然方面可分解为项目所在地环境（定性）、不可抗力（定性）、其他（指标类型依项目实际待定）；经营方面可分解为分包商违约（定量）、项目管理（定性）、成本管理（定量）；技术方面可分解为复杂程度（定性）、施工方法及工艺（定性）、施工质量要求（定性）。

在实际应用中，该企业根据构建的评价指标评价，设定风险因素集为 U，其中包含 5 个因素，U1 = 经济方面，U2 = 社会方面，U3 = 自然方面，U4 = 经营方面，U5 = 技术方面，则评价的指标体系 U = {经济方面 U1，社会方面 U2，自然方面 U3，经营方面 U4，技术方面 U5}，然后邀请相关专家对这些因素逐个给出评语，确立评判评语集合为 V = {V1，V2，V3，V4，V5} =（很大、大、一般、小、很小），由此可得到评价对象的模糊综合评判矩阵 R。根据对影响评判对象的各影响因素的认识程度和侧重程度不同，分别赋予相应的权重，可以得到 A = {a1，a2，…，am}，且要求 ai = 1，ai≥0，即各指标的权值应满足归一化的要求。综合评判 B = AR =（b1，b2，b3，…，bm）。其中，权重值 A 的推求和评判矩阵 R 可采用如下方法。权重值 A 通常采用 Delphi 法与层次分析法相结合的方法，大致分为以下三步：将各项指标列出调查表，并附上有关资料和项目有关情况说明等，请有关专家根据各自的专业知识和个人经验给出各指标权重；对回收的调查表进行一致性检验；计算各层次因素的相对重要性，即权重向量 A。对于评判矩阵 R 的确定，由于研究对象的复杂性和模糊性，单纯依靠精确的数学模型来确定评判矩阵是不现实的。因此，比较好的解决途径是根据指标的自身特点将指标划分为定量指标和定性指标。定量指标的隶属度可根据已有的项目资料和检测到的信息量化处理获得；定性指标的隶属度则采用 Delphi 法与模糊统计法相结合来确定。企业风险预警系统是一项非常复杂的系统项目,涉及因素众多,可以运用的方法较多。本书对预警系统的基本构架进行了探讨,以期为企业构建风险预警系统提供借鉴。而对于采用或考虑该风险管理方式的企业所涉及的组织变革、系统实现方式等还需作进一步研究。

(六)加强现代金融风险预警的制度性建设

完善金融风险预警机制还应当加强我国金融风险预警的制度性建设。金融风险预警不能只局限于某些宏观经济数据,也不能局限于某些金融指标。金融风险预警系统的首要目标是把许多分散、零星的信息组织到一起,向风险防指挥部门提供决策的信息基础。这套系统要全面地监测国民经济和金融体系形态以及金融市场的变化。金融风险预警系统需要金融业务机构、政府部门和企业之有着良好的有效的制度体系。建立这样一个体系,首先需要明确职能机构的权责分。用新的法律框架清楚地规定预警机制中的各层职能机构等能够行使什么权利,要承担什么责任,与相应的部门如何协调等。① 其次要明确监管主体,增强监管协调。目前,我国的金融监管机构主要是"一行三会",分业监管,垂直管理。但由于缺少协调机制,各金融监管部门及金融业务机构之间不能及时有效地进行沟通与协调,直接影响了金融工作的效率和金融风险的控制。因此,我国应当建立健全金融监管协调机制,协调国内及国际金融监管工作。加强金融风险预警的制度性建设还包括建立完善我国金融行为准则的规范,这要求所有市场参与者,包括中央金融业务机构、各商业金融业务机构、政府部门和其他机构在参与金融市场运作过程中保持高度透明,遵守金融行为准则。

(七)提高现代风险预警管理

公司应结合自身业务情况建立适合自己的预警标准,建立定性指标和定量指标;根据公司整体风险情况,一套完善的风险预警体系;在复杂多变的市场环境和内部不可控因素下,及时发现并化解经营中的风险。设定风险限额并针对每个关键风险指标的预警标准对风险的严重程度进行揭示。公司各职能部门和业务单位应跟踪关键风险指标,判断和预测各类风险指标的变化,分析风险发展的趋势,定期向风险管理部门报告风险监控情况。重大风险事件应上报至公司管理层。

---

① 胡辉:"我国金融风险预警机制研究",江苏大学 2008 年硕士学位论文。

第二节 建立现代金融突发事件处置机制

突发事件是指突然发生、造成或者可能造成严重社会危害,需要采取应急处置措施予以应对的自然灾害、事故灾难、公共卫生事件和社会安全事件。①显然,金融突发事件应属于社会安全事件,爆发在特定领域——金融系统中。

如甘肃省2008年下发的《金融突发事件应急预案通知》主要涉及9类金融突发事件:因自然灾害、事故灾难、公共卫生事件等不可抗力因素引起的、危及金融安全与稳定的突发事件;各金融业务机构出现被冲击、被盗、被抢、被袭击,运钞车辆遭抢劫、劫持等突发事件;金融业务机构计算机系统因硬件设施受损或普遍遭受病毒侵袭,发生系统性故障;金融业务机构高级管理人员集体辞职、失踪、发生重大意外事故或者高级管理人员、业务营销人员携巨款潜逃,发生特大金融诈骗案件;金融债券到期未能及时兑付、金融业务机构被公告撤销(关闭)或其他因素引发存款挤提、保证金挤提、集体退保、其他债务挤兑、集体上访等规模较大的群体性事件;金融业务机构发生支付困难、偿付能力恶化或者出现巨额亏损;出现对金融业、金融业务机构进行负面失实报道,造成严重影响金融业健康发展的重大事件;暴发区域性金融风险或系统性金融危机;发生其他影响金融稳定运行的事件。②

一、金融突发事件处置机制原则

金融突发事件处置法律机制的基本原则,是金融突发事件应急法律制度的本质和根本价值所在,是对金融突发事件处置法律机制所要实现的法律目标的具体化,效力贯穿始终。

首先,以社会经济利益为原则。社会经济利益是现代社会重要价值标准之一,它是社会经济关系对经济发展的终极目标。金融活动在整个社会经济中占有主导性地位,现代经济是以金融核心的时代,金融活动的状况直接决定着整体经济运行和增长状况,影响着居民生活水平能否稳定和是否能够得到不断改善,并最终影响着所有社会主体的财产利益和经济利益。因此,金融突

① 参见《突发事件应对法》第3条。

② 《甘肃下发〈金融突发事件应急预案通知〉》,资料来源:http://news.qq.com/a/20080804/001561.htm,访问日期:2010年7月31日。

发事件处置机制的首要原则即社会的经济利益原则,其对金融突发事件的处置必须首先考虑整个社会的经济利益,和整个社会的金融利益金稳定事态,提高社会的金融效率,维护社会金融秩序,保护金融秩序的稳定与安全。

其次,以金融为核心的经济特征。现代社会是以金融为核心的时代,社会的金融活动是一种整体性经济活动,不是由一个或几个主体能独立完成的活动。金融业的业务客体是高度抽象的货币和货币衍生财产,其具有非常复杂和严格的内在客观运行机制,这些运行机制是不能主观任意改变的。同时,在不同的金融部门之间以及金融部门的各机构之间也具有严格的业务区分及协作机制,这些区分与协作的存在也是不能任意改变的。所以,金融突发事件处置法律体制的建立必须遵守和保护这些客观的金融业务的特征,否则就会引起整个金融业秩序的混乱和恐慌,以及系统性风险。

最后,以保护金融业各主体利益为原则。金融业主体利益既包括金融业务机构的利益也包括金融业务相对人的利益,保护金融活动双方的利益是金融突发事件处置法律机制的又一重要原则,也是最根本的原则,它既是金融突发事件处置机制的起点又是终点。"实现这个任务的方法应当是'认识所涉及的利益、评价这些利益各自的分量,在正义的天秤上对它们进行衡量,以便根据某种社会标准去确保期间最为重要的利益的优先地位,最终达到最为可欲的平衡'。"①金融业务机构的自有资本比率较低,营运资金主要来自社会大众,一旦爆发金融突发事件,将殃及广大金融业务相对人。确保主体权益是为维持公众信心和社会稳定,避免金融突发事件性质恶化升级。

二、建立现代金融突发事件处置法律机制的必要性

金融突发事件处置法律机制是国家制定和认可的,并由国家强制力保障实施的,在金融突发事件危及一个地区或一个国家金融安全的紧急情况下,在国家经济调节,组织和安排金融突发事件应急处置中有关各方的行为规范的总和。② 其目的和任务就是保障国家组织和安排金融突发事件处置中有关各方权利的实现和义务的履行,保证应急处置高效、安全,以达到控制金融风险、

① [美]博登海默著:《法理学:法律哲学与法律方法》,邓正来译,中国政法大学出版社2004年版,第145页。

② 李娟:"金融突发事件应急处置法律问题研究",武汉大学2004年硕士学位论文,第10页。

维护金融稳定、保障金融安全的目标。

风险是金融活动的内在属性,总是相伴相随的,20 世纪 70 年代以来,由于受金融创新、放松管制和金融自由化等因素的影响,金融市场的波动性日益增大,一些重大的损失性事件乃至系统性危机不断发生。如 1982 年拉美债务危机、1987 年美国"股灾"、1990 年日本股市危机、1992 年欧洲货币危机、1994～1995 年墨西哥比索危机、1995 年巴林金融业务机构倒闭和大和金融业务机构巨亏、1997 年亚洲金融风暴、1998 年长期资本管理公司的失败以及美国 2008 年世界金融危机,等等。[①] 金融业的高风险又包括信用风险、市场风险、操作风险、流动性风险、国家风险、合规风险、声誉风险和战略风险等。

从金融突发事件的风险传导基本过程来看,风险先被引爆,然后风险沿着一定途径传播和扩散,最后风险被放大。可见,金融突发事件是与金融风险、金融危机紧密联系在一起的。三者的关系可以简要描述为:金融风险累积到一定程度并通过风险引爆器的触发作用引发金融突发事件,金融突发事件若处置不当或难以控制,则金融风险呈现级联放大效应,爆发出巨大的系统性金融风险,从而酿成金融危机。金融业的高风险性导致了金融突发事件的易发性,并且金融突发事件在爆发时间上具有突然性。

(一)防止金融突发事件的群众恐慌

金融突发事件发生后,其发展进程和损害结果并不确定,难以被人们完全预测和控制。尽管人们已经掌握了某些突发事件的发展规律及其造成损害的方式和特点却并不能完全控制事态的发展进程和结果。这种情况下,群众的恐慌心理就极易诱发金融突发事件。如 1998 年美国 LTCM 事件,该事件的起因本为经济因素——俄罗斯政府宣布推迟偿还短期债券,而俄罗斯经济在世界经济中所占份额甚少,之所以能掀起如此巨大风波,是因为心理因素的"放大"作用:投资者突然感受到此类债券的高风险,竞相抛售,才造成波及全球的金融突发事件。

(二)防止金融突发事件的系统性风险

金融突发事件的危害是严重的,常常导致"系统性风险"的发生。"系统性风险"是指一个事件在一连串的机构和市场构成的系统中引起一系列连续

① 陈燕玲编著:《金融风险管理》,安徽大学出版社 2008 年版,第 18 页。

损失的可能性,①其最基本的特征是"外部性",表现为风险的溢出和传染性。由于金融服务的社会性和金融业务机构联系的紧密性,使金融体系内部形成了以信用链相互依存的关系,那么,一家金融业务机构爆发金融突发事件会影响同其有信用联系的其他金融业务机构。这种危害是巨大的,不仅影响了微观经济主体的正常运营,而且还对整个金融与经济体系的稳定构成了威胁。另外,金融突发事件的危害后果具有公共性,即其直接受害者是特定或不特定的多数人,或者直接受害者虽是个别人却产生了严重的社会影响。

三、我国现代金融突发事件处置法律机制存在的问题

我国正处于金融业创新时期,目前的金融业无论是在市场、机构,还是在工具都进行着创新。金融监管体制也正处在一个转型和改革的过程中,但仍跟不上现实所需,这不仅表现在对金融业务机构的常态监管上,更表现在对金融业务机构紧急状态的监管上,如对金融突发事件的监管方面。由于长期的金融垄断经营,导致了我国金融风险在"国家主权信用的支撑"下被缩小化,缺乏金融突发事件应对的经验及应对机制。具体而言,我国金融突发事件处置法律机制存在如下问题。

(一)缺乏有效处置金融风险的突发事件机制权

在突发事件的应急处置中,行政机关是实施主体,即由履行统一领导职责或者组织处置突发事件的人民政府实施,具体就是指国务院和县级以上地方人民政府。由于应急处置措施通常具有明显的紧急性、负担性、限制性等特征,极易对公民的合法权益造成伤害,因此,行政机关对应急处置措施的采用必须有明确的法律依据,包括法律、法规和规章设定的应急处置措施。有金融突发事件管理权的组织启动应急预案后,相关的金融市场或金融业务机构的监管则由常态转入"应急状态"。在此情况下,金融监管部门的监管权力临时集中,具有巨大性和强制性,该权力即紧急处置权,此权力的特殊性导致了该权力极易被滥用,故各国的法律都对其使用作出了限制性规定,如在法律中规定引发紧急状态的情况、启动机构和程序、紧急处置权的内容和范围、相应的法律责任和救济等。

我国现行法律对金融突发事件紧急处置权的规制明显不足,主要体现在:

---

① George G. Kaufman,"Banking and Currency Crises and Systemic Risk",1999,http://www.worldbank.org.

自由裁量权空间过大,缺乏应急处置权的行使原则和法定程序;缺乏来自权力机构的约束,各级人民代表大会极少审查监督金融突发事件应对处置情况;对应急管理法律责任的规定分散,难以惩罚违法和不当应急处置行为的决策者和执行者。如《银行业监督管理法》对应急处置的法律责任仅限于未及时报送信息,对滥用权力、侵犯公民基本权利的情形却未涉及,而后者的危害明显比前者严重。

(二)缺乏有效的协调机制

我国突发事件的应急管理体制为统一领导、综合协调、分类管理、分级负责、属地管理为主的应急管理体制。明确了应急主体也就明确界定了承担突发事件应对责任的主体,有利于提升应急效率和应对能力。然而,《突发事件应对法》仅规定了应急主体为行政机关,即国务院和县级以上地方各级人民政府是突发事件应对工作的行政领导机关。然而,《中国人民银行法》、《银行业监督管理法》等法律法规也授予了如中国人民银行、银监会等的金融监管权,导致了各部门仅针对其职权范围内的事项开展应急措施,应急管理权限存在交叉和冲突,易造成部门间的推诿扯皮,①影响紧急权力的有效行使。虽然《中国人民银行法》规定要建立金融稳定协调机制,2008 年 8 月国务院批准的《人民银行主要职责内设机构和人员编制》也赋予了人民银行牵头组织建立金融监管协调机制、督促金融监管机构之间合作以及对新形势下的金融业务机构的综合经营和业务创新进行监管等职能,但是配套制度尚未建立,缺乏可操作性,不利于防范和处置跨行业、跨市场风险。

(三)缺乏金融突发事件预警体系

金融突发事件预警(early warning)是指通过设计一系列的风险测试指标,收集、整理、综合评析相关信息,判断金融突发事件爆发的可能性,提早搭建特别信息通道和统一的指挥平台,为应急预案启动进行前期的信息处理和预警发布。② 根据法国数学家托姆于 1972 年建立起来的突变理论,可以从理

---

① 傅思明:“略论突发公共事件应急管理的法制化”,载《天津行政学院学报》2006 年第 8 期。

② 李娟:“金融突发事件应急处置法律问题研究”,武汉大学 2004 年硕士学位论文,第 16 页。

论上证明大部分的金融突发事件是可以预警的。[①]

预警的发布主体原则上是县级以上地方各级人民政府,发布条件是该事件即将发生或者已经发生。然而金融突发事件的预警较其他突发事件的预警显得更为重要也更难以操作,而对金融突发事件的预警是进行下一步处置的前提。目前,我国尚未建立金融突发事件预警体系,有关金融突发事件的预警一般体现在各单位的应急预案中,预警指标混乱,无统一参考。

金融突发事件应急启动制度包括四个具体制度:快速报告制度、职能部门之间信息沟通制度、举报制度与信息发布制度。如《银行业监督管理法》规定,国务院银行业监督管理机构应当建立银行业突发事件的发现、报告岗位责任制度。银行业监督管理机构发现可能引发系统性银行业风险、严重影响社会稳定的突发事件的,应当立即向国务院银行业监督管理机构负责人报告;国务院银行业监督管理机构负责人认为需要向国务院报告的,应当立即向国务院报告,并告知中国人民银行、国务院财政部门等有关部门。《商业银行管理暂行规定》和《农村合作银行管理暂行规定》,明确规定在农村合作银行在发生挤兑等重大突发事件时,行长有采取紧急措施并立即向银行业监管机构和董事会、监事会报告的法律义务。在证券业,在各类通知和管理办法中,也有大量有关快速报告制度的规定。但这些规定都较为分散,不成体系而且未覆盖所有金融领域。

(四)缺乏有效的金融突发事件应急预案体制

金融突发事件的危机预防所采取的制度主要是应急预案制度,即特定的政府机关或企事业单位为防止金融突发事件发生或提高应对未来金融突发事件的能力,在金融突发事件发生之前所制定的工作计划。应急预案的制定主体包括国务院、国务院有关部门、各级地方政府、县级以上各级地方政府的有关部门及法律特别规定的企事业单位等。在金融突发事件发生前,要以应急预案为基础,开展监测、预警;当金融突发事件发生后,要以预案为基础,开展救援、事后恢复与重建等。自2005年我国《国家金融突发事件应急预案》建立以来,国内各级地方政府、金融业务机构都相应建立了金融突发事件应急预

① 托姆认为,系统突发事件在突变点上,由于内外部条件既有合作关系又有竞争关系,系统会具有对应于未来演化的多种可能模式。通过必要的研究可以从大量随机运动的合作与竞争关系中,找到一些起着基本作用的主要因素,并通过对这些主要因素之间相互作用关系的研究,来发现突发事件产生过程所遵循的一定客观规律。托姆还进一步运用数学工具,力图找出突变过程形成的“阈值”,对突发事件进行定量的分析研究。

案,从而在理论上已初步构建了我国金融突发事件处置的应急框架。①

到目前为止,仅有12个省市以地方规范性文件的形式颁布了专门的金融突发事件应急预案,②但由于没有统一协调的应急预案的指导,各预案在适用范围、应急手段等方面皆不相同。与之相区别的是,国务院早在2006年就颁布了突发重大动物疫情、突发公共卫生事件、突发公共事件医疗卫生救援及突发环境事件等的应急预案。因此,金融突发事件应急预案的法律层级低,缺乏统一指导。

目前各单位所制订的应急预案,从形式上看比较完整、要素齐全,但预案本身的覆盖范围不足,内容不够详细,如金融业务机构业对突发事件应急处置管理主要是在业务系统灾难备份,恢复方面考虑的比较多,投资也主要在备份技术与设备上,但若遇地震、雪灾、洪灾等大范围自然灾害已经不仅仅是业务系统恢复的问题,还涉及建立应急组织架构、人员情绪安抚、正面引导宣传、特殊情况应急处理等问题。一旦发生这种大面积的突发性事件,如果仅做好电子系统的应急预案,是无法及时恢复对外金融服务的。另外,一些金融业务机构应急管理组织体系复杂,职责分工不明确,处置环节过多,也不利于高效处置突发事件。

目前我国金融突发事件处置的法律规定散见于宪法、法律、行政法规和规章之中。宪法中规定的"紧急状态"制度、征收征用制度,构成了危机应对制度的宪法基础;《突发事件应对法》作为突发事件处置的基本法,构建了突发事件处置的主要框架;《中国人民银行法》、《银行业监督管理法》、《商业银行法》、《证券法》、《金融机构撤销条例》等法律法规作为部门法基础,分别规定了中央金融业务机构以及其他金融监管部门对金融突发事件的应对处置权力。③

虽然2007年通过的《突发事件应对法》是突发事件应对的基本法,规定了突发事件处置的应急体制、危机预防、应急准备、监测预警、应急处置以及恢复重建等内容,但规定都较为笼统,难以直接套用于金融突发事件的处置上。

---

① 董光雄、林威等:"对完善金融突发事件应急处置机制的思考",载《福建金融》2009年第5期。

② 资料来源:http://vip.chinalawinfo.com/NewLaw2002/lar/index.asp,访问日期:2010年8月10日。

③ 张立先:"从美国金融危机看我国金融突发事件应对法制的完善",载《法学论坛》2010年第2期。

针对金融突发事件的特殊性，尚缺乏专门的应对法律、法规规定相应的应急制度，在实施时缺乏具体的实施细则。实践中，仅存在专门规定金融突发事件的一些地方规范性文件，但也只有寥寥13件，且不是正式法源，难以保证其有效实施。

四、现代金融突发事件处置机制的完善

“我们的历史经验告诉我们，任何人都不可能根据某个单一的，绝对的因素或原因去解释法律制度。一系列社会的、经济的、心理的、历史的和文化的因素以及一系列价值判断，都在影响着和决定着立法和司法。”①法律是社会需求的产物，是在综合考虑各种因素后的一种制度构建。因此，在构建某一领域的法律制度时，应充分考察这一领域本身的运行特点和规律，综合考虑影响这一法律制度的各种因素。综合而言，金融突发事件处置法律机制应着重在以下方面加以完善：

在现代如何更好地应对金融突发事件一直是一个值得讨论的话题，而当前亟需解决的就是尽快将应对金融突发事件纳入法治化轨道，建立较完善的应急处置法律体系，这有利于缩小监管宽容的空间，保证监管机构的公正性和独立性，保护监管者及市场主体的利益。因此，在现代，应当以《突发事件应对法》为基本法，尽快制定《金融突发事件应急处理条例》，从法律层面上明确应对金融突发事件的总体原则、应急体制、处置程序及法律责任等问题，为实践处理提供具体实施细则。

(一)建立协调联动机制

明确金融突发事件处置的参与主体，不仅仅包括行政机关还应包括人民银行、银监部门、证监部门及保监部门等。各应急主体依法各司其职、各负其责，提高金融突发事件处置的透明度和有效性。一旦遇到危机，能及时按照《金融突发事件应急处理条例》启动危机处理预案，做到临危不乱。形成各部门配合的协调联动机制，完善“分类管理、分级负责、条块结合、属地管理为主”的应急管理体制。

具体而言，人民银行负责组织制定本系统金融突发事件应急处置预案；根据相关职责，当所辖范围内人民银行系统或金融业务机构发生金融突发事件

① ［美］博登海默著：《法理学：法律哲学与法律方法》，邓正来译，中国政法大学出版社2004年版，第218页。

时,按照相关应急预案和应对金融突发事件的有关规定,实施报告和处置;对金融突发事件的性质和严重程度做出判断,指导本系统和相关金融业务机构突发事件处置工作;根据金融突发事件严重程度和涉及范围,建议应急指挥部启动应急预案。

银监部门、证监部门、保监部门负责组织制定本系统金融突发事件应急处置预案;根据监管职责,当本行业金融业务机构出现突发事件时,按照本行业对突发事件处置的有关规定和应急预案,实施报告和处置;对金融突发事件的性质和严重程度做出判断,在及时向应急指挥部报告的同时,指导本行业金融业务机构突发事件的处置工作;根据事件严重程度和涉及范围,建议应急指挥部启动应急预案。

(二)制定科学金融应急预案

作为金融突发事件实现防控的有效手段,应急预案理应受到高度重视,因此国务院应出台统一的《金融突发事件应急预案》,作为统一指导的范本,为相关机构制定应急预案提供参考。

金融突发事件一旦发生,其后果通常较严重,风险处置需跨区域、跨部门、跨预案,甚至超出了金融业务机构处置权限和能力。因此,对重大突发事件金融应急预案的制订,应加强各种应急资源的有效整合,加强统筹规划和组织指挥体系建设,同时加强金融部门与有关单位协调机制建设,明确各自应急处置主体及职责、处置程序和措施,做到职责落实到位,措施落实到位,确保各种应急预案的操作可行和有序。对各种应急预案,应加强相应调查评估,依据辖内实际,加强调查研究,定期或实时对辖区内突发事件链及可能产生的次生、衍生、耦合灾害事件做出风险评估,科学地制定详细的分级应急处置措施。

在制定应急预案时,要注重全面性、可实用性,在内容上除业务系统恢复的问题外,还应涉及建立应急组织架构、人员情绪安抚、正面引导宣传、特殊情况应急处理等问题。同时应加强对员工进行应急处置培训,开展应急演练,每年至少组织开展一次全面、逼真的演练,以发现问题,不断完善应急预案,增强金融员工的应急实战能力。

(三)建立应急启动体制

根据我国金融业的行业特殊性,我国应建立双层的政府监测预警体系,即由中国人民银行负责对金融体系整体风险敞口进行监测预警,促进市场总体稳定性的宏观预警系统;由其他金融监管部门负责对行业性风险和金融业务机构重大危机监测预警的行业性预警系统,构成立体网络、协调动作、信息共享、全方位的风险监测预警体系。同时要建立分级预警机制，明晰预警级别划分标准、警报的决定和发布程序等事项，对诱发金融突发事件的各种现象进行监测、识别、诊断、预报和预测，有关监管部门根据预警结果，对重大危机诱因的早期征兆，进行及时矫正、避防与控制，重点加强对金融创新工具和跨市场、跨国界风险的监测。

在预警指标方面，一般来讲，金融突发事件预警指标应当包括四类：第一类，反映宏观经济发展状况的指标：(1)GDP增长率，(2)通货膨胀率；第二类，反映国内金融业务机构资产质量、经营稳健性、信贷增长率等的指标：(1)国内信贷增长率，(2)信贷增长量/GDP，(3)不良资产/金融业务机构总资产，(4)金融业务机构资本充足率，(5)货币供应量(M2)增长率；第三类，反映利用外资情况、外债投向、偿还能力和外汇汇率等方面的指标：(1)短期外债/外汇储备，(2)短期外债/外债总额，(3)实际汇率及其波动程度，(4)经常项目差额/GDP，(5)外债总额/GDP，(6)(外商直接投资+经常项目差额)/GDP，(7)外汇储备/外债总额，(8)外汇储备/M2，(9)偿债率；①第四类，其他社会、政治、经济、军事等现象的相关异动。完备的金融信息统计分析体系是预警机制有效运转的根本保证。

银行业的应急启动机制相比较其他金融领域较为完善，但证券业、保险业和信托业则尚无完备的应急启动机制，需加强对快速报告制度、职能部门之间信息沟通制度、举报制度与信息发布制度的构建。

(四)建立对紧急处置权的规制

有权力就有滥用，鉴于紧急处置权的强大性，势必要对其进行规制。如英国的《紧急状态法案》规定了影响全社会或部分地区正常生活的情况，如果这些情况出现或很可能出现，政府就有权宣布紧急状态，但是要立即通知议会，且紧急状态不能超过一个月，如果超出，则必须做出另一个紧急状态令。②

我国应以比例原则为中心，加强对监管机构应急处置权的规制。比例原则是拘束行政权力最有效的原则，是行政法中之“帝王条款”，③已成为现代国家控制行政紧急权的重要利器。《突发事件应对法》也规定，有关人民政府及

① 张元萍、孙刚：“金融危机预誉系统的理论透析和实证分析”，载《国际金融研究》2003年第10期。

② 王晨光：“非典突发事件冲击下的法治”，载《清华大学学报》(哲学社会科学版)2003年第4期。

③ 陈新民：“行政法学总论”，载《行政法学研究》1998年第1期。

其部门采取的应对突发事件的措施，应当与突发事件可能造成的社会危害的性质、程度和范围相适应；有多种措施可供选择的，应当选择有利于最大程度地保护公民、法人和其他组织权益的措施。[①] 但这种规定较为笼统，应进一步细化到金融监管部门，同时，各级人民代表大会也应建立监督评估制度，以比例原则来衡量、监督和制约金融行政紧急权。

① 参见《突发事件应对法》第11条。

第九章 加强现代金融业务机构风险管理

金融业务机构,其目的是加强金融业务机构内部控制建设,提高金融业务机构风险防范能力和经营管理水平,促进金融业务机构合规、稳健、有效经营,保护金融业务机构和被保险人等其他利益相关者合法权益。在准则中将金融业务机构内部风险控制体系划分为三个组成部分:一是内部控制基础。包括公司治理、组织架构、人力资源、信息系统和企业文化等。二是内部控制程序。包括识别评估风险、设计实施控制措施等。三是内部控制保证。包括信息沟通、内控管理、内部审计应急机制和风险问责等。

一个优质、完善的风险管理体系可参照 COSO 在 2003 年 7 月公布的《全面风险管理框架》。[①] 该框架强调了企业风险管理有三个维度,分别是目标、风险管理要素和管理层级。通过用提升内控管理水平来实现企业制定的战略目标、经营目标、报告目标与合规目标。运用全面风险管理八要素健全管理机制,建立覆盖企业的各个层级的内控组织架构;企业目标是核心,其余两个维度是服从企业目标,具体到每个层级都要以全面风险管理的八要素为要求来服务于企

① [美]托马斯·L. 巴顿著:《企业风险管理》,王剑锋、冠国龙译,中国人民大学出版社 2004 年版,第 186 页。

业管理。

第一节　内部风险管理的概述

一、风险管理概念

风险管理(risk management)是一个管理过程,包括对风险的定义、测量、评估和发展及应对风险的策略。目的是将可避免的风险、成本及损失极小化。理想的风险管理,事先已排定优先次序,可以优先处理引发最大损失及发生概率最高的事件,再处理风险相对较低的事件。

这里风险管理是指金融业务机构的董事会、管理层以及其他人员共同实施的,应用于战略制定及企业各个层次的活动,旨在识别可能影响金融业务机构企业的各种潜在事件,并按照本机构的风险偏好管理风险,为本机构目标的实现提供合理风险防范的保障。它有八个组成要素:内部合法与合规意识、安全目标设定、风险事件识别、风险评估标准与方法、风险控制对策、风险控制活动、信息与沟通、监督。

金融业务机构的风险管理与内部控制的异同有如下方面。

第一,金融业务机构的风险管理与内部控制都是由“机构董事会、管理层以及其他人员共同实施的”,强调了全体员参与的观点,指出各方在内部控制或风险管理中都有相应的角色定位与岗位职责。

第二,金融业务机构的风险管理与内部控制明确是一个“过程”,不能当作某种静态的东西,如机构的合规与管理制度的文件、风控技术模型等,风险意识等应是内置于企业日常管理过程中,作为一种常规运行的机制来建设。

第三,金融业务机构的风险管理与内部控制都是为机构目标的实现提供合理的保证。风险管理的目标有四类,其中三类与内部控制相重合,即报告类风险管理目标、经营类风险管理目标和遵循类风险管理目标。但报告类风险管理目标有所扩展,它不仅包括财务报告的准确性,还要求所有对内、对外发布的非财务类报告准确可靠。另外,风险管理增加了风险管理战略目标,即与机构的远景或使命相关的高层次风险管理目标。这意味着风险管理不仅仅是确保经营的效率与效果,而且介入了机构整体战略(包括经营目标)制定过程。

第四,风险管理与内部控制的组成要素有五个方面是重合的,即(控制或内部)环境、风险评估、控制活动、信息与沟通、监督。这些重合是由它们目标的多数重合及实现机制相似决定的。风险管理增加了目标设定、事件识别和风险对策三个要素。重合的要素中,内涵也有所扩展,如内部控制环境包括诚实正直品格及道德价值观、员工素质与能力、董事会与审计委员会、管理哲学与经营风格、组织结构、权力与责任的分配、人力资源政策和实践七个方面。风险管理的"内部环境"除包括上述七个方面外,还包括风险管理哲学、风险偏好(risk appetite)和风险文化三个新内容。在风险评估要素中,风险管理要求考虑内在风险与剩余风险,以期望值、最坏情形值或概率分布度量风险,考虑时间偏好以及风险之间的关联作用。在信息与沟通方面,风险管理强调了过去、现在以及关于未来的相关数据的获取与分析处理,规定了信息的深度与及时性等。

第五,风险管理提出了风险组合与整体风险管理(integrated risk management)的新观念。《企业风险管理框架》借用现代金融理论中的资产组合理论,提出了风险组合与整体管理的观念,要求从企业层面上总体把握分散于企业各层次及各部门的风险暴露,以统筹考虑风险对策,防止分部门分散考虑与应对风险,如将风险割裂在技术、财务、信息科技、环境、安全、质量、审计等部门,并考虑到风险事件之间的交互影响,防止两种倾向:一是部门的风险处于风险偏好可承受能力之内,但总体效果可能超出企业的承受限度,因为个别风险的影响并不总是相加的,有可能是相乘的;二是个别部门的风险暴露超过其限度,但总体风险水平还没超出企业的承受范围,因为事件的影响有时有抵消的效果。此时,还有进一步承受风险,争取更高回报与成长的空间。按照风险组合与整体管理的观点,需要统一考虑风险事件之间以及风险对策之间的交互影响,统筹制定风险管理方案。

二、内部控制与风险管理的内在联系

企业制度的发展演进与风险相关。有限责任制度的确立是企业组织从业主制或合伙制走向现代股份公司制的关键步骤,它使股东的家产与企业的财产及企业的经济责任相互独立,股东的变换不再影响企业的信用能力,为股权交易扩大了范围并增加了流动性,从而降低了投资风险并促进了企业融资,造就了今天巨型的股份公司。

为了使股权交易与股东变换不影响企业经营的连续性,也为了使资本与经营能力实现更优的组合,企业的所有权与经营权在现代企业中高度分离开来,由此也带来了新的风险,即职业经营者有可能不履行其受托责任而损害股东的利益。另外,有限责任也有可能诱使企业从事风险过高的项目而损害债权人利益。因为在有限责任下,潜在的收益主要由企业(股东)获得,而失败即破产的风险则主要由债权人承担。上述风险不是市场化的,可以由市场竞争自发约束或市场交易提供避险,如产品质量或自然灾害等,而是机制问题,属于组织或交易中的代理问题,需要规则与制度进行规范。这些制度包括企业治理中的责任制度,如财务报告、内部控制及审计等。

内部控制或风险管理的根本作用都是维护投资者利益、保全企业资产,并创造新的价值。法马和詹森(Fama & Jensen)(1983)分析了所有权与经营权分离下董事会的内部控制职能;詹森(Jensen)(1993)进一步分析了美国公司董事会在内部控制方面失效的表现与原因。从理论上说,企业的内部控制是企业制度的组成部分,是在企业经营权与所有权分离的条件下对投资者利益的保护机制。其目的就是保证会计信息的准确可靠,防止经营层操纵报表与欺诈,保护公司的财产安全,遵守法律以维护公司的名誉以及避免招致经济损失等。内部控制的历史起源更早,其要求更为基本,更容易或适合上升到立法层次。企业风险管理则是在新的技术与市场条件下对内部控制的自然扩展。COSO 在《企业风险管理框架》中谈到风险管理的意义时是这样论述的:"企业风险管理应用于战略制定与组织的各层次活动中。它使管理者在面对不确定性时能够识别、评估和管理风险,发挥创造与保持价值的作用。风险管理能够使风险偏好与战略保持一致,将风险与增长及回报统筹考虑,促进应对风险的决策,减小经营风险与损失,识别与管理企业交叉风险,为多种风险提供整体的对策,捕捉机遇以及使资本的利用合理化。"加拿大注册会计师协会控制标准委员会(The Canadian Criteria of Control Board,COCO)在解释广义的控制与风险时论述道:"'领导'包括在面对不确定性时作出选择。'风险'是指个人或组织在作出选择后遭受不利后果的可能性。风险正是机会的对应物。"显然,这些论述已经认识到企业的存在是为股东或利害相关者(针对非营利性组织等)创造价值的,而价值创造不仅是被动的资产安全等,还应包括机会的利用。另外,对股东价值的威胁也不仅来自经营者会计舞弊等内部因素,还包括来自市场的风险等。

技术及市场条件的新进展,推动了内部控制走向风险管理。在先进的信息技术条件下,会计记录实现了电子控制、实时更新,使传统的查错与防弊的会计控制显得过时。然而,风险往往是由交易或组织创新造成的,这些创新来源于新兴的市场实践,如安然公司将能源交易大量发展成类似金融衍生品的交易。另外,环境保护及消费者权益保护的加强,都强化了企业的社会责任,若一有不慎,企业就可能遭受来自商品市场或资本市场的惩罚,表现为企业的品牌价值或资本市场上的市值贬损。因此,企业需要一种日常运行的功能与结构来防范风险,包括遵守法律与法规,确保投资者对财务信息的信任以及保证经营效率等。因此,从维护与促进价值创造这一根本功能来看,风险管理与企业内部控制的目标是一致的,只是在新的技术与市场条件下,为了更有效地保护投资者利益,需要在内部控制的基础上发展更主动、更全面的风险管理。

风险管理与内部控制是密不可分的。在规则制定或立法过程中,需要考虑的是范围与管制的强度,范围越大,管制的要求就会越弱。对于其核心问题,如财务报告的准确可靠,最适合以立法的形式来约束,而其他更宽泛的内容则可能更适合于规则及指南。在企业内部的不同层次,风险管理与内部控制的主导性相对次序也可能不同,如从企业的战略风险依次到经营风险、财务风险,最后到财务报告,风险管理与内部控制的相对重要性应该各有不同。在战略风险方面,风险管理应该发挥主导作用,内部控制起到配合作用。这一角色逐步逆转,到财务报告层次,应该是内部控制发挥主导作用,风险管理起到配合作用。

尽管风险管理与内部控制有内在的联系,但现实中的或代表目前应用水平的内部控制与风险管理还有不少的差距。典型的风险管理关注特定业务中与战略选择或经营决策相关的风险与收益比较,如银行业的授信管理或市场(价格)风险管理,如汇率、利率风险等。典型的内部控制是指会计控制、审计活动等,一般局限于财务相关部门。它们的共同点都是低水平、小范围,只局限于少数职能部门,并没有渗透或应用于企业管理过程和整个经营系统,因此,有时看上去风险管理与内部控制还是相互独立的两件事。随着内部控制或风险管理的不断完善和变得更加全面,它们之间必然相互交叉、融合,直至统一。①

第二节　完善内部风险管理

一、提高内部管理能力

管理者是企业发展的原动力,风险管理层级包括整个企业、职能部门、业

---

① 周兆生:“内部控制与风险管理”,载《审计与经济研究》2004 年 12 月。

务单位和分支机构四级，各级管理者的管理能力决定着企业在风险管理的水平的高低。因此提高管理者风险管理能力势在必行。

企业的最高决策层要制定明确企业的风险管理战略，短期目标与中长期目标结合，企业高管在履行职责时，应具备相应的风险识别、风险分析、风险偏好、风险处理、应变能力等风险管理能力，并不断提高风险管理意识、知识和能力。在企业发展的过程中塑造适合企业的系统的风险管理理念，引导企业风险管理文化的形成，带动企业各层级管理者提升风险管理意识和能力，推动构建企业全面风险管理系统。

加强金融业务机构的职业人员的风险意识。全面风险管理的实施离不开全体员工的参与，是一项长期而具体的系统性工程，需要全体员工具有风险管理意识，形成企业的风险管理文化。风险管理文化是企业文化的重要组成部分，包括风险管理理念、风险行为控制、风险道德标准、风险管理环境四部分。通过风险管理理念的深入，将风险管理措施和控制行为融入日常工作，形成全体员工的风险判断标准、风险道德准则和职业操守，最终形成构建全面风险管理的内部控制环境，为企业分析、防范、应对风险提供坚实的基础。

二、完善金融业务机构的风险管理组织

COCO 认为“控制应该包括风险的识别与减轻”，其中的风险不仅包括与实现特定目标相关的风险，而且还包括一般性的，如不能识别和利用机会，不能使企业在面临未预料到事件以及不确定信息时保持灵活性或弹性。1992 年 COSO 在《内部控制——整体框架》中将风险评估作为内部控制的五个组成要素之一，在最新出台的《企业风险管理框架》中又进一步将内部控制扩展为风险管理。①

参照 COSO《全面风险管理框架》、我国财政部会同证监会、审计署、银监会、保监会制定了《企业内部控制基本规范》、②保监会《保险公司内部控制基本准则》③中规定建立保险公司内部组织架构，在组织架构、人力资源、业务流程、财务管理、审计监督、合规管理反舞弊机制等方面加强管理。根据不同阶段

---

① 周兆生：“内部控制与风险管理”，载《审计与经济研究》2004 年 12 月。

② 参见财政部、证监会、审计署、银监会、保监会《关于印发〈企业内部控制基本规范〉的通知》（财会〔2008〕7 号）。

③ 参见《关于印发〈金融业务机构内部控制基本准则〉的通知》（保监发〔2010〕69 号）。

的企业发展目标调整企业内部的组织架构，更好地满足企业的风险管理需要。

为了满足全面风险管理的需要，从六个方面构建风险管理组织架构。第一，金融业务机构应当建立由董事会负最终责任、管理层直接领导，以风险管理机构为依托，相关职能部门密切配合，覆盖所有业务单位的风险管理组织体系。第二，金融业务机构监事会负责监督董事会、管理层履行内部控制职责，对其疏于履行内部控制职能的行为进行质询。对董事及高管人员违反内部控制要求的行为，应当予以纠正并根据规定的程序实施问责。第三，在董事会下设立风险管理委员会负责风险管理工作。通过设定风险管理的总体目标，制定基本政策和工作制度，明确风险管理机构设置及其职责，提供重大决策的风险评估和重大风险的解决方案等，全面了解公司面临的各项重大风险及其管理状况，监督风险管理体系运行的有效性。第四，金融业务机构高级管理人员应当负责全面风险管理日常工作。研究制定与金融业务机构发展战略，研究制定整体风险承受能力相匹配的风险管理政策和制度，开展重大事件、重大决策和重要业务流程的风险评估，提出重大风险的解决方案，指导、协调和监督各职能部门和各业务单位开展风险管理工作，组织推动风险文化建设。第五，金融业务机构应当设立风险管理部门具体开展全面风险管理工作。负责对具体风险进行定性和定量评估，改进相应的风险管理方法、技术和模型，确定各类风险限额，组织协调风险管理日常工作，协助各业务部门在风险限额内开展业务，监控风险限额的遵守情况；组织推动建立风险管理信息系统。第六，金融业务机构各职能部门和业务单位应当接受风险管理部门的组织、协调和监督，执行风险管理的基本流程，定期对本职能部门或者业务单位的风险进行评估，对其风险管理的有效性负责。①

三、建立审慎的风险管理体制

金融业务机构应当按照制度化、规范化的要求，组织实施风险管理活动，制定相应的管理制度并组织实施，确保公司运营管理有序运转、协调配合，为公司业务发展和正常运营提供支持和服务。基础管理制度主要包括战略规划、人力资源管理、计划财务、信息系统管理、行政管理、精算法律、分支机构管理和风险管理等活动的制度。一是建立战略规划管理制度，强化战略规划职能，规范战略规划中的信息收集、战略决策制定、论证和审批、决策执行评估和

---

① 参见《关于印发〈金融业务机构风险管理指引（试行）〉的通知》（保监发〔2007〕23号）。

跟踪反馈等控制事项，为研发机构提供必备的人力财力保障，提高战略研究的指导性和实用性，确保公司经营目标的合理性和决策的科学性。二是建立人力资源管理制度，规范岗位职责及岗位价值设定、招聘、薪酬、绩效考核、培训、晋级晋职、奖惩、劳动保护、辞退与辞职等控制事项，为公司经营管理和持续发展提供人力资源支持。三是建立各业务部门的管理制度，加强管理人员和职员的管理和机构管理、业务流程过程管理、金融产品品质管理、佣金手续费管理等活动的全过程控制。四是建立运营管理制度，以效率和风险控制为中心，按照集中化、专业化的要求，组织实施运营控制活动。针对运营活动的不同环节，强化产品开发管理、服务管理、中介业务管理、宣传管理、收付费管理、信息披露管理、业务单证管理、电话中心管理、会计处理和反洗钱等操作流程控制，确保业务活动正常运转，防范运营风险。五是建立严密的财务管理制度，规范公司预算、核算、费用控制、资金管理、资产管理、财务报告等控制事项，降低公司运营成本，提高资产创利能力。六是建立风控、内部控制及精算管理制度，明确其在相关管理和服务工作中的流程、权限及作业要求，为公司业务经营和日常管理提供专业支持。七是建立信息系统管理制度，规范信息系统的统筹规划、设计开发、运行维护、安全管理、保密管理、灾难恢复管理等控制事项，提高业务和财务处理及办公的信息化水平，建立符合业务发展和管理需要的信息系统。八是建立行政管理管理制度控制，规范采购、招投标、品牌宣传、文件及印章管理、后勤保障等行政管理行为，提高行政管理效率，为公司高效运转提高有力支持。九是建立内部委托授权管理制度，加强分支机构控制，统一制定分支机构组织设置、职责权限和运营规则，建立健全分支机构管控制度，实现对分支机构的全面、动态、有效管控。十是建立资金运用管理制度，规范资金运用的决策和交易流程，防范资金运用中的市场风险、信用风险、流动性风险和操作风险及其他风险。

四、完善现代金融业务机构的风险管理机制

全面风险管理的运行需要构建健全的风险管理机制，有效而科学的管理机制的创新可以将金融业在经营中的风险降低，围绕着公司的风险管理战略目标，搭建科学的风险管理组织架构，通过健全的风险管理机制的运行，才能构建完整有效的全面风险管理体系，最大程度的发挥全面风险管理的作用，借鉴全面风险管理的八个要素：内部环境、目标设定、事项识别、风险评估、风险应对、控制活动、信息和沟通、监督为基础，构建全面风险管理机制。

（一）建立内部控制

建立完善的公司法人治理结构，明确董事会、监事会、高管层决策、监督、执行等方面的职责权限，形成科学有效的职责分工和制衡机制。成立专门委员会具体负责组织协调风险管理、审计监督等的建立实施及日常工作。建立员工职业道德修养和专业胜任能力选拔和培训制度，不断提升员工风险管理素质。科学设置内设机构和工作岗位，明确职责分工，规定清晰的回报线路，把风险管理效果和绩效考核制度相结合。强化全体人员风险管理意识，培育全面风险管理文化。

（二）加强内控机制建设

目前，金融业务机构内部稳定性系统已经成为影响我国金融业风险的首要因素。同时，内部控制作为金融业务机构的一种自律行为，是金融业务机构完成各项业务指标并防范、化解金融风险的内部防线，也是最重要的防线。强化金融业务机构内部控制应努力实现两个转换：一是从以补救为主的控制向以预防为主的控制转换；二是从以突击检查为主的控制向以常规审计为主的控制转换。为此，需要健全内控监管的预警信息管理系统，建立内部控制评价体系。①

（三）设定风险管理目标

完整的风险管理体系中风险管理目标包括：战略（Strategic）目标，即高层次目标，与使命相关联并支撑使命；经营（operations）目标，高效率地利用资源；报告（reporting）目标，报告的可靠性；合规（compliance）目标，符合适用的法律和法规。第一，围绕战略目标的实现，制定各项业务、财务等经营风险管理目标；第二，明确的经营目标能给公司的发展提供方向和指导，确保公司有序发展；第三，设定清晰的报告标准、路径、内容等报告目标，保障报告的及时性、准确性和有效性；第四，明确法律法规、监管要求，审定合规目标并确保遵循。

（四）加强风险识别和评估能力

结合金融业务机构的业务特点，从多层次、多角度识别经营过程中面临的各种风险。考虑内外部原因的影响，包括公司治理、组织架构、经营管理和信息技术等内部因素；宏观经济、自然环境、社会和政治环境等外部因素。识别

---

① 曾文革、安稳："论我国金融风险预警制度的构建"，载《河南商业高等专科学校学报》2009年第3期。

和划分各类主要风险，如保险风险、市场风险、信用风险和操作风险等。

从风险发生的可能性和影响程度两个角度对风险进行评估。充分考虑固有风险评估和剩余风险评估。定期开展公司全面风险识别与评估，及时对风险进行识别和评估进行报告。根据公司的业务性质、规模和复杂程度，运用经济资本方法计量公司所承受的风险，计量公司潜在的经济价值损失，直观反映公司的风险状况。持续改进计量方法，积极探索先进的风险计量实践，不断提高风险计量的科学性和准确性。

（五）优化风险应对方案

金融业务机构应围绕发展战略、风险偏好与风险容忍度，结合风险评估与计量结果制定风险应对方案。风险应对方案应主要包括解决该项风险所要达到的具体目标，所涉及的管理及业务流程，所需的条件和资源，所采取的具体措施及风险应对工具等内容。公司应平衡风险与收益，针对不同类型的风险，选择风险自留、规避、缓释、转移等风险应对工具。采取和建立相关控制措施、流程，确保风险应对方案的有效执行。将风险应对和控制后的剩余风险控制在可接受的范围内，定期总结和分析已制定的风险应对和控制方案的有效性和合理性。

（六）执行有效的控制活动

现代金融业务机构可以结合风险评估结果，通过手工控制与自动控制、预防性控制与发现性控制相结合的方法，将风险控制在可承受度之内。采用不相容职务分离控制、授权审批控制、会计系统控制、财产保护控制、预算控制、运营分析控制和绩效考评控制等控制措施。同时，根据内部控制目标，结合风险应对策略，综合运用控制措施，对各种业务和事项实施有效控制。建立重大风险预警机制和突发事件应急处理机制，对可能发生的重大风险或突发事件，制定应急预案、明确责任人员、规范处置程序，确保突发事件得到及时妥善处理。

（七）信息和沟通

现代金融业务机构应建立健全内部风险报告及沟通机制，建立报告沟通机制，通过董事会接受管理层提交的全面风险管理报告，公司管理层接受风险管理部门提交的全面风险管理报告，以及公司内部各职能部门和业务单位之间的风险沟通报告等加强信息的沟通和反馈。加强内部审计、合规和内部控制职能部门与风险管理部门之间应进行信息和数据分享，保证不同层面风险管理的时效性，公司各职能部门和业务单位应定期向风险管理部门报送风险识别、分析、应对、控制和监督等信息。对于突发的风险事件,应及时与风险管理部门沟通并上报风险分析报告。建立向外部监管部门报送全面风险管理报告的渠道,满足外部监管的要求。

(八)监督

现代金融业务机构应当设立内部审计机构或其他内部机构在内部监督中的职责权限,规范内部监督的程序、方法和要求。通过日常监督和专项监督对内部控制的某一或者某些方面进行有针对性的监督检查。制定内部控制缺陷认定标准,对监督过程中发现的内部控制缺陷,应当分析缺陷的性质和产生的原因,提出整改方案,及时向董事会、监事会或者经理层报告。定期对内部控制的有效性进行自我评价,出具内部控制自我评价报告。保存内部控制建立与实施过程中的记录或者资料,确保内部控制建立与实施过程的可验证性。

全面风险管理体系应从全局和行业整体出发,对金融业务机构发展和创新中出现的风险进行识别、评估、度量、应对、控制。建立全面风险管理体系有助于平衡整体行业风险与公司发展的矛盾,综合解决金融业务机构面临的风险,其效果必定优于单个单独的风险管理方法,有利于金融企业的创新发展和行业兴起。通过对风险成因的分析,建立基本风险管理体系和特定风险的管理体系,通过两种风险管理体系的结合和融合,才能形成立体的、完整全面的风险管理体系。

第十章　完善现代金融监管

随着世界经济一体化发展的趋势，国际金融市场的运行变得更加复杂和多样化，金融创新与金融衍生工具日新月异、层出不穷，这些对于发展中国家的金融市场提出了挑战，特别是对于入世后、金融业开放的我国，金融体系的脆弱性进一步加深。随着加入世界贸易组织过渡期的结束，我国金融对外开放进入了新时期，扩大金融对外开放面临着新的机遇，同时也面临着挑战。第一，我国内资金融业务机构与外资金融业务机构相比，在资金规模、经营管理、人才队伍等方面都处于不利地位。[①] 第二，国际资本流动将更加复杂，当国际金融形势发生巨变时，庞大的国际资本将对我国金融业造成巨大冲击，这对我国的金融监管提出了更高的要求。在2008年席卷全球的金融危机下，我国的金融体系也不可避免受到了冲击，尤其在证券市场上表现最为明显。[②] 在这种形势下，构建金融风险预警制度尤为迫切。

目前，我国金融体制有待完善，金融风险监控和预警机制尚待建立，金融领域存在巨大的系统性风险，一旦条件成熟，这种可能的风险就会转化为现实

---

① 梁猛："金融业对外开放面临四大新挑战"，载《上海证券报》2006年12月11日。

② 曾文革、安稳："论我国金融风险预警制度的构建"，载《河南商业高等专科学校学报》2009年第3期。

的风险。从近几年来已经暴露出来的金融风险隐患来看,主要的表现形式有:信用风险、流动性风险、财务风险、市场风险、利率和汇率风险、金融诈骗风险。上述的金融风险具有以下几种特点:一是集中性。我国企业融资的主要渠道是通过金融业务机构,以间接融资为主,企业融资渠道狭窄,融资方式单一,使金融风险主要集中于金融业务机构,信用风险大于市场风险。二是隐蔽性。在西方国家,商业金融业务机构经营不善,就会面临破产或被兼并的风险。我国商业金融业务机构破产、兼并机制还没有建立起来,各种金融风险以隐蔽的形式潜藏着。特别是具有庞大系统的国有商业金融业务机构,其基层金融业务机构的经营不善并不会危及生存,各种风险和损失都向上级行层层转嫁,最后聚集到总部。三是系统性。金融业务机构一般面临两种风险,分别是整个金融体系甚至经济体系造成的系统性风险和单个企业自身的因素造成的非系统性风险。四是社会性。金融业不同于其他行业,作为金融中介,它本身就具有明显的社会性特征。金融业以资金为经营内容,但是其自有资金占全部资金比重的一小部分,绝大部分运营资金来自存款和借用资金。因此,金融业的特殊地位决定了社会公众与金融业务机构的关系是一种依附型、紧密型的债权债务关系。①

第一,我国的银行业内外部风险明显。首先,资本充足率不高。截至2007年第三季度末,国内有136家银行达标,全部银行业金融业务机构资本充足率加权平均首次超过《巴塞尔协议》规定的8%,其中,工、中、建、交四大行的资本充足率均在12%以上。② 虽然四大行的资本充足率已经可以与国际大银行相提并论,但实际上我国银行的资本充足率水分太多,除去财政向银行注入“虚增的”资本金,仅就国际惯例而言,银行的资本金是核销了一切坏账损失后的净资本。而我国是在充分计提贷款损失准备基础上计算资本充足率。因此,采用该种方法计算出的资本充足率并不能反映银行资本金的真实水平。其次,银行资产质量质量普遍较差,不良资产比率较高,信用风险系数提高。近几年,虽然商业银行的不良贷款率有了明显下降,但是不良贷款余额却在增长。根据银监会公布的2007年商业银行不良贷款情况表,2007年第四季度的不良贷款占全部贷款比例的6.17%,相比第一季度降低了0.46%,

---

① 董小君著:《金融风险预警机制研究》,经济管理出版社2004年版,第33页。

② “金融业务机构业协会评出2007年中国金融业务机构业十件大事”,资料来源:http://news.xinhuanet.com/fortune//content_7332300.htm。

但是,实际不良贷款余额却增长了228.5亿元。[①] 大量的不良资产成为国有商业银行面临的最大金融风险,并且随着国家宏观调控的加强,某些行业进入调整期或者衰退期,这样,一方面,这些行业的企业还款风险增大。另一方面,商业银行贷款的行业集中度风险系数也将加大。[②] 在我国金融业持续开放的背景下,银行业的稳定已经成为金融业稳定的重要部分。

第二,证券市场存在的问题。我国证券市场自诞生以来就承担着为国企解困的使命,这不仅造成了证券市场发展方向的不明确,更造成了证券市场结构的畸形。在2005年股权分置改革启动以前,我国上市公司的国有股和法人股不能流通,该部分非流通股占到总股本的70%左右,少量且分散的个人流通股在二级市场的交易不能对上市公司的经营管理产生压力,无法发挥投资者的监管机制。[③] 但"大小非解禁"带给证券市场的冲击也是管理层没有料想到的。可以说,我国的证券市场相当脆弱。在开放的经济条件下,建立全球联动的证券市场是大势所趋,因此,构建金融风险预警机制就成为我国的必然选择。

第三,金融综合业务监管力度薄弱。目前,金融业务不断创新,跨行业的金融产品陆续问世,但是处于成长初期的金融新业务在市场推广过程中普遍存在操作不规范和专业操作人员缺少等问题。此外,银行业、保险业和证券业之间存在的业务混杂、重复问题,削弱了分业监管的基础,是以机构监管为主要模式的分业监管所无法解决的,这就不可避免地会出现监管重复和监管空白的问题,[④]为金融市场埋下了安全隐患。

第一节 金融监管理论

自20世纪网络技术在美国诞生以来,以网络为核心的信息技术成为这个时代最重要的全球性技术浪潮,并以无法估量的速度和能量改变着各行各业,正在塑造一个与农业社会和工业社会完全不同的社会文明形态——网络社会

---

① 银监会公布2007年商业金融业务机构不良贷款情况表,资料来源:http://bank.hexun.com//103605601.htm。

② 刘明康:"警示金融业务机构业三大风险",载《21世纪经济报道》2008年1月21日。

③ 曾建中:"怎样看待当前我国的金融安全问题——基于金融生态失衡的视角",载《金融理论与安全》2006年第6期。

④ 孙振嘉、毛兴纲:"金融业综合经营的监管制度研究",载《经济理论研究》2008年第1期。

形态。在这网络社会形态中,传统的金融也发生着巨大的变化,早在1995年美国的金融业务机构、证券、基金、信用卡等金融服务领域都开始与网络深度结合,1995年10月18日在美国亚特兰大开业的美国安全第一网络金融业务机构(Security First Network Bank,SFNB)是世界上第一家网络金融业务机构。有关资料表明,1995年以来,发达国家和地区的银行、证券公司和金融业务机构等金融服务企业纷纷进行创新,形成了从ATM、POS到无人银行、电话银行到网络银行的全方位金融电子化服务。在我国,1996年招商金融业务机构率先推出“一卡通”网上支付金融服务业务,1998年中国银行进行了第一笔电子交易业务。这标志着我国网络金融业务机构是在20世纪90年代中期产生的。

随着2000年前后以“com”为代表的网络泡沫的破灭,全球对网络模式的认识更加理性,网络与实体经济的应用结合更为实效。2007年诞生了P2P行业的代表性公司借贷俱乐部(Lending Club),2009年诞生了众筹行业的代表公司Kickstarter。尤其2012年以来,网络金融在我国掀起了创新热潮。

从余额宝点燃网络金融的“硝烟”起,“全民理财时代”即来临,网络金融巨头与新贵开始逐浪,传统金融被迫自我革新与反击,监管层面坚持包容与鼓励,网络金融大幕拉开。由此看来,网络金融以其巨大的优势,得以迅速的发展,并起着越来越重要的作用,从而涌现了大量需要回应与解决的有关金融监管的法律问题。在这些法律问题中,金融监管法律制度问题是迫切需要回应与解决的首要问题。传统金融监管法律制度能否继续适用于网络金融?是否需要构建新的不同于传统的金融监管法律制度、如何构建?如果不需要构建新的网络金融业务机构监管法律制度,那么如何保证其与传统金融监管法律制度的协调?如何体现和适应网络金融对传统金融监管法律制度的挑战?

一、外部效应

外部效应是指行为主体的活动对他人和社会造成的非市场化的影响,即社会成员(包括组织和个人)从事经济活动时其成本与后果不完全由该行为人承担。金融风险扩散速度快、金融监管难度大、金融风险交叉传染导致网络金融行为具有很强的负外部效应。

首先,金融风险扩散速度较快。无论是第三方支付还是移动支付,包括P2P、大数据金融、众筹平台、信息化金融等在内的网络金融,都具备高科技的网络技术所具有的快速远程处理功能,为便捷快速的金融服务提供了强大的

IT 技术支持,反过来看网络金融的高科技也可能会加快支付、清算及金融风险的扩散速度。在传统的纸质支付交易结算当中,对于出现的偶然性差错或失误还有一定的时间进行纠正,而在网络金融的网络环境中这种回旋余地就大为减小,因为网络或者移动网络内流动的并不仅仅是现实货币资金,而更多的是数字化信息,当金融风险在短时间内突然爆发时进行预防和化解就比较困难,这也加大了金融风险的扩散面积和补救的成本。

其次,金融风险监管难度高,对应的较高的网络金融技术环境中存在所谓"道高一尺,魔高一丈",这对于网络金融的风险防控和金融监管提出了更高的要求。网络金融当中的网络银行、手机银行等的交易和支付过程均在网络或者移动网络上完成,交易的虚拟化使金融业务失去了时间和地理限制,交易对象变得模糊,交易过程更加不透明,金融风险形式更加多样化。由于被监管者和监管者之间信息不对称,金融监管机构难以准确了解金融业务机构资产负债实际情况,难以针对可能的金融风险采取切实有效的金融监管手段。

最后,外部效应还表现为金融风险具有巨大的传染性,其传染过程是金融风险由小到大、由此及彼、由单个金融业务机构到整个金融体系、由一个国家到另一个国家发展的过程,是金融风险的范围和强度不断放大的过程。金融风险传染机制有两条:接触传染机制和非接触传染机制,接触传染机制源于金融活动参与者之间的各种联系和相互影响,非接触传染源于金融恐慌。金融业务机构挤提是金融风险传染性的集中和突出表现,金融业务机构挤提可以用囚犯困境等模型来加以解释。传统金融监管可以通过分业经营、设置市场屏障或特许经营等各种方式,将金融风险隔离在相对独立的领域。而网络金融中的这种物理隔离的有效性相对减弱,尤其是防火墙作用可能因网络黑客等破坏而衰减,因此"防火墙"的建设更需要加强。随着我国多家金融业务机构的综合金融业务的开展和完善,网络金融业主与客户之间的相互渗入和交叉,使金融业务机构间、各金融业务种类间、国家间的风险相关性日益增强,由此网络可能引发的金融危机的突发性较大。

在以第三方支付、P2P、大数据金融、众筹平台、信息化金融业务机构等为主要模式的网络金融中,一些超级金融集团利用国际网络金融交易网络平台进行大范围的国际投资与投机活动,这些集团既了解金融监管法律法规,又能利用法规差异逃避金融监管,获取监管套利。这些机构本身既拥有先进的通讯设施,又掌握巨额资金,并有一定的操纵市场及转嫁危机的经验和能力,需要防控这些机构加大金融风险的可能性和突发性。

二、市场的不完善与市场失效

市场的不完善与市场失效首先体现为金融体系具有内在的不稳定性，这种内在的不稳定性是金融风险产生的理论根源。根据《新帕尔格雷夫货币金融大辞典》的解释，金融不稳定性假说（financialinstability hypothesis）是指私人信贷创造机构，特别是商业金融业务机构和相关贷款者固有的经历周期性危机和破产的倾向。这些金融中介机构经营状况的崩溃随后会传导到经济中的各个方面，从而带来全面的经济衰退。① 明斯基认为，金融不稳定及其危机是经济生活的现实。并指出，现实经济中存在三种金融处境，即避险筹资（hedge finance）、冒险筹资（Speculative finance）和“庞齐”②筹资（Ponzi finance），这三种金融处境对金融体系稳定性的影响是不同的。避险型的企业是最安全的借款者。冒险型企业常常依靠滚动融资或者为他们的债务再融资，对于这类企业来说，能否持续正常运转取决于它们安排债务的能力，取决于金融市场是否维持正常运作。“庞齐”筹资企业是最为脆弱的高风险型企业。现实中存在的这种债务结构引起了金融结构的不稳定。网络金融并没有改变传统金融的内在不稳定性，现实中的网络金融P2P、众筹等筹资模式的筹资者及平台本身仍然具有这些风险，因此网络金融还是具备传统金融体系的不稳定性。

金融资产价格的过度波动是金融风险产生的一个重要来源，金融资产价格的急剧下跌是金融危机的一个重要标志。经济泡沫理论：根据《新帕尔格雷夫货币金融大辞典》的解释，经济泡沫是指在一个连续过程中，一种或一系列资产价格的突然上升，随着最初的价格上升产生对远期价格继续上升的预期，从而吸引新的买者，投机者感兴趣的是买卖资产获得的收益，而不是资产本身的用途及其盈利能力。资产价格上升通常伴随着预期的反向变化并带来价格的迅速下降，最终导致金融危机。如果价格上升的原因仅仅是因为投资者相信明天的售出价格会更高，而基础经济因素却似乎不对价格变动产生影

---

① 《新帕尔格雷夫货币金融大辞典》(II)（中文版），经济出版社2000年版，第76页。

② 查尔斯·庞齐（Charles Ponzi）是美国波士顿的一个金融家，他发现只要现金总借入量增加大于应该支付的利息，就可以通过增加债务来维持其生存。他在20世纪20年代靠“连锁信用”迅速致富，后来被判罪，最终在穷困潦倒中死去。

响,那么泡沫就存在了[①]网络金融的金融资产的价格仍然具备这一特征,因此此理论对其是有效的。

市场不完善和市场失效还体现为金融不对称信息。1691 年施蒂格勒发表了《信息经济学》一文,推翻了完全信息假设的经济学理论。施蒂格勒从信息并非已知这一前提出发,深入研究了信息的成本和价格,以及信息对价格、工资及其他生产要素的影响。信息经济学中最为核心的问题是信息不对称,以及信息不对称对个人选择和制度安排的影响。信息经济学认为,现实世界中信息是不完全的,或者是不对称的,即当事人一方比另一方掌握的信息多。当参与人之间存在信息不对称时,任何一种有效的制度安排都必须满足"激励相容"或"自我选择"条件。信息的不完全使市场价格机制不再是使市场均衡的最有效的制度安排。信息经济学建立了委托—代理模型来分析当事人行为,进而对经济现象作出解释。该模型认为,契约达成后,当事人双方掌握的信息不对称的,掌握信息多的一方为代理人,另一方为委托人。委托人欲使代理人按自己的利益行动,但委托人无法直接观测到代理人的行为选择,只能观测到一些变量,因而具有代理人行为的不完全信息。

金融监管的理论依据是因为存在市场缺陷,包括信息不对称,以及由此引发的逆向选择和道德风险。这些缺陷加上金融业较强的外部性和天然的脆弱性,都容易给消费者带来消极影响,引发消费者对金融业务机构体系的不信任。因此,需要政府进行干预,政府对金融监管的基本目的是保护消费者和提升公众对金融体系的信心,传统的监管体系正是在这一理论基础上建立起来的。判断网络金融是否需要监管,首先需要说明网络金融是否存在以上缺陷。

网络金融对传统的市场缺陷并没有解决。首先,尽管信息的量和质都有了很大的改善,但信息的甄别判断仍有赖于个体的收益费用比、知识水平和分析技能。特别是,网上信息和谣言都可以迅速传播,对于一部分人而言,其获得完备信息的成本反而会增加。其次,网络金融的交易频率要大于传统金融,储蓄者只需点击鼠标就可以完成其财产的转移,使得收集某一类信息上的成本不仅不会减少,还有可能增大。最后,通过网络金融,资产转移可以迅速完成,金融风险偏好加大,同时储户的监督成本也增高。因此,在一定程度上,网络金融面临的市场缺陷有可能更加严重。但是网络金融的信息不对称与传统

---

① Joseph E. Stiglitz, "Symposium of Bubbles", *Journal of Economic Perspectives*, Volume 4, Number 2, Spring 1990, pp. 13 – 18.

金融的信息不对称有着不同的地方,它解决了信息传播的范围,减少了摩擦成本,并且信息成为了公共产品,任何人都可以使用这一网络为满足其特有的信息需要。但是网络金融还是没有从根本上解决信息的真实性与全面性,即信用风险的问题。

网络金融的虚拟性,使对这种虚拟交易的合法性检查存在难度,对金融监管技术和方法提出了挑战。网络金融无纸化操作进行交易,不仅无凭证可查,而且设有密码,使监管当局无法收集到有关资料做进一步的稽核审查。同时,金融交易在网上进行,其电子记录可以不留任何痕迹地加以修改,使确认交易的过程复杂化,监管当局对金融业务难以核查,造成监管数据不能准确反映金融业务机构实际经营情况,即一致性遭到破坏。

网络金融以信息为核心,信息技术的飞速发展改变金融业务机构的经营方式和内容,有利于金融业务机构通过技术来规避金融监管。另外,非金融业务机构借助网络技术也容易提供类似金融业务机构的服务,而未经监管机构的许可,这也增加的监管的难度,给金融监管带来了巨大的挑战。

三、监控的规模效应

规模效应又称规模经济,即因规模增大带来的经济效益提高,但是规模过大可能产生信息传递速度慢且造成信息失真、管理官僚化等弊端,反而产生“规模不经济”。规模效应是一个经济学上研究的课题,即生产要达到或超过盈亏平衡点,即规模效益。金融监管中也需要寻求这样一个监管成本和监管效益的平衡点。监管规模过小,将会导致监管的空白,将网络金融的风险放大从而可能会危及整个金融体系的安全;而监管规模过大,则会导致监管机构设置冗杂,官僚化严重,权力机构之间相互扯皮,降低监管的效率。监管毕竟是有成本的活动,不可能随心所欲地设置监管机构,采取监管措施,必须需求监管效益最大化的高效监管。如通过集体授权的方式对金融业务机构进行监控,就具有了监控的规模经济性。

此外,从立法的效率来看,就是以最少的制度资源消耗来取得同样的效果,或以同样的制度资源消耗取得较大的效果。① 一个良好的社会也必须是高效率的社会。没有效率的社会无论如何不能算是理想的社会。我国的网络金融业正处于发展的初期,要促进网络金融的发展就要鼓励创新,立法应当为

---

① 王远均著:《网络金融业务机构监管法律制度研究》,法律出版社 2008 年版,第 337 页。

其创新创造一个以效率为核心价值目标。金融监管立法应当重在保护和鼓励,而非制约其发展,立法要充分体现效率原则。

金融监管成本是指实施监管行为所需要消耗的资源以及带来的相关效率损失。金融监管的成本分为两类:一种是直接成本;另一种是间接成本。监管中金融监管部门为实施法律法规、监管制度和政策而造成的经济资源的耗费以及网络金融业务机构为遵守法律法规、监管制度和政策而额外承担的损失,即为直接成本。间接成本不同于以上直接成本的表现形式,而是体现在整个社会在监管中没有实现帕累托最优,社会福利因为此种监管行为而降低所产生效率的损失,表现为产生道德风险、降低竞争效率、阻碍创新以及管制过于严厉,以上均有可能导致网络金融发展效率降低,间接导致监管所带来的成本上升。金融监管收益是指金融监管部门在对网络金融进行监管的情况下,避免了网络金融行业发展的不稳定性,由此减少网络金融发展的损失而产生的利益,我们称为金融监管的收益。监管带来的收益分为两类:在金融监管的大的框架下,应当结合网络金融的特性,金融监管效率的提高在于通过降低监管成本、提高监管收益的途径。制定相应政策制度及法律法规,保证整个社会的帕累托最优。网络金融不仅是金融系统的一部分,涉众面广,由此制定的政策与法律法规,既要考虑监管的成本,还要注重监管所带来的效益,并有效协调两者之间的关系,以保证监管的有效性,进而才可以保证网络金融行业的稳定、实体经济的增长,从而实现整个社会的帕累托最优。

四、消费者信心与消费者的自然需求

英国金融服务局局长说:"如果没有金融业务机构监管给消费者提供一种第三方的保证,保证他们所购买的产品或服务的质量的话,储蓄和投资都会受到压抑,对经济会产生不良的后果"。此言足见稳定金融消费者信心以及满足消费者自然需要的重要性。

本轮国际金融危机后,金融消费者保护作为国际金融监管改革的重要内容受到空前重视和强化。在二十国集团的倡议下,经合组织牵头制定并发布了金融消费者保护的10条高级原则;世界金融业务机构推出了金融消费者保护的39条良好实践标准;金融稳定委员会(Financial Stability Board,FSB)在梳理各国金融消费者保护实践基础上,发出了一系列加强和改进金融消费者保护的倡议。实践层面,在认真总结和吸取金融危机教训的基础上,部分发达国家对金融监管框架进行了重大调整,美国成立了消费者金融保护局

（Consumer Financial Protection Bureau，CFPB），英国则将金融监管架构重组为金融审慎监管局（Prudential Regulation Authority，PRA）和金融行为监管局（Financial Conduct Awthority，FCA）的“双峰”模式，通过设立独立的行为监管机构强化金融消费者保护。对于包括我国在内的发展中国家而言，如何应对危机后出现的这一新趋势，找准金融消费者保护的定位，处理好金融消费者保护与金融审慎监管的关系，在维护金融安全与稳定的同时，提高金融市场效率和支持实体经济力度，促进社会与金融的和谐发展，无疑具有非常重大的现实意义。

监管除了要加强各种审慎监管措施外，还应关注金融消费的自然需求，而金融消费者的自然需求不仅包括金融安全的需求，还包括金融知识获取的需求，因此监管部门还应加强金融消费者的金融知识与金融风险教育。从国际监管改革机构的倡议和各国的金融实践来看，金融消费者教育要取得良好效果，应具备以下几方面的要素。第一，金融消费者教育的覆盖范围既要包括已经接受金融服务的消费者，也要包括尚未获得正规金融体系服务的潜在消费者，提高公众对正规金融体系的了解和信任程度是加强金融消费者教育的最终目标。第二，金融消费者教育的各个参与机构与部门应建立有效的沟通协调机制，世界金融业务机构建议指定一个政府部门（如财政部）、央行或者监管当局承担牵头或协调职责。第三，金融消费者教育应根据一国的具体金融环境、公众金融知识水平和消费者保护现状制定长远规划，特别要根据不同年龄群体不同的金融需要进行金融知识普及。第四，应通过家庭调查等方式动态了解公众的金融知识水平，建立金融消费者教育效果的动态评价机制。金融消费者教育的负责部门应建立与不同的消费者群体、行业协会和金融业务机构稳定的沟通渠道，了解金融消费者的需要和期望，不断完善金融消费者教育方案。

第二节　现代金融监管的原则

2015 年 7 月 18 日中央人民银行会同十部委牵头、起草、制定的《关于促进网络金融健康发展的指导意见》发布，该意见提出发展网络金融要以市场为导向，遵循服务实体经济、服从宏观调控和维护金融稳定的总体目标，切实保障消费者合法权益，维护公平竞争的市场秩序。要细化管理制度，为网络金融健康发展营造良好环境。

一、服务实体经济原则

金融监管必须把握服务实体经济的原则,发挥网络金融的融资功能。网络金融本身就是在面对中小企业、个人融资难的大需求背景下产生的,它必然是带着解决融资问题的使命而来的。网络金融应充分发挥为实体经济服务的功能。

"金融服务实体经济"原则是在国际金融危机的大背景下提出的。始于华尔街的2008年世界金融危机暴露了美国金融与实体经济严重脱节的缺陷,再次警示金融创新的边界以及国民经济发展必须立足于实体经济的客观现实。2008年后欧美国家在救市过程中纷纷加大金融监管,出台限制金融创新的政策。在中国,金融工作由此也变得更加谨慎稳重。2011年年底中央经济工作会议明确了"金融服务实体经济"的原则,在国内外引起了重大反响。

如果把这条原则放在与实体经济密切相关的金融衍生品框架下思考,那无疑是金融思想史上重大的中国式创新,是中国人引领世界反思这场金融大危机的重要体现,也是降低中国金融市场风险的必要手段,更是防堵中国重蹈美国式危机的药方。然而,若把这一原则变成衡量整个金融业的唯一标尺,则体现出明显的风险厌恶,造成对本应在鼓励金融创新范畴之内的各类衍生品的抑制,最终成为制约金融业发展的"紧箍咒"。

作为资源配置的有效平台,金融天生就有工具属性与风险特征。现代社会的金融产业发展迅猛,比历史上的任何时候都表现出"风险与收益成正比"的关系,进而使危机大爆发与社会大繁荣间断性、规律性地发生。所谓"成也萧何,败也萧何",无论繁荣或是危机,周期现象的根源都能在金融中找到端倪。金融与实体经济就像水与水泥的关系,只有两者调配适中,才能有更高质量的混凝土,筑起国民经济这座宏伟大厦。

历次金融危机警示,过度的金融创新是危机的始作俑者。但危机后的经济复苏又表明,下一轮的经济发展仍离不开以衍生品为主要载体的金融创新。过去15年,各国金融危机频发,但根据国际清算金融业务机构(Bank for International Settlements,BIS)对11国的调查统计,场外衍生品未平仓合约名义价值从1998年的80万亿美元增长到2012年年底的633万亿美元,增长了约8倍。这表明金融支持实体经济的手段还得回归创新。因此,应当让金融与实体经济相辅相成、双向互补,共同促进国民经济的发展。

2013年8月为配合此后一个月即将召开的二十国集团领导人峰会,中国举办了第一次二十国智库研讨会，探讨后国际金融危机时代的二十国机制与全球治理，通过了《二十国智库共同声明》。共同声明的讨论过程中，在全球最重要20个国家的智库中争议最大的，是初稿中“金融服务实体经济”的条款，欧美国家智库对此尤其表示强烈反对。经过激烈辩论，最终共同声明的版本是“密切关注金融市场和国际货币体系，以推动全球经济的可持续发展与繁荣”。

这场争论相当程度上折射了人类理解金融与实体经济之间关系的情感纠结。一方面的共识是，金融过度虚拟化是爆发危机的最终根源。全球都应当继续反思金融创新的规则与红线，以及对实体经济的支持力度；但另一方面的分歧在于，人们担心对金融创新的过度批判，会抑制金融的长期发展，反向冲击到实体经济的繁荣。一旦把金融与实体经济的“服务”关系视为全球共识，那么很容易将金融放在实体经济的从属地位、被支配地位，进而造成对金融衍生品创新的负面化情绪，甚至是妖魔化的趋向。

金融应与实体经济并重，不可偏重任何一方。这种平等观念不应以“金融服务实体经济”原则出现为转移。邓小平曾说“金融是现代经济的核心”，充分抓住金融在现代经济中举足轻重和提纲挈领的地位和作用。当时中国刚刚走出金融被长期抑制的计划经济体制，对金融给予的认识和评价并不清晰。改革开放以来经济的突飞猛进，使我们充分认识到金融对国家调节宏观经济的重要作用，以及金融对国家经济稳定和效率的关键意义。可以说，中国的经济成功，一大原因就在于打破了先前的金融抑制；而中国目前的经济缺陷（或者说“潜力”）很大程度上也在于金融发展还远远落后于实体经济。网络金融作为传统金融的重要创新，但仍属于整个金融体系的重要组成部分，因此金融监管必须牢牢把握服务实体经济的原则。

二、合法性原则

网络金融的合法性的“法”不是“法律”，法律是实证法，而法的外延远宽于法律。“法与法律的区别在于……法是法律的实质，而法律是法的表现形式。”[①]还有人认为：“它们共同衍生出作为实证法之评价标准的正义问题，并

① 吕世伦、文正邦主编：《法哲学论》，中国政法大学出版社2002年版，第190页。

因此也牵涉到法的有效性。”①

对网络金融的合法性界定应是以下基本原则：一是网络金融必须服务于实体经济和社会公众的生活消费，而不仅仅是纯粹的为了赚钱而赚钱的金融游戏。金融并非“为了赚钱而赚钱”，金融的存在是为了帮助实现其他的目标，即社会的目标。② 二是不违反已成立的法律，尤其不触犯刑法。三是普遍的服从已成立的法律，不能突破已成立的法律禁止性规定。网络金融的本质是金融，因此不能超脱金融的既有秩序和规范，就要接受金融法秩序和规范的规则。网络金融是创新的一种方式。金融创新要依法创新。金融创新史已充分证明任何创新都伴随着风险，③因此在创新的同时要依照已成立的法律进而消解创新带来的风险，这是法律的安全价值所决定的，安全是法律持续性的制度安排与价值追求，已成立法律的核心是保障金融的效率、秩序与安全。因此网络金融应在已成立的法律框架下进行创新，使其因创新带来的风险进行最大限度的消解。如需要突破已成立的法律，那就先修订法律，确保网络金融创新在法治轨道上进行。

创新不意味着可以不守法规和契约，网络金融市场主体的创新应当基于法定的框架下进行创新。无论是监管创新还是金融创新，都应该严格遵循既有的法律法规，都应依法进行。

三、防范系统性金融风险原则

传统对系统性风险的控制大多集中于防范金融业务机构破产上。由于大萧条导致美国万余家金融业务机构破产倒闭，通过在联邦存款保险公司(Federal Deposit Insurance Corporation，FDIC)存款以减轻储户对金融业务机构取款违约的担忧，进而防止出现金融业务机构挤兑。同样，资本充足率要求金融业务机构持有最低标准的资本，资本充足率要求旨在限制金融业务机构承担过度风险并且缓解金融危机。金融危机以来，《巴塞尔资本协议Ⅲ》明确了一套建立在监管三大支柱之首——金融业务机构风险敞口之上的资本维持要求体系。《巴塞尔协议Ⅲ》将信用风险、操作风险和市场风险作为影响资本

① ［德］A. 考夫曼等主编：《当代法哲学和法律理论导论》，郑永流译，法律出版社 2002 年版，第 51 页。

② ［美］罗伯特·希勒著：《金融与好的社会》，束宇译，中信出版社 2012 年版，第 10 页。

③ 金融创新既有正面效应，也有负面效应。金融创新的负面效应既降低了金融体系的稳定性，也降低了金融监管的时效性；增加了风险，也增大了发生金融危机的可能性。

充足率要求的三方面，其意义在于其要求更大的透明度，及采用最先进的能使金融业务机构更安全和更有收益的风险控制方法。这些风控和防范体系也在不断改进和提高，《巴塞尔协议Ⅲ》就进一步提高金融业务机构资本充足率并专门规定了风险资本充足率。一些经济学家认为防止金融业务机构破产的规定可能导致道德风险，如在美国金融危机中出现了“大而不能倒”。金融业务机构若知道出现突然挤兑还有安全网保护之后，可能会扩大风险敞口并降低其资本比例。当储户从资不抵债的金融业务机构提款时，FDIC 存款保险安全网的出现使“那个重要的本来能够自动淘汰和解决问题金融业务机构的机制”有可能就会失效。存款保险机制还使资不抵债的金融业务机构可以继续运营并继续制造损失，网络金融的控制与这些基本原则是一致的，需要不断地随着网络金融的发展而不断提出和完善。限制金融业务机构借款可能使资金迂回引导到那些不受约束的贷款人手上。资本要求还可能会削弱金融业务机构提升股本权益的能力。这些要求同样难以精准确定，因为规定资本要求的标准本身就不精确。在兼顾效率和稳定的目标前提下，网络金融风险控制是一个不断探索和提高的过程。

历史上多数都只关注银行业的系统风险，而现代系统性风险则包括网络金融在内的更多非银行金融业务机构和金融市场等各个方面。为防范欧债危机对美国的影响，美联储试图通过调低贴现率降低本次危机影响其他金融市场的可能性，该贴现率指金融业务机构因短期缺少资金向美联储借贷而支付的利率。欧洲央行和其他央行也采取了类似降低贴现率的措施。而这些举措直接作用于金融业务机构而非金融市场。各国货币政策的如降息可能收效甚微而且缓慢而无法平息恐慌、价格下跌及系统崩溃等。而欧央行的职能缺位等则是加强区域金融监管个案。

作为事前预防性质的监管，以降低系统崩溃风险的可能更适合网络金融的控制方法，另外事后减轻系统崩溃传播及其后果的方法也是防范系统性风险的重要方法。

一是系统性风险要避免恐慌。比较理想的风控和监管方法是从源头上消除系统崩盘的风险。由于恐慌往往会触发连锁破产，理论上只需通过预防金融恐慌即可达目的。经济学家称为“货币学派”的方法，即将系统性风险等同于产生货币紧缩的金融业务机构恐慌。竭力通过政府存款保险以防止金融业务机构挤兑。21 世纪的美国金融危机和欧债危机都无不证明了在金融业务机构体系之外，恐慌照样能引起市场破产。正如系统性市场崩溃一样，当交易对手争先恐后试图清仓时,资产或者金融产品的价格将急速下跌以至于更多的市场无法运营,而这一切又导致了投资者丧失信心并造成恶性循环。采取避免恐慌的监管措施有助于市场稳定。监管可能适时通过对资本市场的关闭设定条件,并补充流动性使其继续运营,以阻断一个或更多市场停止运行而触发的恶性循环。

二是系统性风险防控需要完善信息披露制度。防范和化解金融风险,保障金融安全,就要加强金融监管,将金融活动纳入规范化、法治化轨道。而信息披露则是金融监管的主导性制度安排。

三是系统性风险防控要有金融风险敞口限制。一个或多个大型机构破产而引发的违约事件足以使其他高杠杆投资者动荡不安,并提高了市场系统崩溃的可能性。这引出一种监管方法是对机构间的金融敞口进行限制。金融敞口限制可以实质上减少特定合同相对方的损失并降低因该损失导致破产的可能性,从而通过分散风险增强金融稳定性。这个限制同样可能降低交易双方结清头寸时的紧迫感和恐慌感。上述方法通过限制贷款的方式已经应用于银行业,其严格限制了金融业务机构对某个特定顾客的最高风险敞口。随着网络金融的发展、“银行与非银行金融业务机构之间界限日趋模糊”及巨额金融资产在非银行金融业务机构间流通,这种限制方法应用有必要扩大至网络金融等其他金融业务机构。甚至有证据显示非银行机构已经采用了与银行同样的风控措施。

四是系统性风险防控要降低金融业务机构的杠杆率。降低杠杆率与系统性风险是有关系的,不仅降低了一个金融业务机构最先破产的风险,而且还降低了由此可能引发的多米诺骨牌效应。如果没有杠杆,金融业务机构只能线性地等额承担损失,不会发生债务违约。在其他情况相同的条件下,杠杆率越低,金融业务机构无法履行到期债务的可能性就越小。然而,高杠杆率可能导致机构承受与其规模和杠杆率不匹配的损失,这会急速恶化机构的履约能力。债务违约很可能导致机构破产,此外因为这些机构无法履行其他机构的债务,这还可能导致潜在的一系列违约。

因此,降低杠杆率主要起预防作用,其旨在减少风险并减轻系统性崩溃的扩散和后果。降低杠杆率也能强有力地促进金融稳定目标的实现。当然,降低杠杆率可能会产生巨大的成本。但有些杠杆还是有益的,虽然还没发现一个适用于任何企业的最佳杠杆倍数。正如上文所讨论的《巴塞尔协议Ⅲ》资本充足率规定的复杂性,尝试探索最佳杠杆率的监管也是微妙而极其复杂的。这些旨在降低金融业务机构杠杆率的标准要求金融业务机构持有最低量的资本以抵抗其资产风险。但是,有人评论"新巴塞尔协议规定的先进的方法过于复杂以至于无人能理解,不同草案框架规定的数学公式犹如天书"。然而,对杠杆率进行细致入微的规定则可能损害企业运营能力并妨碍经济增长。

五是系统性风险防控要加强金融市场或者金融业务机构自律。对系统性风险的监管方法不一定是事先规定的。在市场环境下实际上也无法事先确定。比如,很多金融业务机构的"监管规则"被认为是市场自身要求所产生的。因为市场内生规则使监管成本最小化,因此其是有效率的。

尽管从理论上完美市场可能不需要外部监管,但现实中金融市场不会完美。采用市场自律方式,监管者的工作就是确保市场参与者按照能使市场有效运作所要求的谨慎标准行事。这些通常可通过确保市场参与者能够获得关于风险的充分的信息及激励机制来实现。

市场自律是低成本、预防性的监管方法。但是市场自律在促进金融稳定的作用并不大,因为仅通过市场自律比较难以防范系统性风险,这或许有助于解释即使银行业和证券经纪业很大程度上采取了自律监管方法。在系统性风险之外的情况下缺乏约定俗成的规则,监管者也有一些混合的监管记录以保证参与者遵守市场自律。比如,直到次债危机之前,竞争激烈的金融业务机构一直在发放越来越多的不订立金融契诺的贷款。而投资者需要缴付的风险保证金显著降低也许也是市场自律弱化的另一实例。监管者偶尔在维持市场自律上的失败可能也反映了最近监管资金的缺乏以及潜在的反对干预市场的政治偏见。根据美国审计署的统计数据,美国证券交易委员会(Securities and Exchange Commission,SEC)从1995年起人手就越来越紧缺。因此,尽管市场自律作为其他监管方法的补充有一定的吸引力,但是若将其作为唯一的,甚至主要的监管机制还是值得商榷。

四、行为监管原则

行为监管是监管机构为了保护消费者的安全权、知悉权、选择权、公平交易权、索赔权、受教育权等各项合法权益,制定公平交易、反欺诈误导、个人隐私信息保护、充分信息披露、消费争端解决、反不正当竞争、弱势群体保护、广告行为、合同规范、债务催收等规定或指引,要求金融业务机构必须遵守,并对金融业务机构保护消费者的总体情况定期组织现场检查、评估、披露和处置。

行为监管机构对金融业务机构的经营行为提出的规范性要求主要包括：(1)金融业务机构要健全内控制度，确保金融消费者的合法金融资产不被非法冒领，不被非法查询、冻结扣划，尤其是随着科学技术的发展和金融服务电子化的应用普及，金融业务机构要采取更加有效的防范技术和措施保护资金不被盗取。(2)金融业务机构要提供金融产品的定价标准、计息政策、运作方式、风险级别，或者金融服务的项目、内容、收费标准等信息，保证金融消费者全面、完整、准确、及时知悉其购买、使用的金融产品或接受的金融服务的真实信息。行为监管主要采取"问题预防"的方式，运用行为经济学原理等工具、监测、识别、纠正金融消费者的行为偏差，对金融业务机构的行为和产品进行规范和干预。行为监管，一方面，可以规范金融业务机构的经营行为，确保合适的金融产品卖给合适的金融消费者，降低金融消费者的违约率，确保金融业务机构的微观审慎监管的各项指标。另一方面，有效的行为监管，可以提高金融消费者的行为理性，纠正其系统性行为偏差，提高其金融素养和风险防范意识及能力，增强其对金融市场的信心，而理性的金融消费者正是维护金融市场稳定和金融业务机构稳健运营的基石。审慎监管对金融业务机构监管的内容是资本充足率、资产质量、贷款损失准备金、风险集中度、关联交易、资产流动性、风险管理、内部控制等审慎经营的监管指标和要求，并组织现场检查、监测、评估其风险状况、及时进行风险预警和处置，以规范金融业务机构风险承担行为。传统的审慎监管的内容主要是对金融业务机构的单体或系统性风险的防范，其指标体系和监管评级标准也更加侧重于金融业务机构在稳健运营和风险防范方面的能力。审慎监管以保证金融业务机构稳健运行，关注金融业务机构的安全和健康发展为目标，重点在金融业务机构、在金融市场的供给行为。

在我国目前的网络金融创新过程中，一些金融服务的模式中各方主体都不是金融业务机构，只是一般的企业法人，因此投融资主体所形成的是民事关系而不是金融关系，不受现有的金融监管体制的监管，无法适用于"审慎监管及其标准"涵盖涉及公司治理、资本充足率、信用风险管理等方面的核心监管原则。① 投资者是一般投资者，不能对高风险的网络金融行为有足够的判断力；融资主体是资信不被传统金融服务覆盖的次级融资者，因此信用风险比传

① Basel Committee on Banking Supervision, 2011 Consultative Document: Core Principles for Effective Banking Supervision.

统的金融业的融资者要大。网络金融主体不具备其指标衡量得客体，审慎监管的指标和标准对网络金融业务机构进行监管是无的放矢，无法适用。因此行为监管是以确保市场公正透明、监督金融业务机构对待金融消费者的行为、维护金融消费者信心为目标，重点在金融市场的需求方适合网络金融的监管。

网络金融以金融行为能力为监管理念。行为能力是指法律关系主体能够通过自己的行为实际取得权利和履行义务的能力。公民的行为能力是公民的意识能力在法律上的反映。确定公民有无行为能力，其标准有二：一是能否认识自己行为的性质、意义和后果；二是能否控制自己的行为并对自己的行为负责。公民的行为能力是由法律予以规定的。行为能力在不同的法律关系中是不同的，如民事法律关系中民事行为能力。但并非人人皆有行为能力，只有具备一定条件的人才能具有民事行为能力。民事行为形成民事法律关系，受民事法律来调整。金融行为形成金融法律关系，受金融法调整。金融是具有高的专业性与技术性的领域，其核心特征是风险，因此有必要要求参与金融法律关系中的主体要有风险的认知能力和承受能力，对其要有一定的行为能力的限制。对网络金融行为能力有特殊的要求主要原因：一是人类理性的有限性会引起风险。网络金融在高收益的“羊群效应”下，众多小额消费者竞相参与投资相应的项目，由此可能带来的投资风险。这类的中小微投资者整体既缺乏金融风险的识别、防范与化解的专业经验与技能，也缺乏组织性；二是网络金融投资者的资金低安全，高成本。低安全是指已突破熟人社会作为信用保证的网络金融在没有完善的信用体系做支撑的情况下，仅靠线下的对融资者提供的身份证复印件、户口簿复印件等材料及个人的基本信息来确保交易主体的身份等情况下进行交易，安全性极难保障。成本高是指网络金融的中介平台是信息平台，投资者与融资者形成法律关系，若融资者出现违约应依靠自己去追偿，但融资者自身的风险管理能力一般不具有追偿所有的专业性、经济规模性等，使消费者依靠自身的力量去做好有关风险控制与追偿存在极高的交易成本。金融行为能力根据形成不同的金融法律关系、监管的方式、风险的大小有所不同的规定，现有的金融法根据各种金融行为的风险不同设定了投资者主体资格，即行为能力。

五、消费者权益保护原则

随着金融混业的发展和金融风险传导机制的多元化，为了保护存款人、投资者等的利益,学者提出了金融消费者的概念。[①] 金融消费者是指为了满足个人或家庭的生活需要而购买、使用金融业务机构提供的商品或接受机构提供的服务的个人投资者。[②] 从经济法角度分析,之所以对消费者进行保护,是因为消费者在交易活动中处于弱势地位。在私法自治基础上建立起来的契约关系容易被强势的经营者所利用,致使消费者处于弱势地位。强调消费者的保护正是在承认经营者与消费者不平等地位的基础上,重新配置二者之间的权利义务,以期缓和两者之间的冲突,使二者严重失衡的关系重新走向平衡。金融的发展趋向于专业化、复杂性,资产证券化、各种类型的金融衍生品、理财产品和基金产品出现,致使金融消费者面临着更大的风险。正是在这种情况下,提出了"金融消费者"的概念。

网络金融作为金融创新的新生事物,其也存在金融消费者保护的问题。正确合理地界定网络金融的特殊性是保护网络金融消费者合法权益的基础。网络金融的特殊性表现在:第一,风险的特殊性。同传统金融面临的风险一样,网络金融也面临着道德风险、市场风险、信用风险和系统风险。但是网络金融在发展过程中也凸显了自己特有的风险。首先,网络金融面临着政策和法律风险,如 P2P 网络贷款平台的某些模式处究竟是合法还是非法仍然模棱两可,稍有不慎就很可能构成"非法吸收公众存款"和"非法集资"。其次,网络金融面临着个人信用信息被滥用的风险。个人信息被泄露已经成为"重灾区",网络金融发展过程中需要消费者提供给网络金融平台更多的个人信息,这就致使网络金融消费者面临更大的安全隐患。最后,网络金融技术风险。网络金融的发展是以网络技术为依托,与传统商业金融业务机构有着独立性很强的通信网络不同,网络金融企业处于开放式的网络通信系统中,TCP/IP 协议自身的安全性面临较大非议,而当前的密钥管理与加密技术也不完善,这就导致网络金融体系很容易遭受计算机病毒以及网络黑客的攻击。[③] 第二,网络金融消费者的弱势性。消费者保护理念的兴起正是源于消费者地位的弱势。金融的发展使金融产品不再局限于股票和债券,资产证券化产品、品种繁多的结构化金融产品的逐渐发展起来,这些新生的金融产品结构复杂,一般的

---

① "金融消费者"的概念首次出现在英国《2000 年金融市场与服务法》。

② 吴弘、徐振:"金融消费者保护的法理探析",载《东方法学》2009 年第 5 期。

③ "互联网背景下的金融风险特征及防范对策初探",资料来源:中国社会科学网,http://www.cssn.cn/glx/glx_zt/glx_efinance/glx_efart/201312/t20131219_912333.shtml。

消费者很难能够做到透彻的理解。另外,在金融消费过程中,双方当事人使用的是格式化合同,这就致使消费者只能被动地接受合同条款。

保护消费者的合法权益是网络金融生存与发展所必需解决的问题。网络金融与传统金融消费者相比:首先,网络金融扩大了消费者的在个人金融决策中的作用,增大了消费者需要负的责任。其次,网络金融的普惠性、产品投资的大众化导致了网络金融服务面对的是以一般投资者。投资者分为一般投资者和专业投资者,一般投资者即零售客户以及小型的法人和公益法人一般投资者缺乏金融知识及经验是金融市场的弱势群体,不一定有能力担负起良好金融决策的责任。一般投资者应该按照金融消费者进行保护。“从金融业务机构与一般投资者的资讯财力专业部对等的角度出发,都认为一般投资者为金融消费者,赋予一般投资者等同于消费者的权利。”再次,网络金融交易结构复杂、产品专业化和复杂化、法律关系复杂而隐蔽等都加剧了双方当事人之间的信息不对称性,使金融消费者难以了解其产品和服务的本质和其中蕴藏的风险。最后,金融消费者自身的知识结构和获取信息渠道的局限性导致其对金融商品和金融服务存在认知上的偏差。综上所述,网络金融的消费者更需要从监管的角度进行保护,通过对金融消费者的保护,使其在理性的投资、合理地使用信贷,更成功地积累财富,增加长期整体福利,同时对网络金融业的有效竞争得以形成,有助于形成运行良好的市场,促进网络金融的稳定发展。

第三节 金融监管的目标

一、保护消费者权益目标

网络金融消费者是网络金融行业的重要主体,其消费行为是整个行业发展的重要动力。保护消费者权益,树立消费者信心对于拉动整个行业发展具有重要意义。

网络金融消费者权利体系架构是消费者权利保护的基础,应当包括知情权、自主选择权、隐私权、安全权、公平交易权、受教育权、求偿权和监督权。本部分重点对知情权、自主选择权、隐私权、安全权进行分析。第一,知情权。知情权是指网络金融消费者有权要求网络金融服务机构依法披露关于其提供商品和服务的真实、准确、充分、易懂的信息,以便网络金融消费者在交易过程中做出真实的意思表示。网络技术越来越多地运用到金融领域中,更进一步加深了金融产品和服务的复杂化和专业化。所以应当强化网络金融业务机构在开展业务过程中信息披露的义务,以确保网络金融消费者的知情权。第二,自主选择权。自主选择权是指消费者在知悉商品或服务信息的基础上自主选择是否购买金融商品或接受金融服务的权利。网络金融业务机构在提供商品或者服务的过程中大多是以格式合同的方式进行的。在这一过程中,网络金融消费者只有接受与不接受的权利,并没有和交易对方就格式合同内容进行协商的能力。为了避免网络金融业务机构利用格式条款的形式侵害消费者的权益,可以在监管法律法规中就消费者易受侵害的领域做出保护消费者的强行规定。第三,隐私权。隐私权是指网络金融消费者有权要求网络金融业务机构就其在开展业务过程中所知悉的有关消费者的个人信息采取合理措施进行保护的权利。网上消费在带来便利的同时也带来了很大的安全隐患。网络金融业务机构掌握了大量的消费者个人信息,这些信息一旦泄露将会对消费者的资金安全带来很大的隐患。网络金融业务机构本身应当建立消费者信息安全保护机制,在向第三方提供消费者信息时,应当征得消费者的同意或者符合法律规定的例外情形。未经消费者同意,禁止以直接销售为目的向第三方披露消费者个人信息。[①] 第四,安全权。安全权是指网络金融消费者在购买金融商品或者接受金融服务时,有权要求网络金融业务机构保护其人身安全和财权安全不受侵害。网络金融消费者安全权更多的强调财产安全。目前来讲,网络金融作为新生事物,资金托管机制尚未建立。优易网、众贷网和淘金网等 P2P 网络贷款平台,出现了挪用资金和跑路的情况,这对消费者的资金带来了很大的安全隐患。为了保护消费者资金安全,应当建立资金第三方托管制度,由第三方托管机构保管资金,以确保资金安全。

网络金融消费者对网络金融的信心是其得以存在和发展的基本保证。只有真正做到保护网络金融消费者权益,网络金融才能得到长久的发展,才能更好地发挥其对实体经济的支持作用。

二、系统稳定目标

维护金融系统稳定不仅是传统金融监管的目标,同时也是金融监管的重要目标之一。从目前我国经济所处的美国金融危机和欧债危机之后的国际宏观经济环境以及国内经济结构调整的阶段来看,包括网络金融领域在内,我国

---

① 曲一帆:"金融消费者保护法律制度研究",中国政法大学 2011 年博士学位论文。

仍然存在较大的系统性金融风险,主要体现在三个领域:

一是经济风险从微观层面迅速上升并转嫁成为金融风险。在我国经济转轨过程中各种社会经济问题对金融体系构成巨大压力,我国经济结构调整和发展方式转变面临着发展的结构性矛盾突出,金融领域长期以来累积而成的一些深层矛盾与问题尚未化解,并且在美国金融危机和欧债危机的多年冲击和影响下,在内外部环境趋紧形势下,有些金融风险问题逐渐凸显,对金融稳定造成一定的冲击。网络金融需要注意防控这些领域的风险。

二是信贷集中与信贷期限结构长期失衡风险。通过推进金融改革,21 世纪初以来的国有金融业务机构的巨额不良贷款得以化解,但随着信贷投放力度的不断加大,新增贷款过度投向大企业、中长期和政府投资项目而形成的"贷大、贷长、贷集中"问题突出。地方政府融资平台授信存在一定的合规性风险,包括部分房地产业、产能过剩行业都存在影响贷款质量的不确定性因素,流动性风险逐渐积聚。要防范地方政府投融资平台及其债务风险,在国际金融危机和欧债危机以来,地方政府出于经济快速增长的内在冲动,运用财政及其他手段,扩大基础设施、大型项目建设等,造成部分产业和地区投资过热、政府债务负担沉重,隐藏着经济和金融风险。

三是金融创新形成的市场风险。信息技术的飞速发展使以此为基础的金融衍生品和跨市场交易快速发展,但我国分业监管的现实和监管立法的步伐滞后,对部分金融创新领域的监管可能存在监管空白。长期以金融业务机构间接融资为主的融资结构在金融危机以来发生了重大转变,10 年前以信贷为主的金融业务机构间接融资占社会融资总额超过 90%,近年来随着融资方式的增多,影子金融业务机构体系发展,到 2012 年以信贷为主的金融业务机构间接融资占社会融资总额的比例下降到不足 50%。以民间借贷、信托等影子金融业务机构系统获得了巨大的发展空间,也为网络金融的繁荣发展创造了良好的外部环境和内在激励。在没有明晰的风险管理既定战略情况下,各类金融市场联动效应增强而产生的交叉性和系统性风险问题越来越突出。对于网络金融的金融风险也要严格防控影子金融业务机构系统可能存在的金融风险。

金融领域的市场风险还要防控币值变动和汇率风险。主要是国际货币的币值变化引起汇率变动,导致我国部分对外金融资产迅速贬值或成为坏账损失,或者对外贸易收支恶化,通过进出口企业与金融市场的融资关系将损失向金融系统转嫁。

防范系统性金融风险，维护金融系统稳定，保障金融体系的安全与秩序。现代社会是以金融为核心的时代，金融秩序决定了社会秩序。秩序是人类生存的基础。人类永远生活在两种秩序之中，一是自然秩序；二是社会秩序。秩序的存在是人类一切活动的必要前提。[①] 秩序构成人类理想的要素和社会活动的基本目标。正如一位杰出的社会人类学家所指出的，“显然，在社会生活中不存在这样一种有序性的东西，那么任何人都不可能有能力做好自己的事情或满足自己基本的需求”。[②] 博登海默对秩序的定义是“意指在自然进程和社会进程中都存在某种程度的一致性、连续性和确定性”。[③] 无序状态的持续令人困惑，因为无序增加了不确定性，而且绝大多数参与人显然都是输家。[④] 社会秩序的建立和保护历来受到人们的重视，往往不惜用最具有强制力的法律规范来首先建立和维护它。[⑤] 在文明社会中，法律是预防脱序、制止无序状态的首要的、经常起作用的手段。[⑥] 社会秩序要靠一套普遍性的法律规则来建立。[⑦] 因此为了维护社会秩序及金融秩序需要对网络金融体系的系统性风险进行监管。

三、激励目标

直到拉丰（Laffont）和梯若尔（Tirole）的《政府采购与监管中的激励理论》一书的出版，金融监管者和被监管者的激励问题才得到较为系统的研究。他们将激励问题引入，在激励与抽租之间的权衡取舍之上，成功地将博弈论和信息经济学的工具用于监管问题的分析。在监管者和被监管者的信息结构、约束条件和可行工具的前提下，运用相对比较成熟的完备合约方法（Complete Contracting），分析双方的行为和最优权衡，并对监管中的许多问题都尽可能

---

① 张文显著：《法哲学范畴研究》，中国政法大学出版社2011年版，第195页。

② ［英］弗里德里希·冯·哈耶克著：《法律、立法与自由》，邓正来、张守东、李静冰译，中国大百科全书出版社2000年版，第54页。

③ ［美］博登海默著：《法理学——法律哲学与法律方法》，中国政法大学出版社1999年版，第219页。

④ ［美］道格拉斯·诺斯著：《理解经济变迁的过程》，钟正生、刑华等译，杨瑞龙、郑江淮校，中国人民大学出版社2008年版，第93页。

⑤ 卓泽渊著：《法理学》，法律出版社1998年版，第190～192页。

⑥ 张文显著：《法哲学范畴研究》，中国政法大学出版社2011年版，第197页。

⑦ ［英］彼得·斯坦约翰·香德著：《西方社会的法律价值》，王献平译，郑成思校，中国法制出版社2004年版，第45页。

地从本源上内生地加以分析。他们的分析揭示了监管的演进过程——从高度的监管(heavy-handed regulation)到轻度监管(light-handed regulation)的过程。在这个过程的不同阶段,政府和被监管者会面临不同的信息结构、约束条件和可行工具。他们认为,由于存在信息不对称、缺少承诺以及不完美的监管者,因此监管不是次优(second-best)的。信息不对称造成的道德风险和逆向选择限制了监管者对被监管者的监控能力;由于合约方面或者法律方面的原因,监管者不能对激励方案进行承诺也降低了监管的效率;监管者和政客可能是不称职的,有自己的小算盘,并容易被利益集团收买,所以不会使社会福利最大化。

运用上述监管激励理论,德沃特里庞(Dewatripont)和梯若尔构造了"最优相机监管模型",该模型同样基于金融监管的代表说,由对分散的存款人的信息不对称且偏好"搭便车"的分析,引入因存款人集体行动失灵问题,并将讨论集中在金融何时需要外部的干预和监管,以及外部人监管的激励方案。按照不完全合约理论(Hart and Moore,1990;Aghion and Bolton,1992),股东对企业业绩是凸的收益结构:在公司经营良好时,他们拥有控制权;而债权人对企业则是凹的收益结构,企业经营不善时,他们行使控制权。拥有凹收益结构的人较拥有凸收益结构的人更倾向于外部干预和更严厉的监管。因此,债权人比股东更希望加强监管。对金融业务机构而言,金融业务机构清偿比率越低,股东就越偏好风险,而存款人则越规避风险。由此,他们将监管的激励方案与索取权联系起来。这样,实施最优监管政策的方式是:让监管者拥有与没有保险的存款人一样的激励。他们的模型揭示了当监管者既负责事后的干预、又负责事前的监督时,是如何被动干预以掩饰其失败的监督,以防止损害其前途。该理论较好地解释了美国监管当局为何在20世纪80年代储贷危机中采取宽容监管态度,致使情况越来越糟的原因。

金融监管以激励为目标将监管者和被监管者所面临的信息结构、约束条件和可行的工具纳入一个框架内进行综合考虑,并努力将产权结构和法律内生地加以分析,以尽可能地反映真实世界里可观察到的成本。以激励为目标有三个优点:(1)可以尽可能减少监管人员主观因素的影响,防止对相同问题出现不同监管结论的现象;(2)减少监管寻租、设租与监管宽容等道德风险;(3)监管工作透明度高,有利于被监管者和公众的合理预期。金融业务机构监管激励机制,有两层意思。一是对于金融业务机构内部的管理层来说,要有正确的激励机制,保证金融业务机构管理层能够按照恰当的方式对金融业务机构进行管理；二是对于监管者来说，要保证金融业务机构内部的激励机制与监管目标一致。

在金融监管激励机制设置中，对金融业务机构所有者和管理者的激励问题上，一般要通过一些制度、程序来保证和加强内部风险的控制机制。这包括内部审计人员、内部审计委员会的组成及有效运作，向高级管理层进行报告的程序，指定专门的部门负责合规性、风险分析和风险管理体系等。可借鉴国外金融业务机构监管激励机制的设置，如新西兰监管当局就规定，金融业务机构的董事会成员对金融业务机构风险管理上的一些漏洞，如信息披露的错误等要负责个人责任。英国的监管当局也在考虑规定金融业务机构的董事会成员要对金融业务机构的重大违规问题承担个人责任。埃文斯（Evens）在《国际金融架构》一文中指出，加强商业金融业务机构的内部激励机制一般有以下途径：加强金融业务机构的信息披露和透明度；让当地金融业务机构接受外来的竞争压力；使金融业务机构的监管资本与经济资本更加趋于一致。

第四节　我国现代金融监管体制现状及问题

金融监管体制是指有关政府部门为了保证金融业的稳健、高效运行，保护金融领域消费者的合法权益，对金融业务机构、金融市场、金融业务进行审慎监督管理的制度、政策和措施的总和。它是保障金融体系安全运行、防范金融风险的必要措施与保障。

我国现行金融监管体制是分业监管，由中国人民银行、中国银监会、证监会和保监会分别对货币业务、银行业、证券业、保险业实行监管。中国人民银行对银行间同业拆借市场和银行间债券市场、外汇市场和其他与货币政策有效实施有关的金融行为实行监管。我国分业经营的金融监管架构在我国金融业发展的初期对银行业、证券业和保险业的发展起到了一定的推动作用。但是面对现代金融的创新出现的综合经营的趋势而呈现出目前的金融机构体制存在职责不清、监管重叠、监管漏洞、监管套利、监管成本高和监管效率低、监管不能覆盖非金融机构的创新及提供金融服务的问题。各监管机构之间的信息交流、资源共享、协调与合作也存在很多问题，特别是对金融控股公司的监管职责不清和监管不到位。

但随着风险事件的发生，无论是监管机构还是理论界已经开始对目前的监管体制存在的问题进行关注。

面对我国金融业的综合性经营的变化，如银行业、证券业和保险业之间的业务出现交叉，相互渗透、相互融合。如果完全割裂这几者的业务领域是不现实的。与此同时，随着我国金融与国外金融的联系日渐紧密，国内分业经营与全球混业经营的趋势、国外大型金融集团的合作使得监管的难度更加凸显。在我国现行的机构监管体制下，针对不同的金融业务机构的类型进行监管，相应的金融监管主体对特定类型的金融业务机构实施监管，如现行分业监管下的机构性监管，采用业务审批制方式进行管理。

面对金融综合经营，单纯的机构监管效率低下。当不同金融业务机构业务出现交叉时，一项新业务的推出需要经过多个部门长时间的协调才能完成。

在2008年爆发的全球金融危机中，我国金融法律体系虽然在规范国内金融活动、保障国内金融稳定方面起了重要作用，但也暴露出内部诸多不协调、不合理之处，主要表现为：内部机制不健全，治理结构不完善；监管缺乏协调性与灵活性；基本法律缺少具体实施细则，缺乏相应配套制度和措施，缺乏可操作性；金融法律条文内部重叠现象严重；法律、法规及规章条文之间有冲突现象，具体表现在新旧法规和不同层次法规之间、金融规章之间条款冲突严重；等等。

第五节　现代金融监管体制的完善

为了控制和减少风险，避免金融危机的发生，确保中国社会经济可持续发展的目标，急需进一步健全与完善金融监管体制。

一、明确现代金融监管的模式，建立现代金融监管协调机制

首先，应明确金融监管的模式。金融监管的未来发展趋势是综合金融监管模式，中国目前应选择分业监管和混业监管相结合的监管模式，由形式上的多元化监管建立实质上的一元化监管，由机构性监管过渡到机构监管、功能性监管、行为监管为一体的监管，循序渐进，最终形成统一监管的金融监管模式，以减少监管的真空和盲区。

功能性监管是指中央银行同其他功能监管者，证监会、保监会、银监会相互配合，共同识别单个金融实体的风险以及整个金融持股公司的整体风险，及非金融机构从事金融服务的风险。功能性监管有两大优势：第一，在分业监管条件下，金融监管机构各自为政，相互之间的协调、沟通比较困难，监管效率不

高，监管成本增加，随着金融市场的不断变化发展，金融监管机构一体化会比分业监管更为有效。第二，金融业务机构的混业经营现象已经成为一种趋势，尤其是通过并购产生了众多的金融集团，在这种背景下，建立统一的金融监管机构能够全面覆盖各类金融业务机构，为堵住金融监管漏洞、消除“监管真空”、保持金融业持续稳定健康的发展提供了可能。

其次，加快建立切实有效的金融监管协调机制。为适应金融业综合经营发展趋势的需要，中国各监管机构之间应加强沟通、促进协调，提高监管效率。金融监管协调机制需要法制化和规范化。目前，这一议题已经提上日程。为提高金融监管工作效率，证监会和保监会在省以下不设分支机构。证监会和保监会在省以下的金融监管工作可委托给人民银行的分支机构代理，但人民银行只负责检查，不负责处罚，很难达到监管的真正目的。因此，对有些业务和有些领域应当实施联合监管和综合监管，尽快建立银监会、证监会、保监会之间有效的相互协调的信息共享机制，通过“三方”的统一标准，联手行动，制定国内、国际预警指标体系，实现非现场监管检查的电子化、规范化，就可以从整体上降低监管成本，提高防范和化解金融风险的能力。随着中国金融国际化的深入发展，金融业务的国际往来与合作更加频繁，人民币也将逐步成为自由兑换的国际化货币。这些都要求中国的金融监管的标准也要与世界标准逐步趋同，需要更进一步加深与国际社会的协调与合作。

行为监管指的是监管部门对金融机构经营行为的监督管理，包括信息披露要求、反欺诈误导、个人金融信息保护、反不正当竞争；打击操纵市场和内幕交易；规范广告行为、合同行为和债务催收行为；促进弱势群体保护；提升金融机构的诚信意识和消费者的诚信意识；消费争端解决等，围绕这些制定相关规则，建立现场检查和非现场监管工作体系，促进公平交易，维持市场秩序，增强消费者信心。有效的行为监管可以提高金融消费者的行为理性，提高其金融素养和风险防范意识及能力，增强其对金融市场的信心，这是维护金融市场稳定和金融机构稳健经营的基石。行为监管主要通过发布行为准则和产品准则，对金融机构的服务行为和金融产品进行规范和干预，工作中往往需要进行调查取证、法律剖析、纠纷数据库分析、暗访等。行为监管工作是直接针对消费者的具体交易和直接面对消费者。金融消费者保护重点在直接保护金融交易中的需求方，维护的是需求方的合法利益。由于其立足于特定的交易行为，所以行为监管中的金融消费者更突出个体含义，保护作为个体消费者的财产安全权、公平交易权、平等对待权、自主选择权、信息知情权、人身安全权、获得尊重权、金融隐私权等各项合法权益。这些权利是消费者的一般权利在金融交易中的具体表现。

金融机构机构在实施行为监管时，监管机构不仅与金融机构打交道，还要与消费者打交道，形成“监管者—金融机构—消费者”三方关系，要给“消费者办事”，工作很多时候呈现出个体化、单独化、个性化特点，这样导致工作对象变动不居，数目众多。

行为监管中，金融机构针对消费者的一些经营行为，合法合规与否很多时候判断起来很难，即使合法合规了，可能又不尽合情合理，判断起来很难标准化。行为监管很多时候涉及具体的消费者个人切身利益，每一机构、每一个人都要重视，群体性的要及时处理，个案也要及时处理。行为监管的具体要求，金融机构要保证从高管到具体交易员、一线柜员的每一笔交易、每一句话都要严格执行。

英国 FCA 主席（Martin Wheatley）指出：“从英美的教训看，哪个国家不重视行为监管，不重视金融消费者保护，金融危机就在前边等着。”

二、依法强化现代金融监管措施

全球金融体系现已成为一个纵横交错的整体，资本市场的全球化得到了深入发展。金融产品市场之间相互交织、相互渗透；衍生产品日趋复杂化和专业化，迫切需要探索建立集中化、电子化和标准化的交易方式，在各国进一步完善自身监管体系的基础上，共同建立更为有效的全球协调监管体系。通过不断加强对衍生产品创新的动态评估和监控，依法保证评级机构的独立性及评级结果的客观公正；依法规范贷款的坏账处理途径，强化坏账风险的政府监管，禁止风险的转移或被金融杠杆成倍放大，确保金融监管体系能够很好地适应全球衍生产品发展的需要；依法强化监管部门的职责履行。金融监管部门应特别重视加强在资金投放方式、渠道、性质、方向、使用等方面建立健全并切实落实投资责任追究制度、稽核制度、社会监督机制及项目信息管理制度，这是推进我国经济特别是金融业在危机中实现科学发展的基本保障。

三、强化对现代金融创新风险的防范

席卷全球金融市场并严重冲击各国经济的金融海啸已经渐行渐远，然而，对金融危机起因、金融创新得失以及衍生品功过是非的探讨与反思远未完成。

金融创新是金融业为适应实体经济发展的要求在制度安排、金融工具、金融产品等方面进行的创新活动,是引领金融业前进的不竭动力。金融的核心就是风险管理,通过管理风险使资金得到合理的运用,使更多人的融资变得更加便利。许多金融创新使以前得不到贷款的人获得资金,如房地产按揭贷款证券化就是一种积极的金融创新,我们绝不能因为国际金融危机的出现而否定它的积极贡献。然而,挑战总是与风险并存,中国在迎来金融创新的同时,也要客观地正视可能出现的问题。金融创新必然会带来新的风险,金融创新消除了各类金融业务机构之间的区别,模糊了货币市场和资本市场的界限,传统的分业监管的监管模式将无法应对现代金融市场,它使金融系统的稳定性下降,并使金融监管的效率下降,金融监管的实施更加困难。如果监管机构监管不力、控制不当,会给整个金融业甚至国家经济带来危害和破坏。因此,我们应该用理性客观的态度进行金融创新。

衍生品泛滥,大量复杂的场外信用衍生品造成风险的全球转移与局部积聚,是造成此次金融危机的罪魁祸首。许多贷款机构诱骗没有经验的低收入阶层贷款,且不明示风险,则是金融创新的弊端之一,是相关法律规范的缺位与失职。在一系列的金融链条中,僵化的监管、逐利的金融业务机构、不负责任的评级机构、膨胀的对冲基金都负有不可推卸的法律责任。由美国2008年世界金融危机引发的全球金融危机带给我们的启示就是要继续坚持审慎监管的原则。因为金融业是一个高风险的行业,尤其是金融衍生产品所带来的一系列的系统性风险和市场风险,所以,在未来的发展中,要在监管上加强监管信息的沟通和政策执行力度,避免出现虚假混乱的现象,进一步在监管队伍建设方面思考和提高。在金融监管上,根据我国目前监管体制存在的问题,进一步完善和落实相关法规和措施,应将金融创新过程中出现的新型金融业务机构纳入金融监管范围之内,从各个角度加强对衍生产品和衍生业务的监管,将衍生业务的风险控制在最小的限度内。加大对金融风险的监管力度,同时加强协调监管能力,建立统一的监管与职能体制。金融监管政策措施要适应金融业未来发展和变化趋势。为了防止金融风险和金融危机,金融监管当局在制定金融业务机构稳定性指标和有关措施时,要考虑未来金融市场创新,金融业务机构资产的可能变化等,此外,要建立金融监管的预警系统,加强对金融体系安全性的监测,保证金融体系的稳健运行。①

从对金融业的影响来看,虽然我国商业金融业务机构投资次级债券的总

① 戚莹:"金融创新与金融监管",载《当代法学》2003年第10期。

量不大,2008年世界金融危机的直接影响有限,但仍然值得及时总结国际金融危机的经验教训。一是我国法律要明确投资与信贷责任人进行风险判断的职责,明确提高风险识别与控制能力的权力与义务,明确禁止投资的产品和领域。"此次金融危机标志着华尔街金融霸权的结束,取而代之的将是地区性的金融体系,而不再是美元控制下的单极力量",这就要求各国都必须尽快找到自己的方法来稳定金融,强化对金融创新风险的防控。因此,我国必须尽快从过去对"华尔街惯例"的遵从,转变为加快本国金融法律体系的建立健全。二是法律要明确规定国内金融业务机构加快提高全面防控风险水平的具体措施。由于当今金融领域各类风险的内在关联性越来越大,风险的表现形式越来越复杂,金融风险很难孤立地进行识别和管理,国际金融危机的实质已是信用风险、市场风险、操作风险共同作用的结果。因此,进一步完善相关法律,实现金融风险防控的全覆盖是一项关键性的工作。三是法律要明确风险战略、政策制度和健康风险文化建设的途径与责任。有金融创新就有风险,完全杜绝风险,就无所谓金融创新了。因此,必须通过进一步健全金融业内部治理结构,严格依法执行风险政策和制度,努力把风险收益控制在长期平衡中,才能够实现金融创新的可持续发展。四是法律要明确评估房地产泡沫破裂引发大规模不良贷款的责任与途径。以利于金融业务机构重视密切关注我国房地产市场走势,重新检讨和完善我国现行的住房开发贷款和按揭贷款管理制度。2008年世界金融危机之所以发生,问题的关键是,美国从未发生过房地产市场整体大幅下滑,这就导致借款人、贷款人和各类金融业务机构及投资者都基于这一历史经验而采取了几乎相同的策略,而终究没有逃过市场经济铁律的惩罚。这对完善我国宏观经济法和微观投资政策尤其具有警示作用。五是法律要重视将金融监管与金融创新这一对如影相随的问题给予统筹规范。在防范金融创新风险和维护金融安全上,必须进一步强化政府在现代金融监管中的地位与职能,做到既要运用金融创新的成果推进经济社会发展,又要依法将其风险控制在可控的范围内。①

随着金融的日益深化,特别是金融创新和开放程度的加深,带来的相应的金融风险也会提高,因此,金融监管机构应随时掌握创新动态,适时调整金融监管,以适应金融创新的不断发展,这是我国当前金融监管的迫切任务。总

① 顾华详:"论国际金融危机对完善我国金融监管法制的警示",载《江西财经大学学报》2009年第3期。

之,金融监管作为一种管制手段,对金融创新既有促进作用,也有抑制作用。金融创新与金融监管应该在博弈互动过程中共同促进我国金融业的健康、稳定发展。

四、创新现代金融监管方式

目前中国的金融监管主要是外部监管,监管手段也很落后。金融监管以计划、行政命令和适当的经济处罚方式进行,监管的方式较为单一。基本金融法律与实际工作的要求相差甚远,没有具体的实施细则,监管难以做到有法可依和违法必究。这些问题使中国的金融监管效率低下,现在和将来所面临的金融风险更大。首先,应完善金融业务机构内控制度和行业自律制度。为提升监管效率,中国应加强金融业务机构内部控制制度的建设。加强金融业行业自律性组织的建设,建立、健全金融业务机构业协会等行业性组织工作,制定更为严格的行为守则,并对本行业经营者的经营行为进行监督,赋予其行业保护、协调、合作与交流等职能,以维护行业的公平竞争和市场秩序。在政府监管范围之外,通过自律行业的道德规范加以补充,形成市场多元利益主体的相互制衡机制,并在此基础上建立全国同业协会的联系机制。其次,在监管手段上,由单一走向多元。即从过去的以行政手段为主过渡到行政手段、法律手段和经济手段三者之间的协调配合,优势互补,不断丰富和创新监管手段。最后,为适应经济、金融全球化和实时监控、处置风险的需要,监管当局应加快现代化的进程,提高金融监管的网络化、电子化水平,建立金融监管信息系统、金融风险预警系统,实现监管机构内部之间、监管机构和监管对象之间、监管对象之间的信息共享,避免监管时滞和高成本,确保监管质量和效率。①

第六节　现代金融监管建构

一、明确金融监管主体和职责

明确监管主体是对网络金融特殊风险的监管前提,是建立金融监管体制的首要环节。美国注重立法先行,通过多项法律明确了 P2P、监管主体和职责,形成了联邦、州政府共同参与,SEC 重点保护放款人,FDIC、FTC(Federal

---

① 田中景、牟晓伟:"美国金融危机对中国完善金融监管体系的启示",载《东北亚论坛》2009 年第 6 期。

Trade Commission)、CFPB 等金融监管机构重点保护借款人的双重多头监管模式;美国国会通过 JOBS 法案颁布针对众筹的试行规则和意见。我国目前已明确了中央一级的监管主体,P2P 监管由银监会监管,众筹由证监会监管、第三方支付由央行监管,并且总的原则由央行制定。但具体的规定尚未出台。监管模式应该借鉴美国的双重多头监管模式,目前我国的金融监管的中央一级已明确,地方一级应由省、地市金融管理部门进行监管。但是网络金融行业运行机制复杂、产品创新快,甚至有些创新分业监管难以判断其界限,因此要在分业的基础之上建立金融监管的协调机制的牵头部门,这样可以充分发挥监管的协调作用。另外,针对网络金融本身运行机制及风险特征的监管,更适合于行为监管,因此充分发挥人民银行金融消费权益保护局的职能和作用,从对网络金融消费者进行保护的角度对网络金融业务机构进行监管。

从全局考虑,合理配置监管机构权责的目标是降低网络金融引起系统性风险的可能性的重要制度保障。为使监管机构胜任这项职责,还需要以法律对监管机构的权力和责任予以明确。

首先,监管机构应获得充足的、明确的授权(mandates),以使其监管网络金融正当行为具有明确的合法性。涉及金融监管,监管机构应在两方面获得法律的明确授权。第一,法律应授予相应的监管机构以对网络金融业务机构实施早期干预(early intervention)的权限。第二,涉及监管机构的责任、监管目标时,法律不能以“明确”或“清晰”这样的词语笼统述之,而应该做出具体的界定。其次,监管机构应在监管网络金融业务机构方面拥有充足的监管资源。这些资源包括资金支持、人力资源等。最后,监管机构应拥有必要的监管权力,以保障其对网络金融业务机构实施有效监管。

各监管部门要相互协作、形成合力,充分发挥金融监管协调部际联席会议制度的作用。人民银行、银监会、证监会、保监会应当密切关注网络金融业务发展及相关风险,对监管政策进行跟踪评估,适时提出调整建议,不断总结监管经验。财政部负责网络金融从业机构财务监管政策。人民银行会同有关部门,负责建立和完善网络金融数据统计监测体系,相关部门按照监管职责分工负责相关网络金融数据统计和监测工作,并实现统计数据和信息共享。

二、金融市场准入监管

首先要从其注册资本、人员、营业场所以及基本制度上作出要求。健全的组织机构、内部控制制度和风险管理措施,以及符合要求的营业场所和安全保障措施。在具备了以上条件之后，网络金融业务机构若要经营业务还需在相关的金融监管机构及其派出机构申领业务许可证，核定其业务范围。网络金融平台在账户设置上应遵循账户分离的原则，即用户资金和网站运营资金分账管理和使用。网络金融平台接受的客户投资金不属于网站的自有财产；在借款竞标完成并经网站最终审核后，须立即将投资者的资金转移到借款人的账户；禁止网络金融平台以任何形式挪用客户投资金。网络金融平台不能建立资金池，应当选择一家商业金融业务机构开立投资金专用存款账户进行托管，二者应签订存管协议，明确双方的权利、义务和责任。存管金融业务机构应当对存放在本机构的投资金的使用情况进行监督。明确网络金融平台不得从事吸收存款或以自有资金发放贷款的业务，不得非法集资。①

三、信息披露

信息披露也可以称“信息公开”，在资本市场的公开原则下，是指金融业务机构及上市公司等依照法律的规定，将与其经营有关的重大信息予以公开的一种法律制度。信息披露制度受到各国金融立法的重视，成为各国金融监管的重要制度。从经济学上来考虑，在信息化的时代，有效的信息披露能为经营者和购买者提供充分的信息，有利于正确的投资决策的形成，有利于提高资本市场的效率，优化金融资源配置，使价值规律在更大的范围内充分发挥作用。而从法律的角度来讲，信息披露制度能有力的防止由于信息不对称、错误等导致的不平等现象，防止信息垄断和信息优势导致的不公平。

信息披露是可行的预防系统性风险的方法。披露风险信息传统上都是主要的市场监管机制。通过降低或消除市场参与者之间的信息不对称，让风险对所有市场参与者清晰。因此，一个信息充分披露的环境是可以最小化金融恐慌的，因为投资者会把所有的风险计入定价。而在网络金融的风控上，一方面由于其本身的性质决定了网络金融容易实现信息对称和信息披露；另一方面如果监管者将网络金融划归影子金融业务机构系统，则从增强网络金融的透明度、减少风险的隐蔽性上需要进一步加强信息披露制度建设。

适度的信息披露制度是必要的，但强加额外的信息披露标准可能会产生反作用，并导致市场参与者改变其行为。因此交易者可能越发慎重，在达成交易前要求价格一再调整，因而最终降低了市场流动性。信息披露的功效还受

---

① 李爱君：“民间借贷网络平台法律问题研究”，载《福州大学学报》2011年第6期。

到交易和市场不断增加的复杂性的限制。

从系统性风险的角度看，对于金融衍生工具需要区分投机型或风险对冲型。投机型衍生工具提高了系统性风险发生的可能性。这些净额结算条款降低系统性风险之功效则尚有待实证研究。与之相反，风险对冲型衍生工具则可能会切实降低系统性风险发生的可能性，尽管这点仍值得怀疑。风险对冲通过使用信贷衍生工具分散风险来降低机构的风险。在美国金融危机中最广泛使用的衍生工具是信用违约掉期（Credit-default swap，CDS）。

风险证券化也是对冲风险途径之一，在这种模式中，一个公司、金融业务机构或其他实体（风险被对冲方，Hedged Party）把由公司贷款、债券或其他债务构成的资产组合的信用风险转让给一个特殊目的载体（Special-purpose vehicle，SPV）。SPV 通过向资本市场投资者发行证券的方式募集资金并以之承担这些风险。如果资产组合的信用风险增加，SPV 则同意按照预定的金额支付给风险被对冲方。因为任何支付都会减少投资者获得证券偿付所依赖的 SPV 的资产总额，所以投资者也面临资产组合的信用风险。作为承担这个风险的回报，风险被对冲方需向 SPV 支付费用以及 SPV 的其他资产，再按照一个与风险匹配的回报率偿还投资者。

这些对冲策略至少在理论上能够促使风险向更能承受风险的主体转移。多元化风险还能降低一个违约事件导致特定机构破产的可能性，并减轻这些破产对其他机构的影响——这与限制金融敞口限额的效能不同。通过对冲的方式分散风险会增加市场参与者之间的联动性，而这至少能够部分抵消风险扩散并培育系统性风险。一个机构的破产会潜在地影响其他更多的机构。对冲策略有时也会失灵，分散投资增大了市场参与者无法完全理解他们承受风险的可能性。然而，对冲策略的净效应看起来则有助于降低风险。因此，即使使用衍生工具可能导致系统性风险，但额外的信息披露似乎对降低系统性风险帮助不大。包括网络金融在内，具体涉及间接融资和直接融资，银行证券等机构的信息披露制度各有不同：

1. 网络银行需要有限的信息披露制度

信息披露是中央银行有效监管的重要辅助手段，也是市场公开原则的基本要求。目前我国银行业内控制度建设强调的较多但不得法，没有对内控建设的透明度要求，即信息披露不够。有学者考虑到现实主张循序渐进，逐步推行银行业信息披露制度，达到迫使商业银行加强管理增强抵御巨额损失风险能力的目的，能给商业银行施加压力。它的主体是中央银行和商业银行。程序由五个层次构成。一是银行内部披露内部监管者和出资者掌握的关键信息;二是银行向中央银行披露的应由中央银行掌握的关键信息;三是银行间披露的其应该掌握的市场信息;四是由中央银行代表银行向外披露的信息应该相对完整;五是银行面向社会公众披露的信息作为市场的选择是信息披露的最高形式。《巴塞尔协议》对于信息披露内容主要有六个范畴:一是业务状况;二是财务状况;三是风险管理的策略和原则;四是风险状况,包括信用风险、市场风险、流动性风险、操作风险、法律及其他一些风险;五是会计准则;六是基本的企业管理原则。坚持准确、全面、及时披露信息,中央银行的监管工作就要好做的多,同时,对商业银行来说,它的约束力也增加了。

2. 保险公司信用体现在信息披露中

投保人购买保险目的是购买风险的安全保障,其实质是购买保险公司的现实和未来,也就是保险公司现在和未来能提供风险保障的能力。所以投保人购买保险的基础是保险公司的信用。而保险公司由于其信用的连续性和保障流量的特点,使其风险具有长期性和隐蔽,但一旦暴露,则可能难以收拾。由于投保人缺乏专门知识,对保险公司的经营状况和经营风险不可能全面了解,即使具有专门知识,也有信息收集成本过高、他人可能"搭便车"而放弃的问题。因此应形成一种市场机制,要求保险公司对市场披露其经营信息,由专业人士对经营状况、财务质量、风险管理、发展前途做出评估,并将评估公之于众。同样,强调保险业的信息披露,对于保监会的监管也是极为有力的工具,会促使保险公司不断提升经营质量,创造出更多的令保户满意的产品来。

3. 证券公司信息披露是资本市场完整透明化的要求

上市公司有完善的信息披露制度,上市公司的经营都是透明化的,这极有利于维护股东和债权人的利益。但是,仅有上市公司的信息披露是不够的,整个证券市场信息披露没有证券公司及证券中介机构的参与是不完整的。我国的证券市场虽经 10 年的发展取得了长足的进步,但仍很不完善,在证券发行核准制条件下,证券商就有条件为上市公司进行违规包装。再者,证券商对于内幕信息有着天然的优势,所以,证监会也需要加强对证券及其他中介机构的监管,使他们的经营行为不滥用其优势,不违反证券法的"三公"原则。用信息披露的制度来约束证券公司及其他中介机构,同时也会对上市公司造成连锁的影响,起到"一石二鸟"的作用。证券公司及其他中介机构的业务要拓展、规模要扩大,就需要有充足的资金、良好的人才和规范的管理。同样,信息披露是达到这些目标的有效催化剂。

4. 信托投资公司经营的信息披露应是最基本的规则

信托投资公司接受委托人的信托，以受益人的最大利益为宗旨处理信托事务，并谨慎管理信托财产。按照我国最新颁布的《信托法》及央行《信托投资公司管理办法》规定，信托投资公司必须将自己的账户和客户的账户分别设立，即应将自有财产与信托财产分开管理，而现实中，信托投资公司在信息披露要求及监管不充分的前提下，极易将信托财产挪用于非信托的用途，将信托财产用于自己经营或为自己的经营提供担保，以及将不同信托账户的信托财产进行相互交易。要杜绝上述信托投资公司的违规经营，以及建立、建全良好的信托投资公司业务管理制度和内部控制制度，就要在加强监管的前提下，强调信托投资公司的信息披露义务，使其经营处于监管机构、行业组织以及委托人和受益人的广泛目光范围内，则可遏制其违规操作的势头，促使其加强内部管理，提高经营绩效。

四、金融消费者权益保护

2008 年国际金融危机后，加强对金融消费者权益的保护成为国际共识。网络金融消费过程中，金融消费者由于信息不对称以及专业知识缺乏等原因一直处于劣势，资金安全、公平交易、信息保护等诸多权利屡受金融业务机构的侵害。网络金融消费者保护有利于维护金融体系稳定，促进金融市场竞争和效率。许多国际经济组织，如二十国集团、世界金融业务机构、金融稳定理事会等也开始将金融消费者保护作为金融监管改革的重要议题，并出台了相应的指导意见，如二十国集团的《金融消费者保护高级原则》、世界银行的《金融消费者保护的良好经验》等。一些国家和地区对金融商品和相关服务也进行了专门立法，如日本 2006 年的《金融商品交易法》、我国台湾地区 2011 年的“金融消费者保护法”、美国注重金融消费权益保护对象的细分。我国网络金融真正快速发展是从 2013 年开始，《消费者权益保护法》主要是针对普通商品和服务而言，对金融商品和服务这一特殊形式，仅有修改后的第 28 条这一个条款，并不能满足金融消费者保护的需要。

网络金融立法要从保护金融消费者权益的角度出发，对网络金融各机构的产品业务规则进行干预是解决网络金融创新过程中，违法、违规对金融消费者造成侵害的有效途径。网络金融消费者权益保护可以应借鉴世界银行的《金融消费者保护的良好经验》，分别从消费者保护制度、披露和销售行为、消费者账户的管理和维护、隐私和数据保护、争端解决机制、保障和补偿计划、金融教育与消费者自我保护能力和鼓励竞争九个方面进行立法。

隐私权是《联合国人权宣言》、《公民和政治权利国际公约》认可的基本权利之一，也是我国宪法和民事基本法律制度认可的基本权利之。19 世纪的美国法官路易斯·布兰代斯(Louis Brandeis)的定义是，隐私是一个人独处的权利。[①] 其权利性质“是公民享有的私人生活安宁与私人信息依法受到保护，不被他人非法侵扰、知悉、搜集、利用和公开等的一种人格权”。[②] 在网络金融中，从个人登记、数据的采集、处理以及应用中，积累了大量的客户个人信息，这些信息极容易被盗取和丢失，甚至被冒用。在利益驱使下，越来越多的机构或个人采取种种手段获取他人信息，加之部分企业保护意识和保护能力不强，导致近年来对个人信息的侵权行为时有发生。目前我国尚无一部专门的法律对个人信息数据特别是个人金融信息的收集、使用、披露等行为进行规范，立法散乱，呈零星、分散状态，不成体系，目前主要通过宪法和相关法律法规对个人信息进行间接保护。近年来我国加快了个人信息安全保护的立法和修法进程，如《刑法修正案》(七)、《侵权责任法》、《居民身份证法》(修订)等法律都相继出台，民事责任、行政责任和刑事责任三位一体的个人信息保护法律框架基本构筑。全国人大常委会于 2012 年 12 月 28 日通过的《关于加强网络信息保护的决定》进一步强化了以法律形式保护公民个人信息安全，但这些法律法规仍然过于原则化抽象化，导致缺乏实际操作性，并存在规制范围狭窄、公民举证困难等不足。此外，现行“谁主张，谁举证”的司法规则在大数据时代下存在很大的局限性，由于现代信息技术环境下收集和滥用个人用户信息的主体众多、渠道隐蔽、方式先进，导致被侵害合法权益的个人用户举证难度极大，即使最后举证成功，在请求损害赔偿时也很难证明和评估个人的实际损失。从监管主体来说，必须制定专门针对隐私权保护的相关制度，其监管制度立足于保护隐私权的基础之上对各种私人信息的应用。其内容应包括明确个人数据保护法的适用主体，明确使用个人资料的范围，规定个人资料的搜集主体及其搜集的范围，处理、使用的范围和程序、责任等。

五、金融业务机构的公司治理结构特殊设计

良好的公司治理是提供网络金融服务机构建立内部风险管理法律制度的

---

① Samuel Warren And Louis Brandies, “The Right to Privacy”, *Harvard Law Review*, 15 December 1890, Vol. IV, pp. 193 – 220.

② 张新保著:《隐私权的法律保护》,群众出版社 1997 年版,第 21 页。

基础。所谓公司治理，一般是指股东对经营者的一种监督与制衡机制，通过一种制度安排来合理的配置所有者与经营者之间的权利与责任关系。① 公司治理界定为："公司管理层、董事会、股东以及其他利益相关者之间的一整套关系。"②目前，从事网络金融业务及服务的金融业务机构及非金融业务机构的内部治理并不完善，尤其非金融业务机构和民间融资借助网络技术而成立的公司。传统的金融业务机构的公司治理薄弱给全球带来的教训是沉痛的。1997 年亚洲金融危机的深入研究表明，金融业务机构的公司治理存在严重缺陷是导致东南亚金融危机的重要原因之一。2001 年以来，美国和欧洲发生的一系列公司丑闻则再次凸显了完善公司治理的重要性。2008 年国际金融危机也足以证明此点，如美国某金融集团大力开展产品创新，为根本不符合承保条件的金融衍生产品提供保险，而保险、证券监管机构都没有对此提出明确的监管要求，也没有从公司治理的角度提出加强集团整体的风险管控，过度相信市场的自我调节作用，最终形成了更大风险。巴塞尔委员会认为，公司治理还应通过制定公司目标、确定实现这些目标和监督执行的手段来构成治理架构。网络金融无论是机构还是产品及服务，涉众远比传统的金融业务机构范围大，因此公司治理的目标不仅在于保护投资者利益，更在于减少市场风险和保持金融体系的稳定。网络金融由于其本身的风险特点，其公司治理应该进行以下几方面的设计：

（一）处理好公司董事、股东及利益相关人的关系

公司治理的核心问题是股东和董事会的关系，因网络金融外部性强、公共属性强及涉众广等特征，因此其公司治理有其自身的特殊性，在关注股东利益的同时更应该关注其他利益相关人的利益。如果董事会仅关注股东利益而忽视金融业务机构和投资人利益，会影响社会公众对其机构及产品的信心，从而会危及整个金融体系的稳定。良好的公司治理结构能够确保其机构及产品的稳健经营和安全，脆弱的公司治理不但破坏公众对其的信心，且也破坏公众对金融体系和金融市场的信心。

（二）加强董事会的建设

提高董事会履职与决策的科学性是提高对董事的构成及其资质要求。同时强调高级管理层应在董事会的指导下，确保网络金融业务机构经营与董事

---

① 李晗著：《我国金融控股公司风险防范法律制度》，中国政法大学出版社 2009 年版。

② OECD Principles of Corporate Governance，2005.

会所制定或批准的战略目标、风险偏好、政策程序相一致,并提出董事长和CEO应由不同人员任职。董事会负责人和管理层负责人职责应相对分离。董事要有一定的从业经验与相关知识背景。

(三)金融业务机构股东双重责任制度的设计

网络金融发展到目前,网络金融的产品、服务及模式都很不成熟,尤其新型的网络金融业务机构不具备审慎监管的特征,因此为了维护整个金融市场及投资者的保护,防止从事网络金融业务机构的股东有限责任产生的道德风险,应借鉴19世纪后期和20世纪初期长达3/4世纪的时间里,美国曾经实行金融业务机构股东的双重责任制度。① 双重责任制度是股东对其持股的公司承担超出投资份额的资金对公司承担责任。其目的是提供额外的资金来源对存款人的债权进行保护,提高股东监督网络金融业务机构活动的主动性。历史经验证明,美国加重股东的责任能够实现保护债权人的监管目标,是一种有效的监管制度。美国1863年的《国民金融业务机构法》总结了各州经验,规定:"各股东应当在他们投资份额之外,为他们所持股份的账面价值负责。"②在1864年的一项修正案中,股东在投资额之外的责任进一步明确为各自所持股的股份比例,而不用承担连带责任。该制度主要是为了防止股东和董事使金融业务机构介入高风险经营,充分防范风险。股东双重责任制度能够鼓励股东在倒闭前自行向金融业务机构注入资金。美国当时在没有对金融业务机构外部监管的情况下,通过该制度促进金融业务机构的审慎管理和减少道德风险。该制度的功能恰恰能够防范网络金融业务机构的道德风险与缺乏透明度导致的信息不对称给投资者造成的损失,因此网络金融业务机构可以借鉴该制度对其机构的股东规定双重责任制度。该制度在美国没有存款保险制度时,对金融业务机构的股东设定了此种制度进行约束。梅斯(Jonathan R. Macey)和米勒(Geoffrey P. Miller)认为双重责任制度对1929年的大危机前金融业务机构相对较低的损失有一定的贡献。③

---

① Jonathan R. Macey & Geoffrey P. Miller, "Double Liability of Bank Shareholder: History and Implications", 27 *Waker Forest l Rev.*, pp. 31, 35 – 39 (1992).

② National Banking Act of 1863, ch 58, 12 Stat 665.

③ Jonathan R. Macey & Geoffrey P. Miller, "Double Liabilty of Bank Shareholders; History and Implication", *Wake Forest Law Review*, Vork, 2001, p. 322.

六、加强对金融消费者的教育

随着金融行业的快速发展和金融产品的不断创新，我国金融消费者对教育的需求不断增加，金融监管部门也逐渐认识到对金融消费者教育的重要性。2010 年 11 月银监会全面启动“银行业公众教育服务日活动”。然而，目前我国的公众金融教育还缺乏普及化、系统化、规范化和针对性，公众掌握的金融知识未能满足现代金融生活的需要。[①] 所以加强我国金融消费者保护势在必行，开展金融消费者教育十分重要。借鉴国外的经验以及我国的国情形势，首先，应当成立专门的金融消费者教育机构，在金融消费者保护机构内部设立金融教育办公室，专门负责金融消费者的教育工作，目前我国央行下设的金融消费权益保护局的职能之一就是组织开展金融消费者教育，同时还应当发挥金融行业组织和金融业务机构的作用，金融行业协会可指导其会员单位制定金融消费者教育工作计划并督促其开展，金融业务机构作为最接近金融消费者的机构，应当结合自身业务特点积极组织开展金融消费者教育活动。其次，拓宽教育渠道，通过开设全国性的金融消费者教育网站，通过媒体广告、宣传册等手段进行宣传，定位弱者群众，着重保护弱势群体。再次，筹措金融消费者保护基金，加强专项的资金保障。最后，金融消费者教育部门一定要建立统一的评估体系，设计、开展具有针对性的金融消费者教育活动，进一步提高金融消费者教育的有效性。针对不同金融消费者群体，应设计特点鲜明、重点突出的差异化金融消费者教育方案。特别是对金融服务中的弱势群体应制定相关倾斜政策，开展有针对性的金融消费者教育专项活动。[②] 总之，对金融消费者的教育应该从两方面进行，一是正面介绍金融产品和金融服务存在的风险，提高金融消费者识别风险的能力，降低自身的风险，使其熟知在金融消费者经常遇到的风险和损失。二是从产生金融纠纷后如何保护自身权益出发，教育金融消费者熟知保护自身权益的纠纷解决方式，可通过介绍调解、仲裁等非诉讼解决机制，不仅能够更加简便快捷的解决金融纠纷，保护消费者的合法权益，也能够减少金融消费者在不断摸索救济方式中浪费的时间。

---

① 李明：“构建公众金融教育长效机制的国际经验及对我国的启示”，载《金融经济》2012 年第 2 期。

② 武岳：“金融消费者教育评估国际经验及我国实践”，载《金融时报》2014 年 4 月 14 日第 12 版。

七、加强行业自律

行业自律是为了规范行业行为,协调同行利益关系,维护行业间的公平竞争和正当利益,促进行业发展。自律就是自我约束。行业自律包括两个方面,一方面是行业内对国家法律,法规政策的遵守和贯彻;另一方面是行业内的行规、行约制约自己的行为。而每一方面都包含对行业内成员的监督和保护的机能。

行业自律的内涵主要包括以下五个方面:(1)严格执行相关的法律、法规,如行业管理办法、合同法、其他相关法律、法规。(2)制定和认真执行行规、行约。“行规和行约”是行业内部自我管理,自我约束的一种措施。行规和行约的制定与执行对会员无疑起到一种自我监督的作用,推动本行业规范健康的发展。(3)向客户提供优质、规范服务。(4)行业自律有利于维护本行业和企业的利益,避免恶性竞争,维护本行业持续健康的发展。(5)行业协会是行业自律的当然监督机构之一。行业自律是建立在行业协会的基础之上的,如果一个行业没有一个行之有效的行业协会的话,行业自律也就无从谈起。行业自律是市场经济体制的必然产物。每个行业只有认真地做好了行业自律的工作,本行业才能得以在竞争激烈的市场中生存下去,才能有一个健康有序的市场。

行业自律组织可以通过制定行业公约来规范整个行业。行业自律公约是行业会员在平等协商的基础上制定的,事实上行业自律公约也是各个会员通过协商而制定的契约。行业自律公约可以在合法与合规的基础上,维护整个行业的公平竞争,促进行业的稳定、持续的发展。

图书在版编目(CIP)数据

现代金融投资者保护/葛小松著.—北京:法律出版社,2017.1
(中国政法大学互联网金融法律研究院文库/李爱君主编)
ISBN 978-7-5197-0357-8

Ⅰ.①现… Ⅱ.①葛… Ⅲ.①金融投资—投资者—法律保护—研究—中国 Ⅳ.①D922.280.4

中国版本图书馆CIP数据核字(2016)第288039号

现代金融投资者保护 | 葛小松 著 | 编辑统筹 财经出版分社 策划编辑 沈小英 责任编辑 沈小英 吴 镝 装帧设计 马 帅

出版 法律出版社
总发行 中国法律图书有限公司
经销 新华书店
印刷 固安华明印业有限公司
责任印制 吕亚莉
开本 720毫米×960毫米 1/16
印张 13.5
字数 218千
版本 2017年1月第1版
印次 2017年1月第1次印刷

法律出版社/北京市丰台区莲花池西里7号(100073)
电子邮件/info@lawpress.com.cn
网址/www.lawpress.com.cn
销售热线/010-63939792/9779
咨询电话/010-63939796

中国法律图书有限公司/北京市丰台区莲花池西里7号(100073)
全国各地中法图分、子公司电话:
第一法律书店/010-63939781/9782
重庆公司/023-65382816/2908
北京分公司/010-62534456
西安分公司/029-85388843
上海公司/021-62071010/1636
深圳公司/0755-83072995

书号:ISBN 978-7-5197-0357-8
定价:46.00元
(如有缺页或倒装,中国法律图书有限公司负责退换)